犯罪心理学

墨羽 ◎ 编著

清华大学出版社
北京

本书封面贴有清华大学出版社防伪标签,无标签者不得销售。
版权所有,侵权必究。举报:010-62782989,beiqinquan@tup.tsinghua.edu.cn。

图书在版编目(CIP)数据

犯罪心理学/墨羽编著．—北京：清华大学出版社，2016(2024.5重印)
ISBN 978-7-302-45567-7

Ⅰ.①犯…　Ⅱ.①墨…　Ⅲ.①犯罪心理学　Ⅳ.①D917.2

中国版本图书馆CIP数据核字(2016)第277697号

责任编辑：周　华
封面设计：李伯骥
责任校对：王凤芝
责任印制：宋　林

出版发行：清华大学出版社
网　　址：https://www.tup.com.cn, https://www.wqxuetang.com
地　　址：北京清华大学学研大厦A座　　邮　编：100084
社 总 机：010-83470000　　邮　购：010-62786544
投稿与读者服务：010-62776969, c-service@tup.tsinghua.edu.cn
质量反馈：010-62772015, zhiliang@tup.tsinghua.edu.cn
印 装 者：涿州市般润文化传播有限公司
经　　销：全国新华书店
开　　本：170mm×240mm　　印　张：14.5　　字　数：235千字
版　　次：2016年12月第1版　　印　次：2024年5月第9次印刷
定　　价：36.00元

产品编号：069353-01

前　言

我们常有这样的疑问，为什么社会上会有那么多的罪犯？为什么生活在同样的环境中，有的人就能在遵纪守法的同时获得成功而有的人却要选择犯罪呢？罪犯的生活和我们的生活有何不同？罪犯的人生到底是从哪儿开始做错了呢？

一个人从呱呱坠地开始就是一个独立的个体，随着成长，后来有了独立的思维和行为，也有独立的需求。生理和心理的发育与成熟，个体需求的内容也会不断地变化。个体需求的满足需要通过一定的个人行为和社会关系，而且具体行为方式不同，因而就出现了行为的正当与否，行为人的人格的善与恶之分。

在社会生活中，人与人的发展需求必然会因环境和社会因素而产生冲突，而在解决这些冲突的过程中就出现了伦理、道德、法律等社会规范，来调节和约束人们的行为。当人满足需求的行为方式违反了社会规范，不被社会认可时，那么这种行为方式就可能通过立法而成为犯罪行为。

生活在社会中的人，从一出生就与社会上的人、事、物有不可分割的联系。在成长过程中，由于受到各方面的影响，逐渐将社会规范融合于自己的行为意识中，形成独立的人格，并支配指导着满足个人需求的社会行为。如果一个人在社会化的进程中受到了不良因素的影响，社会规范没有融入个体意识中，那么个体的社会行为就可能会与社会规范发生冲突，形成人格缺陷，对社会规范敌视或者漠视。

在受到社会环境的刺激下，个体就可能选择不被社会认可的行为来满足个体意识和心理，激发个体的犯罪动机，并在犯罪动机的基础上形成犯罪意识。个体通过意志作用将犯罪意识的内容付诸现实活动中的心理过程就是犯罪心理的形成和活动过程。

犯罪是一种严重违反社会规范的行为，每个犯罪行为人的犯罪心理都是独特而又复杂的,但每种犯罪心理的形成都必然有社会因素的影响。本书从犯罪心理的角度出发,为我们揭示了犯罪行为人的犯罪心理形成和成熟过程及形成的原因和变化。在本书中,我们将犯罪行为人的家庭教育、社会背景等因素进行了深入且综合的分析,着重研究了犯罪行为人的心理特征及成因,并有专业的判断。我们力求从情感、情绪、人格、意识、行为等不同的方面深入分析犯罪行为的全过程,以期给读者带来感悟和反思。

犯罪行为是危害社会安定的"不定时炸弹",让我们意识到社会平静的表面下是怎样的暗潮汹涌,而如何应对犯罪,怎样预防罪犯将会是全社会都关注的热点课题。《犯罪心理学》一书,希望能够为广大人民群众应对和预防犯罪行为提供一些帮助,也劝诫执迷不悟的人,一旦走上犯罪的道路就再也无法回归正常的生活,还会给家人及朋友带来难以消除的阴影。希望每位读者都能从本书的犯罪行为人身上吸取教训,增强法律意识,保障自己的幸福人生。

目　录

第一章　神奇的"罪恶"引力——从风靡全球的《越狱》说起

《越狱》为什么风靡全球 …………………………………………（1）

从《七宗罪》看犯罪心理 …………………………………………（4）

喜爱犯罪节目会导致犯罪吗 ………………………………………（7）

犯罪秀节目抓捕逃犯 ………………………………………………（10）

什么才是犯罪的本质 ………………………………………………（14）

第二章　人类本性与行为——挖掘潜意识里的"犯罪恶魔"

路西法效应：好人如何变恶魔 ……………………………………（17）

为什么人人都可能是罪犯 …………………………………………（20）

性格缺陷让人误入歧途 ……………………………………………（23）

惯犯都是经不起诱惑的 ……………………………………………（26）

欲求不满引发过激行为 ……………………………………………（28）

潜意识里的"犯罪恶魔" …………………………………………（31）

人为什么会变得残暴无比 …………………………………………（34）

第三章　斯金纳主义——犯罪行为是这样形成的

犯罪导火索——刺激 ………………………………………………（37）

千变万化的犯罪动机 ………………………………………………（39）

犯罪分子如何得到可乘之机 ………………………………………（42）

个人经历对犯罪有影响吗 …………………………………………（45）

错误认知导致罪行发生 …………………………………… (48)
　　芝麻小事也能引发血案 …………………………………… (50)
　　对错往往只在一念间 ……………………………………… (52)

第四章　社会危险因子——看看谁的犯罪概率最高

　　不可孤立看待犯罪行为 …………………………………… (56)
　　你是"天生犯罪人"吗 …………………………………… (59)
　　青少年更喜欢模仿犯罪 …………………………………… (62)
　　患有心理障碍的人更容易犯罪 …………………………… (65)
　　犯罪效应：枪支增强侵犯意识 …………………………… (67)
　　为什么男性更容易犯罪 …………………………………… (70)
　　远离有暴力倾向的人 ……………………………………… (72)

第五章　艾森克理论——人格变态究竟有多可怕

　　心魔让正常人变成恶魔 …………………………………… (76)
　　人格障碍导致罪行发生 …………………………………… (79)
　　心理障碍引发犯罪冲动 …………………………………… (82)
　　高智商犯罪的心理机制 …………………………………… (85)
　　走进性变态者的世界 ……………………………………… (88)

第六章　犯罪心理的成因——没有人天生是罪犯

　偷盗心理：自欺欺人的逻辑 ………………………………… (92)
　失衡心理：生理缺陷惹麻烦 ………………………………… (95)
　抢劫心理：不劳而获把人逼上绝路 ………………………… (97)
　诈骗心理：心灵的贫乏更可怕 ……………………………… (100)
　受贿心理：对物欲的贪念会害死人 ………………………… (103)
　初犯心理：一失足成千古恨 ………………………………… (105)
　累犯心理：破罐子破摔 ……………………………………… (108)

第七章 无组织情绪驱使——精神失常者的犯罪原理

什么是无组织犯罪行为 ·· (111)

精神病患者的暴力犯罪 ·· (114)

可怕的精神错乱 ·· (117)

思维障碍：妄想症犯罪的根源 ··· (120)

情感障碍：抑郁症就在我们身边 ······································ (123)

如何看待精神失常犯罪 ·· (126)

轻生是人生最大的罪恶 ·· (129)

第八章 家庭侵犯性暴力——让家庭暴力无处藏身

家庭暴力就在我们身边 ·· (133)

什么是冷暴力 ··· (136)

你是施暴者还是受害者 ·· (139)

更年期——暴力高发区 ·· (142)

不要忽视情感障碍 ··· (145)

观念差异也会导致家暴 ·· (148)

顾念亲情？还是报警？ ·· (151)

第九章 儿童受害风险——别粗心，看好你的孩子

网络陷阱知多少 ·· (155)

打破犯罪分子的恐吓 ·· (158)

匪夷所思的虐童癖 ··· (161)

让儿童远离色情暴力 ·· (164)

第十章 酒精与药物滥用——名副其实的犯罪帮凶

没有受害人的犯罪 ··· (168)

吸毒犯罪是一家 ·· (171)

犯罪催化剂——酒精与毒品 ·· (174)

可怕的"制幻"效应……………………………………………（177）

药物刺激会引起失常行为…………………………………（180）

滥用药物加剧犯罪风险……………………………………（183）

第十一章 犯罪防护手段——避免走上犯罪的不归路

矫正心理学帮犯人走向新生………………………………（187）

强化法律意识远离犯罪……………………………………（190）

用道德约束行为……………………………………………（193）

怎样释放压力最安全………………………………………（196）

不可不学的行为自制………………………………………（199）

第十二章 微表情犯罪心理学——破解犯罪的秘密武器

通过面部表情破案…………………………………………（203）

肢体语言泄露罪犯心迹……………………………………（206）

证人的记忆未必可靠………………………………………（209）

借助犯罪心理画像破案……………………………………（212）

犯罪可以被预测吗…………………………………………（214）

指纹DNA——秘密新武器…………………………………（218）

测谎仪真的有效吗…………………………………………（220）

第一章 神奇的"罪恶"引力
——从风靡全球的《越狱》说起

> 打开电视机，电视剧、电影以及法制节目等，到处都有犯罪行为人的身影。这些节目的成功，确确实实证明了一个心理学事实，那就是大众会被"犯罪"所吸引。那么，究竟是什么原因让我们对"犯罪"如此着迷呢？

《越狱》为什么风靡全球

"越狱"，一个听起来充满着奇幻色彩的词语，好多人对它心驰神往。电视镜头中对于罪犯越狱扑朔迷离的描写，又使得多少人被这个犯罪的事实所深深吸引呢？

由福克斯公司出品、著名导演桑福德·布克斯塔弗导演的美国电视连续剧《越狱》的超高收视率和广大的受众人群便充分地证明了这一点。该剧由温特沃思·米勒和多米尼克·珀塞尔等人主演，共4季，于2005年8月起上映，讲述的是一个关于拯救的故事。其离奇曲折的人物关系，跌宕起伏的故事情节吸引了众多忠实观众的眼球。

越狱，或称逃狱，是指在监狱中关押或服刑的囚犯非法地离开或逃离监狱的行为。很显然，这是一种犯罪行为。但是，究竟是什么原因使得广大观众如此沉迷于类似"犯罪"的情节呢？

看类似《越狱》这种电视剧，观众往往会比剧情里的人物更加紧张。因为他们在观看的过程中将自己很自然地融入了电视剧的情节中，想象自己有可能成为警官，有可能成为看守人员，更有人会认为自己便是那个越狱者！

在《越狱》这部剧中，我们可以很清楚地感受到，社会上的贫富差距等诸多不平等因素是造成好人变坏直至入狱的很重要的原因之一。社会体制的不完善，产生的一些负面影响导致一些好人被迫变成了坏人。为了生存，他们不得不另辟蹊径，走上了一条不归之路。无论是杀人凶手、抢银行的劫匪还是贩卖毒品的毒枭，他们之中没有谁真正愿意成为罪犯，促成犯罪的种子是由多只"黑手"共同培育的，每个人只是这个社会中不公平的一个牺牲品。这种想法大概也迎合了大多数观众的心理，因此这部剧受到了追捧。

在《越狱》中，有几个被认为"恶者"的角色最后都"升华"成善者了。也许正是因为人们同情善者，让人们感受到了在"恶者"的世界里其实也有着常人的苦恼与悲伤，当面临绝境时他们所想到的也是如何挽救自己，在绝处逢生。由此不难看出，大多数人的心里都有对罪犯身份莫名的渴望。

【案例分析】

想要从全美国看守最为严密的狐狸河监狱中救出一个已被判处死刑的犯人，是不是比登天还难？然而《越狱》这部电视剧中的主人公就是这样一个敢想敢做的人。

男主人公迈克尔虽然知道从监狱中救出亲人的难度很大，成功的概率很小，但他依旧进行了周密的计划，设计了多种救人方案。然而尽管计划周密，在施救过程中还是发生了许多令人意想不到的状况。

迈克尔沉着冷静，凭借他的非凡的聪明和智慧，将难题一一化解。在这生与死的严峻考验中，迈克尔兄弟与狱友苏克雷、狱医莎拉、狱警布拉德、探员阿历克斯等人结下了深厚的友谊。他们的越狱和逃亡也正是得到这些人的帮助，才变得更加顺畅，并最终获得了成功。

作为弟弟的迈克尔，为了救出蒙冤将死的哥哥林肯，不顾个人安危以身试法，带兄长越狱逃亡。然而在亡命巴拿马之后，迈克尔为了救出女友莎拉，又被巴拿马的索纳监狱关押。哥哥林肯为了救弟弟迈克尔用尽心血，临危不乱。在两兄弟逃亡的日子里，在和"公司"斗争的日子里，他们同甘苦、共患难，肝胆相照。

毫无疑问，主人公迈克尔是正义的化身。他人品高贵，有良知，有担当，在拯救哥哥的过程中尽量不去伤及无辜；他知恩图报，记人好处，有良心。剧中，他与莎拉的爱情得到升华，并让观众见识了人性的光辉。

这就是《越狱》这部电视剧，故事看似简单，但情节却是十分复杂。它不仅是一部越狱逃亡的电视剧，也是一段演绎兄弟情深的传奇故事。

从狐狸河监狱的完整逃脱，到最后又回到了狐狸河监狱，这之间T－Bag付出了一只手的惨痛代价。在电视剧中，最让人恐惧与恶心的莫过于T－Bag了。身背六起绑架、强奸、一级谋杀的T－Bag，最终被判终身监禁。其实，T－Bag悲剧的一生与其家庭有着很大关系，父亲不当的家庭教育让T－Bag很小就变得具有暴力倾向，当他知道他是父亲在强奸了自己弱智的姐姐才出生的事实以后，他的人生更是遭遇重大打击。

T－Bag与《越狱》中最倒霉的人物形象菲尔南多·苏克雷不相上下，每次遇到"劫难"，T－Bag总是毫不犹豫地去应对，而且每次都以自己的方式顺利解决，或是残暴或是没有人性。对于极其凶险复杂的情况，T－Bag可以说是随机应变的大师。当发现迈克尔的越狱计划后，一直视Michael为敌人的T－Bag灵机一动，马上改口说这是"咱们的计划"。另外T－Bag也是个幽默大师和演讲天才。当监狱的通风扇被迈克尔故意弄坏导致整个狱室燥热难耐时，T－Bag指着一个黑人对狱警说："看看这个家伙，今天早上他还是个白人呢！"这些都让我们对T－Bag有一些敬佩，敬佩他不断与命运抗争的精神。

当然，T－Bag也有自己脆弱的一面。曾经有两次T－Bag决定改过自新，重新做人。但当T－Bag再一次遭到自己所爱的人拒绝的时候，他流下了痛苦的眼泪。也许那时他真的很后悔，后悔自己曾经的所作所为，后悔一切都不能再挽回，后悔自己已经没有资格再请求原谅。但这一切都为时已晚。

其实，T－Bag的结局算是比较"美满"的了，从监狱里成功逃出，最后又被送回到监狱，在越狱逃亡期间他算是度了一次有意思的长假。

"公司"雇员格雷琴、狱警布拉德以及黑人职业杀手等这些忠于职守的人，也出自《越狱》。且不说他们的职业正当与否，他们对自己职业的热爱和忠诚，为职业无私奉献的精神是值得学习和令人钦佩的。他们在一定角度也是值得肯定的。

在《越狱》这部作品中，除了犯罪情节的离奇演进之外，也闪现出了不少人性光芒和感人的场景。莎拉为他们的越狱，彻底改变了命运，也连累了自己的父亲；阿历克斯为了他们也放弃了优越的职业；苏克雷为了他们的越狱，几乎被活活埋掉。

然而，光鲜的同时，也使我们看到了人性肮脏的一面。为了权力、金钱，可以出卖亲情、出卖友情，不顾一切。迈克尔的母亲为了获得"塞拉"带来的巨大利益，而不惜牺牲自己的儿子及其女友；绑架者、恋童癖蒂拜戈为了获得金钱，偷偷告密，出卖自己的同伙；"公司"的头目"将军"为了达到目的，变成了杀人不眨眼的魔头。

人人都有犯罪的越轨心理，只不过人们把它掩藏在内心最深处。而"越狱"这个主题超越了犯罪的一般套路，凭借了大众的想象，因此得以风靡全球。透过罪犯心理的描摹、越狱行为的癫狂，观众的犯罪心理被激活，引发了观剧热潮。

【犯罪解密】

事实上，职场、监狱甚至政界都或多或少存在一些潜规则，这种隐匿在阳光下的机密往往最能吸引大众的眼球。《越狱》风靡全球的背后，是人们对犯罪分子及其行为逻辑的猎奇心理在作怪。或许，人人都有犯罪欲望，《越狱》无非是搔到了人们的痒处。

从《七宗罪》看犯罪心理

犯罪事件在日常生活中并不少见，也时常出现在影视剧中，特别能吸引观众的注意。不过，人们对"犯罪"又是非常陌生的，因为它并没有多次或几乎没有出现在普通人的真实生活中。

那么，犯罪分子为什么要以身试法呢？他们究竟有着怎样的犯罪心理？这种心理变化你又是否曾经体会过？

犯罪心理，是影响和支配行为人实施犯罪行为的各种心理活动或心理因素的总称。它是犯罪行为的内在动因和支配力量，而犯罪行为则是其外部表现。由此可见，一切行为都是内心作用的结果，正所谓心才是罪恶之源！

早在13世纪，道明会神父圣多玛斯·阿奎纳就列举出了诸多恶行的表现，最后归纳为七项，即好色、贪食、贪婪、懒惰、愤怒、妒忌、骄傲，这便是"七宗罪"，又称作"七罪宗"。此后，这被普遍认为是各种罪恶的罪源和源头。

具体来讲，第一宗罪，好色，不合乎法礼的性欲，例如通奸等；第二宗罪，贪食，即浪费食物，或是过度放纵食欲、酗酒或囤积过量的食物；第三宗罪，贪婪，希望占有和得到的东西比所需更多，不知满足；第四宗罪，懒惰，也就是做事懒散和浪费时间。其中，懒惰被宣告为有罪是因为其他人需更努力工作来填补某个人的缺失，应该做的事情还没有做好，对自己是百害而无一利；第五宗罪，愤怒，源自憎恨而起的不适当的或者邪恶的感觉，复仇或否定他人；第六宗罪，妒忌，因对方所拥有的资产比自己丰富而心怀怨怒；第七宗罪，骄傲，期望他人注视自己或过度迷恋自己，或是因拥有而感到比其他人优越。

这看似简单的七宗罪无一不充满着每个普通人的生活，这些便是导致人犯罪的心理原因。显然，犯罪与否的关键在于"度"的掌握，适度的心理变化以及不满则可视为心理不平衡和合理倾诉，但过度的心理变化则会引起犯罪事件的发生。例如，由于嫉妒报复他人的行为，对社会不公平不满的报复行为等。

在犯罪过程中，受害人的代价可能是付出整个生命，而犯罪人可能付出的代价更多，不仅仅是生命，还可能是灵魂。这就是犯罪本身的残忍之处。

犯罪犹如一把锋利的刀，将社会解剖，切出一个横断面来，让我们看到社会最残酷却又最真实的一面。其实，这个世界上真正的坏人并不多，犯罪也常常是由于一念之差，罪与非罪，也许只源于一口气、一瞬闪念、一个冲动。人生的道路虽然漫长，但要紧处却常常只有几步。如果因为一时冲动，或出于私心，或经不起诱惑，而最终走向犯罪的道路，结局都将是难以弥补的悲剧。

【案例分析】

《七宗罪》是一部很经典的有关犯罪心理学的影片，其中很多镜头充斥着血腥和暴力。然而这部影片发人深省，不仅仅是关于剧情，关于犯罪，还有关于心理、关于人性、关于社会的诸多思考。

在天主教的教义中，贪食、色欲、贪婪、伤悲、暴怒、懒惰（懒惰在这里大多是指"精神上的懒惰"）、妒忌甚至傲慢等这些都是损害个人灵性的恶行，因此被称为"罪"。相信大多数人这一生当中都或多或少的犯过至少一次上述"罪行"吧！不过只是区别在于，认识的不同和程度的不同。

在这部影片中，主人公可以说是一个变态杀手。他使用残暴、血腥的手法先后杀了七个人。案发后，两个警察缉拿他归案的过程却艰难复杂，险些让他逃脱。但是，后来主人公自首了。

《七宗罪》的故事情节并不复杂，但是主人公的做事动机却令人深思。根据他自己的陈述，我们可以理解为，他的杀人动机只是为了制造一件艺术品，当然，这件艺术品并不普通，它们分别是7具代表七宗罪的尸体。主人公希望世间的人们通过欣赏这些艺术品，反思自己，从而根除人间的七宗罪。

其实，与其说主人公他是一个十足的疯子、变态杀手，倒不如说，他是一个普通得不能再普通的人性偏执狂，只不过他和普通人偏执的东西不一样。他偏执于拯救世界，而且偏执的程度是常人难以想象的。主人公始终坚信人间有七种原罪，对世界有很多的不满，他疯狂、执拗、疾恶如仇，坚信自己是被上帝选中来惩罚世人的过错的，而自己的使命就是替天行道，用自己的行动警醒世人，还世界一片祥和与安宁。

在《七宗罪》这部电影中，主人公机智敏锐，拥有很强大的智慧头脑。他对于阅读有着很深的研究，读过的名家著作无数；他执着，写了好几百万字的日记来记录这一切。从始至终，他对自己的做法有着清醒的认识和细致严密的规划，到最后按部就班的实施，甚至连时间都精确到了秒。

然而，主人公的犯罪心理却是让人琢磨不透的。他究竟为什么要犯罪？要杀人？原来，在他的观念里，世界上存在的"七宗罪"必须远离自己，他的内心里忍受不了任何类似的东西存在于自己生活的周围，这是一种偏执的犯罪心理。这些埋藏在内心的犯罪因素有时会因为外界的刺激而爆发，从而构成犯罪事实。

由此不难理解，日常生活中的一些人看起来温文尔雅，却犯下了极其恶劣的罪行。这主要是因为存在于他们内心深处的犯罪念头在作怪。这种潜在的犯罪心理，往往会让一个人失去应有的理智，而做出过火的行为。

电影《七宗罪》里的警察——米尔斯和黑人警官，是正义的化身，为了给大家一个安全的没有杀戮的生活环境，无私奉献，舍己为人。然而，米尔斯年轻气盛、血气方刚却冲动易怒，故弄玄虚的主人公因而选上他作为七宗罪的最后一人代表愤怒，要杀了他。主人公杜约翰通过杀死米尔斯的妻子崔西来点燃他心中的怒火，米尔斯最终被激怒。最终，杜约翰赢得了这场游戏，黑人警官最后退休了。

在这部电影里，无时无刻不出现的"七"暗示着我们这是宿命的罪恶与惩罚，七罪、七罚、七次下雨、七天之内发生的全部故事，甚至罪犯定在第七天的下午七时将一切做了了断。这大概就是命运的巧合。实际上，主人公在心理上坚信"七宗罪"的论断，才设计了一系列与"七"有关的场景、时段，这才是问题的关键。

这个时间上，自然的力量是最伟大的，而宗教则在很大程度上控制了人们的内心。对那些笃信宗教的人来说，一旦在宗教使命感的驱使下作出犯罪行为，他们不但在心理上没有罪恶感，反而会凭借这种坚定的信念作出出人意料的举动，让人大跌眼镜。

【犯罪解密】

《七宗罪》揭开了每个人心中的那份原罪，它或许让我们绝望，但更多的是深刻的自省。主人公的行为无疑是偏激的，但是却让世人懂得要约束自己的欲念和行为。

喜爱犯罪节目会导致犯罪吗

研究表明，在一些犯罪案件中，包括杀人、抢劫、勒索等，有些犯罪者的作案手法竟然是从电视、电影以及普法节目中看到，继而模仿的，犯罪者中甚至有未成年人的身影。难道犯罪节目会导致犯罪？到底是一种什么样的心理引发犯罪人模仿和实施荧屏中出现的种种犯罪方法呢？

今天，随着科学技术的不断发展，我们已经进入了信息时代，大众传媒方式以及传播技术也不断提升，呈现出多元化、信息化的特点，并且渗透到日常生活的各个方面，对人们的思想产生着越来越重要的影响。

一些研究者认为，有些电视剧以及法制节目为了吸引观众眼球，争夺收视率，过于细致地展现了犯罪分子的作案工具、手法，全面地再现了犯罪全过程，对观众造成了一定的负面影响，详细披露司法机关的侦破思路、侦破方向以及侦破手段，不仅没有有效地宣传普法知识，反而将一部分具有猎奇心理的观众引入歧途。

央视《今日说法》栏目主持人撒贝宁曾在微博中这样表达自己的看法："有时候大家看法制节目可能会有一种猎奇心理，但我希望大家在看了节目以后能自觉地参与到国家的法制建设中去。"确实，在多元化发展的时代，文化工作者总是求新、求变，有时候稍有不慎就会跨越红线，产生意想不到的"效果"。而这种不良影响，甚至会助长犯罪行为的发生。

实际上，这种通过传媒等手段，以犯罪为题材的文字、影像公布于众的行为，叫作犯罪类文化传播。它与犯罪文化不同，不仅简单地展示以犯罪为题材的文字、影像，或纪实性，或艺术化，甚至还可能带有一定的娱乐成分在里面，但却在揭示真相的同时容易被别有用心的人加以利用。

首先，犯罪类文化吸引人的地方，绝不仅仅在于它能够满足观众的猎奇心理。犯罪类文化主要表现的是一个犯罪的全过程，而它的受众群体是普通的社会人，从未经历过犯罪或者破案这种"惊险""刺激"的工作。犯罪类文化却可以让这些普通人直观地感受和体会到平常生活中体会不到的快感。然而，犯罪的快感却是反社会的、畸形的，这种快感的产生和存在本身就是对社会的一种威胁。

其次，犯罪类文化存在多种形式的表现方法，不同的方法也会产生不同的引发观众兴趣的焦点。例如，犯罪类电视剧和电影惊险刺激的场面更容易吸引青少年观众的眼球，法制类节目所带有的感情色彩往往受到成年人的追捧。这也是犯罪类文化广受欢迎的重要原因。

目前，许多电视台都设置了犯罪类节目，内容多是嫌犯作案，经过干警的辛苦调查，案件最终告破，真相大白于天下。犯罪类节目最根本的目的，是提高公众的法制与自我保护意识、威慑犯罪，但许多电视台利用观众好奇、探索的心理，在制作过程中加上各种音效，并运用电影长镜头手法，用逼真的效果吸引观众，结果让人产生了强大的犯罪冲动。

一些观众在猎奇心理的驱使下，有可能突破法律红线，实施犯罪行为，结果电视节目制作商扮演了引诱者的角色，这实在超出了人们的预期。

【案例分析】

北漂少年陈某，年仅18岁，在北京的一家公司做保安，住在租来的地下室里。有一次，小区一名5岁的小男孩来找他玩耍。当时，陈某恰好听到了电视上某法制节目的音乐声，随即回想起以前该节目中曾播放过的关于绑架类案件的情节。一时间，在渴望体验惊险刺激的心理驱使下，他萌生了绑架这个5岁小孩的邪念，并准备进一步勒索其家人。

随后，陈某控制住被害人，并将其口鼻堵住。随后，他又向其家属索要两万元人民币，却没想到令被害人窒息死亡。接着，受害人家属及时报案，警方最终抓获了陈某。令人遗憾的是，年仅5岁的花季儿童离开了这个世界，而青春年少的陈某锒铛入狱，断送了一生的幸福。

很多时候，大众并不熟知的犯罪案件正是由于电视节目的热播而广为人知。有些人可能通过模仿电视节目实施罪行，而这些以防止打击违法犯罪为初衷的电视节目竟然成了"犯罪教科书"，怎么不令人警醒？

美国曾经做过一项调查，对208位犯人进行的调查显示，90%的犯人通过犯罪类节目学到了犯罪技巧。也就是说，犯罪节目在威慑犯罪的同时，也告诉了潜在犯罪者很多作案技巧，成了不折不扣的"犯罪指南"。比如，犯罪节目极其详尽地将破案全过程播放出来，其中涉及的破案技巧势必也会成为反侦破的技巧，助长了犯罪分子的罪恶行径。

某电视台经济生活频道曾播出这样一期节目，介绍了一种被称为"锡纸开锁"的盗窃手法：一片小小的锡纸条，在盗窃"高手"的手中瞬间就变身"万能钥匙"，经过两三秒钟的摆弄就能将防盗门的锁轻松打开。节目播出后，该节目顷刻间便在网上引起了轩然大波。甚至有网友提出质疑，在电视节目中是否应该如此详细地介绍和示范这种新式的开锁手法呢？类似节目播出后是否会教唆电视机前的观众使用此种方法进行盗窃？又是否涉嫌传播犯罪手段呢？

网友们的激烈讨论也引来了警方的关注，警方表示，该类节目将犯罪方法和形式介绍得太过于详细，有可能造成广大群众的"学习"和模仿，即便这种不良报道不算是违法，但是从电视节目的职能和职业道德的角度考虑，该类报道也该谨慎一些，不适宜将犯罪情节暴露得太过于详细。

众所周知，大众媒体对社会生活发挥着特殊的影响力作用。媒体对于社会群体来说是监督的职责，而不是传播负面影响，当然，社会媒体在全力负责监督的情况下，也应加强对自身的监督，尤其是来自社会大众的监督，以维护社会媒体的正面形象。

由此看来，犯罪类文化节目的播出虽然一定程度上丰富了大众的业余文化生活。但是，从社会这个层面考察来看，就会发现一些其他的不良影响。且不说犯罪类节目对其中当事人隐私权的侵害，也会产生对观众的思想危害，稍不注意就可能成为他人犯罪的"教科书"。

实际上，电视法制节目为了迎合广大观众的猎奇心理，将大量犯罪细节进行详细描写，偏离了普法的目的，没有起到真正的普法效果，反而教会了那些潜在的犯罪分子某些技能，增强了他们犯罪的意志和决心。这种教训是异常深刻的。

【犯罪解密】

人们在猎奇心理和模仿心理的作用下，往往渴望体验犯罪带来的刺激与快感，从而实施危害他人的罪行。为了消除罪恶引力的不良影响，电视节目在制作这类文化产品时，有责任加大对节目的审查力度，不做潜在犯罪分子的帮凶。

犯罪秀节目抓捕逃犯

《电视犯罪真人秀》是比利时的一档综艺节目，它在网上开通了一个对各国征集犯罪案例的邮箱，来征集观众的灵感及意见。有一位特殊的观众，半年来几乎每期节目都向节目组发去邮件，且都会把案件描述得身临其境，邮件内容对于作案心理和作案细节的描写让节目组震惊，甚至不得不怀疑这位忠实观众的身份。

后来，节目的工作人员开始注意这位从未缺席的忠实观众，怀疑他为何能够对作案人员的内心活动了如指掌，并如此熟悉案发现场。

通过进一步研究发现，这位观众对于强暴案件尤其了然于胸。与此同时，欧洲的入室强奸案时常发生，比利时及各国警方都加大宣传力度，提醒市民提高自我保护意识，不要轻易给陌生人开门或者提供帮助。结合此背景，这家综艺节目的工作人员认为，这个观众大有来头！

于是，节目组的工作人员开始寻找这名观众。2010年3月，节目组给这位观众发出了邀请信，鼓励他前来参加节目。在非正式的沟通中，节目组让他谈及有关多起强奸案的内容，结果他明显变得情绪亢奋，扮演起强奸犯时"代入感"极强。于是，聪明的主持人设法弄到了他的头发样本送到警方接受DNA检验。

随后，一份DNA样本证据从比利时寄到德国，寄件者正是比利时的《电视犯罪真人秀》节目组。当然，节目组没有忘了在信中说明：这是一个强奸嫌疑犯的DNA样本。很快，警方锁定了这位观众，而他对此浑然不觉。接下来，德国警方开始铺开一张大网，准备将罪犯绳之以法。

当地警方埋伏在罪犯的住所附近，在几天后的半夜发现对方诡异地出门了。随后，嫌犯像往常一样驱车来到嘈杂的灯红酒绿场所，并熟练地来到早就探听好路线的一处住所门前，看看四周没有可疑之处，就找到一个偏僻的入口，戴上黑色丝袜入内。而埋伏在不远处的警察迅速采取行动，将嫌犯制服。

最后，警方将嫌犯的DNA与从比利时收到的样本进行比对，加上多处案发现场遗留下的DNA证据，发现所有的DNA都是同一版本。就这样，警方断定这位嫌犯就是作案多起的强奸罪犯。就这样，犯罪秀节目揪出了这个欧洲史上强暴了千名女性的色魔。

【案例分析】

德国人乔格已经近50岁了，是两个孩子的父亲。生活中，他工作勤恳，人也老实，虽然学历不高，却常常教育孩子要努力学习。在妻子眼里，乔格虽没什么大本事，却踏实可靠。可令她万万没有想到的是，这个与自己生活了二十几年的男人竟然是强暴了一千余人的色魔。

乔格从小学习成绩差，上学期间常常因此遭到同学们的嘲笑，在班里处处受大家排挤。于是，不久他就退学了。后来，在一家餐馆打工。

随着年龄的增长，乔格情窦初开，十分渴望爱情。不过，他性格内向，同龄人都在谈情说爱，而他却一直单身，因此十分苦恼。更可怕的是，他总觉得身边女性都瞧不起自己，这种自卑心理占据了他的整个身心。

在乔格24岁时，一个偶然的机会，他在家里看到一部电影《沉默的羔羊》。这是由朱迪·福斯特和安东尼·霍普金斯联袂主演的一部好莱坞经典惊悚片。在影片中，凶手假装成一个手臂受伤的残疾人，诱骗早就瞄准的女子，帮助其把家具搬到家中；然后，趁女子不注意，将其击昏进行强奸。看完这部影片后，乔格本来空虚和自卑的心灵变得更加扭曲。由于仇视那些比他有知识的人，特别是女性，乔格萌生了一个怪异的想法。他想让那些比自己有文化的女性都受到屈辱，这样才会觉得自己高人一等，并发誓要让所有瞧不起他的女性在心灵上都留下一道深深的伤口。

看电影大受启发的乔格，照猫画虎，开始学习电影中的作案手段。他开始抽时间到离家比较远的住所附近踩点，注意观察每天来来往往的单身女性，锁定目标，他便装扮成残疾人，前去敲对方的房门。

女主人开门时看到乔格一副可怜的样子，拖着一条残疾的手臂，捂着肚子说，他路过此地，希望借她家厕所用用。善良的女主人一点也没有怀疑，带乔格去自己家的厕所，还尽可能地帮助他，需要什么就提供什么。而乔格却趁女主人不备，直接将其敲昏，并对其进行性侵犯。在作案过程中，乔格的情绪极其亢奋，这不光是让他内心得到了满足，还让他深藏多年的心理压力得以释放。

第一次性侵犯成功后，乔格既感到喜悦，又害怕当地警方会抓他。就这样忐忑不安地过了一个月。这一个月乔格都是心惊胆战地度过的，可警方竟没有一点动静，也许是被强奸的女性根本就没有报警。这让乔格的内心邪念再起，随后他又以同样的方式重复了若干次犯罪行为，几乎每个星期乔格都要出去作案。这些从未失败的经历让乔格的胆子越来越大，不但给乔格缺失的心灵带来了慰藉，还刺激得他把强暴女性作为了自己毕生的任务来完成。

乔格犯案时的谨小慎微使德国警方根本没有发现任何破案线索。在越来越多的作案中，乔格总结出了自己的"作案心得"，并在以后作案时屡试不爽。

一开始，由于作案时谨小慎微，加上他为自己作案拟定的"安全准则"，乔格在德国各地流窜作案，持续多年，却安然无恙。在经历了多年性侵犯女性的过程中，乔格的思想已经不受自己的主观思维控制。到后来，乔格频繁作案，色胆越来越大，"安全准则"也被他抛到了九霄云外，由于内心的躁动，白天晚上他都出去作案，从一开始的不强行破门，到后来手持小刀，头戴女式长丝袜，强行闯入自己选好的单身女性家里犯案。为了防止受害者的喊声惊动其他人，他先将受害者击昏或封住她的嘴，然后对其实施强奸。

尽管内心如此扭曲，乔格在现实生活中，却还是憨厚老实的样子。1998年，乔格认识了现在的妻子爱丽丝，有了一个幸福的家庭，还有了两个孩子。但外出犯罪对他来说已经不能克制，有一种想法、一种不可抗拒的欲望已经在他的脑海里生根、发芽，直到嗜色成瘾。一开始犯罪对每个人来说都是艰难的，可随着作案次数越来越多，乔格便不觉得自己是在犯罪了，殊不知，他已经走上了一条不归路。

随着越来越多的受害女性报案，加上有一段时间乔格频繁作案，德国警方加强了戒备，乔格便借旅游为名躲到与德国相邻的几个国家，如荷兰、比利时等。乔格深陷其中，乐此不疲，他害怕过，但却从来没有想过收手。乔格像一个恶魔一样，将他的魔爪伸向了德国及其周边多个国家，20年来，被他调戏强暴的女性不计其数，仅报案者就达到了1000余名。

色魔屡屡犯案，在欧洲多国引发恐慌，于是多国警方开始联手调查此案。经过调查，警方虽然从受害者那里采集了大量证据，却无法确定色魔的长相，也无从查找这个罪大恶极的色魔。后来，乔格疯狂地迷恋上当时比利时的一档综艺节目《电视犯罪真人秀》，经常热心发去邮件参与互动，他对于强奸案件的详细描述让节目组慢慢关注他并发现了他的秘密。至此，这个作恶多端的恶魔才被警方缉拿归案。

在法院审理此案的过程中，乔格的律师认为他的犯罪不完全是因为受主观能力影响，其心理已经开始扭曲，精神状况不佳，不是一个正常人所能做出的行为。从犯罪心理学的角度来看，乔格绝对是一个变态狂，而他对自己的这种恶行是无法自我控制的，由此制造了一系列惨绝人寰的强奸案。

进一步分析可以判断，犯罪分子一旦失去自我控制，那么他们的犯罪行为就会暴露出来，甚至在非专业的办案人员的诱惑下，也会上了圈套，到头来曝光于天下。犯罪秀节目抓捕逃犯的事例，就是一个典型。

【犯罪解密】

犯罪分子的许多罪行，都可以从心理上找到答案。甚至可以说，心理问题往往是罪犯作案的真正触发点。明确了这一点，就不难理解那些离奇的破案故事，并懂得心理健康是每个人生活的重要主题。

什么才是犯罪的本质

"犯罪"这个词语在生活中出现的频率越来越高，虽然大多数人并没有真正地接触过犯罪分子。然而，究竟何为犯罪？犯罪的本质是什么？这就需要进行深入地探讨了！

首先，从字面意义解释来看，"犯罪"是做出违反法律的、应受法律处罚的行为。犯罪还是一种复杂的社会现象，它与国家和法律的存在是紧密相联的。因此，实施犯罪的行为人需要对自己违反法律的行为负法律责任，同时也将会受到法律的严厉制裁。

其次，犯罪的概念是对犯罪各种内在、外在特征的高度、准确的概括，是对犯罪的内涵和外延的确切、简要的说明。犯罪概念一般分为形式概念、实质概念、混合概念等多种类型。在中国的《刑法》中，对犯罪的概念定义是形式与实质相统一的犯罪混合概念。

顾名思义，犯罪的形式概念是一种法律上的概念。针对犯罪行为来说，它是一种客观存在的社会事实，是社会对"犯罪"这种行为的否定性描述。需要指出的是，在经刑法规定以前，这种行为尚不具有刑事违法性，即不能成为刑法意义上的犯罪。我们通常对各种犯罪行为进行评议，表达自己的意见，往往属于从形式概念上进行确认，但不是转换为刑法上的犯罪行为。

至于犯罪的实质概念，就不满足于对犯罪的法律界定了，而力图揭示隐藏在法律背后的社会政治内容。在这里，它首先把犯罪视为一种社会现象，在与社会的关联上揭示犯罪的性质。也就是说，它在一定程度上回答了一种行为为什么会被刑法规定为犯罪，显然这是具有实质意义的问题。具体来说，犯罪的实质概念分析了犯罪与社会结构的关联性，揭示了犯罪分子接受刑罚处罚的根据，是对犯罪行为的确认。

因此，从本质上说，具有社会危害性是犯罪的基本特征。反之，如果某种行为根本不可能对社会造成危害，刑法就没有必要把它规定为犯罪。此外，某种行为虽然具有一定的社会危害性，但是情节显著轻微危害不大的，也不认为是犯罪。

对大众来说，认清犯罪的本质，明确哪些行为会接受刑事制裁尤其重要，这是我们进行社会活动的重要标尺。正所谓"没有规矩，不成方圆"，一个人只有在红线之内做事才能受到保护，永远安全。

【案例分析】

马丁·凯利是一个名副其实的网虫，被大家称为骨灰级玩家的她也是一个网络高手，经常出入各大网站。2008年9月，凯利在旧金山的家中上网，出于好奇，通过密码找回的功能，破解了某人在购物网上用户名为"jack12"的密码，在发现该用户名下有大量游戏卡的情况后，凯利偷偷修改了该用户名的密码。

随后，凯利用修改后的密码登录了该用户名，窃取了该用户名下的近千张、价值数万美元的游戏卡，并在购物网上以六折的价格出售，获得非法利益五万余美元。

第二天，该购物网用户名"jack12"的持有者杰克发现自己的账户不能登录，后找到网站管理员，登录成功后，杰克惊奇的发现该账户下所有的游戏卡已被使用，网站管理员给他提供了一些账号登录地和信息后，杰克发现自己的账号被盗用了。

杰克找到当地警方并报案，警方通过网络监测查找得到该用户名被盗时的登录地址，发现是在旧金山某私人住宅处，并迅速锁定了这位黑客，紧急前往旧金山将该黑客缉拿归案。

后经警方调查,杰克被盗的游戏卡价值十万美元,案发后,凯利以盗窃罪被公诉,追究其法律责任。后经审理,凯利以非法占有为目的,通过破解他人账号密码的手段,盗取他人财物,且涉及数额巨大,其行为构成盗窃罪。

凯利除了要偿还杰克的十万美元外,也难逃牢狱之灾,需要对自己违法犯罪的不正当行为付出代价。

凯利的一时好奇和对金钱的贪念导致了她盗窃案的发生,她除了要偿还受害人经济损失,还要坐牢。由此可见,当一种行为具有严重的社会危害性,同时也损害了大多数人的利益,影响了他人正常的生活时,就可以归结为犯罪了。据此,我们也可以进一步清晰地概括出犯罪行为所具有的三个比较显著的特性。

第一,刑事违法性。它是犯罪的法律特征,是对犯罪行为的否定的法律评价。在罪刑法定原则下,没有刑事违法性,也就没有犯罪。

第二,法益侵害性。它是对于刑法所保护的利益的侵害。这里所谓刑法所保护的利益,就是法益。刑法法益是关系社会生活的重要利益,可以分为国家法益、社会法益和个人法益等。这些法益被犯罪所侵害而为刑法所保护,因此,法益侵害性揭示了犯罪的实质社会内容。

第三,应受惩罚性。它是犯罪的重要特征,表明国家对于具有刑事违法性和法益侵害性的行为的刑罚惩罚。犯罪是适用刑罚的前提,刑罚是犯罪的法律后果。显然,如果一个行为不应受刑罚惩罚,也就意味着它不是犯罪。

实际上,犯罪的形式有很多,但是最关键的是是否具有严重的社会危害性,被害人或者是社会大众是否受到犯罪事件的影响,从而扰乱了正常的社会秩序。

【犯罪解密】

关于犯罪的本质,社会危害性说是通说,大多数的犯罪行为都具有极其严重的社会危害性,使受害人的人权、经济等多方面的利益遭受损害。当然,犯罪行为人将从犯罪事件中获得不该得到的利益。大多数人犯罪的目的,也就是通过不正当的、不合乎法律的手段做了不该做的事、获得了不该得到的利益,从而侵犯了社会其他人的正当利益。

第二章 人类本性与行为
——挖掘潜意识里的"犯罪恶魔"

> 从国内到国外，从城市到乡村，从大街到小巷，犯罪随时随地都可能发生，可是人们为什么要犯罪呢？驱使人们犯罪的动力与人类本性有关吗？

路西法效应：好人如何变恶魔

史上著名的"斯坦福监狱"实验，又常常被称作路西法效应，这是一个证明人心理变化的实验。

其实，实验的内容很简单，那便是将一些身心健康的学生与外界隔离几个星期，进入到一个精心布置的虚拟的"监狱"里，其中一些学生随即扮演狱卒，而另外一些学生扮演囚犯……在接下来的几天里，学生们都将一一进入自己的角色，扮演狱卒的学生变得日渐野蛮，而扮演囚犯的学生们则真的很想逃出监狱。然而，让人意想不到的是，没多久实验的情况就变得如此糟糕，以至于研究不得不提前结束。

实验的设计者菲利普·津巴多是一名心理学教授，他这样描述道："仅仅六天的时间过去，我们不得不关闭这座模拟监狱，因为所见到的情形令人震惊，对于我们和大多数学生来说这已经不仅仅是表面的东西。真实身份结束了，角色扮演全面开始，大多数人完全进入了囚犯和狱卒的角色。在他们思考、感觉和行为的每一方面都有了本质的变化。一些男生对待囚犯就像对待可鄙视的动物，随意使用暴力，而另一些男孩则变得卑躬屈膝，备受非人的对待，他们只想逃离这里，拥有自己的生活，而且他们对狱卒的仇恨也在不断加剧。"

这种变化让人觉得恐怖，究竟是什么原因使得原本的好人在进入不同角色后，有的完全失去了自我？而有的又变成了恶魔？后来，不同的学者都进行了类似的实验，都得出了大致相似的结果：人类会受到环境的影响和控制，从而不自觉地变成了一个自己不想成为的人。比如在"二战"中，对犹太族人实施暴行的德国纳粹党人，都是一些应征入伍的普通士兵，他们在战争之前过着平凡普通的生活；同样，在伊拉克战争中，参与虐俘行动的人也都是心理十分正常的士兵，在此之前并没有过暴力倾向。这些可怕的事实无一不在提醒着我们，环境对于一个人的影响是多么大啊！

只要提供一个真实的场景，人们就会根据这个情景的变化逐渐改变自己的角色，同路西法效应中的实验那样，人们在设定的情景中将自己变成了施暴的狱卒，也就是通常所说的恶魔。这些可怕的情景在现实的世界中不断地重现，而人类恰恰无一例外地成为这些情景的实验品，做出了平时难以想象的恶行。

为什么环境会让一个普通人变成恶魔？观察这些案例，会发现一个共同的特点，那就是这些案例的模式中都包含了两个方面，即施害者和受害者。拥有权力的施害者往往会不加管制地使用自己的权力，虽然一般而言他们所拥有的真正权力都不会很大，同时，他们的发展也会越来越趋向个人化和特殊化。相反地，对于受害者而言，他们的权益会遭到极大程度的损害，但他们中的大多数都选择去适应环境所给予的角色，忍气吞声。

那么，面对这样的情形，人有可能做出改变吗？坦率地说，没有保证有效的方法使得人做出真正的改变。因为系统的力量实在太过强大了。

但是，人类既然知道了是系统影响了人的模式，就可以通过辨别在真实的环境中所处的这个系统使用了哪些方法影响了自己，从而清楚地避免自己受这些环境的不良影响。例如，这个环境是否给环境中的个体树立了一个共同的外敌？它是否鼓励或默许个体采用过激的行动？它有没有强调这些个体是属于某个群体？它有没有建立一些新的名词或倡议？等等。

当然，作为环境中的个体，更应该明确地了解到，在受环境影响的这个过程中谁获益了？当找到具体的获益者时，你就能发现系统的动机。总结多个案例，最难处理的问题是当系统明确要求某些个体做出某种行为时，个体该如何选择。

这时候，唯一能依靠的就只有内心的道德律了。不过，即使在这样的情景下，个体依然有选择的自由，甚至还可以做出策略性的回应。

实验的最后，津巴多强调，人虽是环境动物，容易受到环境的影响，但这样也没有什么可怕的，如果能够按照他的"十步法"来走的话，人是能够很好地战胜路西法效应的。十步法当中，首先要做的就是承认自己的错误，然后一步步走下去，直到最后去拒绝那些为了所谓的人身安全而牺牲自由的要求，相信自己能够反抗所有不公正的制度。可是要做到这一步显然很难。

事实上，存在的最大问题是，当"好人"已经变成"坏人"时，其实那些改变了的人并不认为自己是坏人，他们要么认为自己残忍对待的人是罪有应得的，要么认为自己只是以恶制恶，用不太好的手段去达到善良的目的。

【案例分析】

1994年，卢旺达发生了惨烈的大屠杀事件。日后，人们回忆起这场屠杀时，都不寒而栗。大家所恐惧的不仅是屠杀的惨烈和死亡人数，更在于引发这场屠杀的真正原因。

大屠杀竟然在当今文明社会中发生，现在看来依旧是令人匪夷所思的。原来，胡图族和图西族两族人混居在一起，他们很多都是邻居，是互敬互助的朋友。但是就在一夜之间，政府告诉胡图族人：图西族人是坏蛋，于是前者便不问缘由地拿起了武器，大开杀戒，其恐怖程度令人震撼。

在这场大屠杀发生的三个月之内，胡图族人杀死了80万到100万的图西族人，杀人凶器仅仅是一些大砍刀或者是狼牙棒。这场大屠杀很可能是现代历史上最容易被忽略的，然而它却又是最残暴的一桩同类自残的暴行。

很显然，胡图族人的集体屠杀行为受到了环境的影响。这个真实的故事也揭示了一个残酷的事实，那就是在特定的社会环境下，好人也会犯下暴行。

面对这样残酷的事实，我们不禁要思考，为什么人类会犯下这样的错误？当大部分人在面对这样的事实的时候，都会觉得自己不会做这种事，然而一旦融入当时的情景中时，你真的可以确定自己不会做出匪夷所思的举动吗？

平静下来想一想，因为一句或许并不真实的话，便导致了一场灾难的发生。

有谁会想到，一个好邻居、好朋友或是好兄弟，居然会在一夜之间变成杀人不眨眼的恶魔？其实这些不难理解，那就是人性在作怪，因为环境的影响或者是出于某些原因，好人就在一瞬间变成了恶魔。

人的性情并非像大多数人通常所想的那样难以改变，善恶之间其实并不存在不可逾越的鸿沟。有时候，只是微小的环境改变，就能够彻底改变人的性情，从而避免恶性事件的发生。

【犯罪解密】

路西法效应的真实存在，证明了出于某些不确定的因素，一个善良的好人很可能在一瞬间变成恶魔。人是环境的动物，其性格会时刻受到外部环境的影响，超出了人们的想象。好人如何变成恶魔？说到底是因为受了不可预期的环境因素的影响。只有增强自身自制力和抵制身边的不良诱惑，才能远离犯罪。

为什么人人都可能是罪犯

从微观角度来说，无论什么类型性格的人，平和抑或是激进，每个人的心中都住着一个魔鬼，这也是触发犯罪最根本的心理机制。换句话说，人人都可能犯罪，因为有一个躲在内心里的鬼。

在《镜花缘》这部小说中，男主人公唐敖和林之洋到海外做买卖，他们沿途经过了很多奇特的国家。其中一个叫两面国，这个国家的人都长着两张脸，正面的那张脸善良和蔼，可亲可敬，背后那张脸却青面獠牙，凶残可怕。

当然，这本小说是虚构的，这世上也并不存在这样的国家，但这种会变脸的"两面人"，在世界上却并不少见。人的表面和内在并不是那么容易分辨的。

有这样一类人，他们有着强烈的犯罪情绪，濒临犯罪的人可以称为隐性罪犯，广义上也可以定义成有犯罪念头的人。隐性犯罪，很像生物学里的隐性基因。比如，B因对A有成见而辱骂A，A生气，拿出刀，准备砍B，这时的A就是隐性罪犯。如果B此时对A更凶狠地辱骂，A一时冲动砍下去，A的思维就读取成现实变为显性罪犯了，B的辱骂可以称为让A犯罪的"酶"。隐性罪犯的犯罪心理机制埋藏于内心深处，但很容易受到外界因素的影响和刺激而显现出来。

这个概念并不只是观察生活或分析罪犯心理得来的，而是为了更形象地描述某些时刻的罪犯。因为大多数人都是隐性罪犯，很多时候有些人并不只是单单有某些犯罪的念头，而是犯罪欲非常强烈的那种，比如仇恨欲、破坏欲、侵夺欲等。有的人大概天生如此，这些都是他的内心在作怪，也就是人们通常所说的内心有鬼。

由此看来，社会上的大多数人都是隐性罪犯。或许每个人都是，至少某些时刻是，还有很多人处于一种濒临犯罪的状态。如果只关注已经爆发的行为而无法看到人们的潜在心理，那么就没有真正理解为数众多的潜在犯罪人。一方面要帮助显性罪犯摆脱恶劣情绪的折磨；另一方面更需要了解并拯救隐性罪犯，从而防患于未然。

法律是什么？是通过国家机器强迫人们遵守社会的规则。而道德又是什么？是能让人在内心自觉地遵守规则并维护社会秩序，同时不会让人觉得被束缚。

如果每个人都可以做到自觉地遵守法律，那么社会将会变得多么自由快乐，多么和谐美好啊！然而，大部分的道德只是一种思维方法，并没有清晰的条文规范，无法强迫，也很难像物质一样传递，只能靠人类自己的思维去理解，行为去创造！

人产生犯罪念头通常是因为生活的压迫，或者是思维进入一种歧途，比如想解决某问题，但是想到的却是不正当的方法。所以法律教育不应该是强迫或者恐吓，这些往往对处于叛逆期的青少年不起作用，甚至起反作用。他们更需要的是一种正确的人生引导和对于困惑思维的解答方式。

实际上，除了极少部分罪犯觉得自己的犯罪行为是高尚的，或者无恐惧愧疚心理外，大部分罪犯都是矛盾而痛苦的。通常，他们有一种迫不得已的感觉，即使犯罪时会有某些快感，但是更多的是紧张和害怕。

对于大多数的罪犯而言，无论是显性罪犯还是隐性罪犯，其心情大多是非常糟糕的。而隐性罪犯并不一定是可恶的，相反地，他们在很多情况下是值得同情，需要帮助的。他们中的大多数人都是缺乏情绪调整能力的人，生活中极其沉重的压力使得他们变得烦躁，在特殊的情况下发生了不该发生的悲剧。

在上面所述的情形中，当B辱骂A时，A完全可以想想自己的父母，考虑到自己的未来，真的做出傻事了不值得；或者把自己幻想成一个有宽广胸襟的伟人，没必要和这种势利小人计较；或者完全不考虑自己的感受，而是去分析B的思维与心情，体谅甚至去安慰他等各种各样的方法。

在与人交往时，说话、行事要慎重尽量别伤害到他人，更不要做把隐性罪犯读取成显性罪犯的"酶"。当发现自己处于隐性罪犯的状态时，说话行事就得比平常更加慎重。如果情绪比较强烈，难以自控，那最好选择暂时的避让，让自己的内心静一静。

【案例分析】

2010年4月，年满16岁的约翰背井离乡，来到另一个城市打工。很难想象，一个16岁的未成年人，竟然是多起盗窃案的惯犯。

初来工厂后不久，他便在半个月内连续3次实施入室盗窃、3次潜入某学校教师宿舍实施盗窃，后鉴于未成年人刑事司法政策和自首情节被判拘役五个月。

而后，刚刑满释放的约翰竟然毫无悔改之意，又在此后的短短10天内将罪恶之手伸向多个居民小区的住户，实施入室盗窃近十起，致10多名被害人损失共计6000余元。

原来，在约翰被判拘役时与父亲有个约定，待其刑满释放时，父亲会来接他回家，然而在约翰出狱当日却未见父亲身影。

承办检察官随后和约翰的父亲取得联系，两人的交谈中还原了"父子失约"的真相——在约翰出狱当日，约翰的父亲早早地守候在看守所门口，可在等候过程中去买早点的间隙，与出看守所的他擦肩而过，未得谋面。没有见到父亲的约翰很失落，既不回家又不联系家人，而约翰的父亲则认为他不听管教，对他不闻不问。

此后，失望且固执的约翰认为父亲和家庭都放弃了他，并开始自暴自弃，再次陷入了犯罪的泥潭。就这样，一场失约的误会成了年轻人再次涉案的背景，想来让人感慨不已。

约翰再次犯罪,很明显是被他的隐性犯罪机制诱发的。如果没有与父亲的误会,以及内心犯罪机制的变化,约翰也许不会再次走上盗窃的不归路。

为什么说人人都可能是罪犯?就是因为犯罪事件很可能发生得突然和让人始料未及。约翰的犯罪事件便是很好的证明!有谁会想到他再次犯罪的原因竟是他的父亲没有来接他出狱?这在常人看来很简单的问题,却被特殊的约翰看得无比重要。

犯罪人的犯罪动机和犯罪事件发生的时间、地点,往往都是令人捉摸不透的,由此才说人人都可能是罪犯,因为每个人的处事态度不同,对于同一事物的敏感度当然也就不同。

看到难以理解的犯罪案件发生时,不要惊讶,因为犯罪念头深藏于每个人的内心深处,人人都可能是罪犯,也都可能是英雄。这种潜藏的犯罪恶魔看起来很可怕,没人能逃脱它的势力范围。其实,对付内心的恶魔很简单,产生负面情绪既然不能避免,那么就要在适当的时候把这些负面情绪赶出去,不要让它们在心里堆积。这样,恶魔就不会有逞威风的机会了。

【犯罪解密】

人性中有光辉的一面,也有阴暗的一面。作为社会人,如果其行为不受到道德、法律的约束,一旦犯罪成本很小,往往就会铤而走险,做出危害他人的举动。

性格缺陷让人误入歧途

每个人都有自己的性格特征,进而影响到人生观、价值观,左右人一生的言行。"金无足赤,人无完人",每个人性格中或多或少都会存在缺陷,如果不注重弥补这些不足,很容易产生错误的言行,甚至误入歧途。

究竟什么是性格缺陷呢?概括起来,它是指无法保持正常人所具备的心理调节和适应等平衡能力,心理特点明显偏离心理健康标准,但尚未达到心理疾病的程度。心理缺陷的后果是对社会的适应不良。在现实生活和实际工作中，由于性格缺陷而误入歧途的情形比比皆是。这也无时无刻不在提醒着人们，要不断去克服缺陷，才能减少犯错、犯罪概率，创造完美人生。

具体来讲，性格缺陷主要分为几种：无力性格、不适应性格、偏执性格、分裂性格、爆发性格、强迫性格、癔症性格和攻击性格这八种。回想一下往事，便会发现自己曾经存在或者正在经历着以上缺陷中的一种或几种。

性格上的缺陷，大多也是人性的缺点，有些可以克服，有些却很难纠正。最重要的是，对于性格上的瑕疵，要有清醒的认识，正确认识自己，从而在为人处事中扬长避短、趋利避害。遗憾的是，人们对自身的性格缺陷并不了解，以致误入歧途，走上一条不归路。由于某一方面的弱点或者缺陷而导致的失败、犯罪数不胜数，对此不可不察。

性格缺陷的存在往往会使一个人失去自我，遇到特殊情况时还可能失去做事的分寸。拥有偏执型人格的人，在遇到困难时大多会孤注一掷，而且情绪激动，容易对他人大打出手，不能自控，很可能发生一些预料不到的事情。

一些性格上的缺陷还会导致一个人的人生态度变得悲观，容易自暴自弃，觉得生活没有希望的同时也不求上进，这类人更容易走上违法犯罪的歧途，当他们习惯了行尸走肉般的生活时，他们也离自己的末日不远了！

性格缺陷是一个人发展致命的弱点。虽说"江山易改，本性难移"，但在生活的潜移默化中改变性格也是可能的，前提是要有想改变的强烈渴望和长期的坚持。心理学家的研究显示，性格里有大约百分之五十是基因决定的，而另外的就可以在环境的影响下，随着自己的成长而塑造和完善。

人的一生本来就是一个不断成长的过程，也是一个自修的过程。遇事懂得克服性格上的不足，积极改变以往不妥的言行，就能减少犯错的机会。对那些有严重性格缺陷的人来说，如果不懂得克制自己，往往容易在失控中走向歧途，这是导致犯罪的一个重要原因。

【案例分析】

露西是一名中学生，在开学进入新的班级后不久，便有同学反映她脾气古怪异常。比如，她经常莫名其妙地和同学吵架，言语不和就将同学的书本等学习用品扔出窗外，这让同学们十分气愤。

老师曾多次找到露西谈话，但是无论如何劝导，她始终都是一言不发。更令人难以置信的是，她有一次在课堂上和化学老师发生了正面冲突，课间竟然跑到办公室把化学老师的书、教案全部撕掉，这些异于常人的举动都让大家惊讶不已，也都不得不寻找事情发生的缘由。

后来，老师对露西进行了侧面的调查和仔细分析，并单独给她做了心理和性格测试。然而，测试结果并不乐观，露西有严重的性格缺陷，无法与周围的环境融洽相处。最后，她不得不选择退学。

多年以后，露西参加工作了。但是，性格上的缺陷再次让她吃了苦头。因为对周围环境有严重抵触，对身边的人不信任，露西与一位同事发生了严重的冲突，情急之下甚至刺伤了对方。

由于具有分裂和爆发的性格缺陷，露西没办法和大家友好相处，取而代之的是使用暴力。生活中，与他人沟通不畅时，她没有想到去解决问题，而是与对方吵架，甚至发生肢体冲突，结果学习、工作都不顺畅。性格上的缺陷使露西的人生观畸形，未能很好地融入社会。

生活中，许多人缺乏关爱的家庭环境，或者在成长中遇到过严重伤害，结果导致性格存在重大缺陷，进而影响到他们的身心健康成长，导致遇事偏激、处事执拗。事实上，当真正了解这些人的内心时，你会发现他们十分渴望得到他人的关注和关心。一旦自己的需求得不到满足，他们才表现出异于他人的言行，甚至产生犯罪行为。

【犯罪解密】

性格的缺陷是人生中的短板，是不利于心理健康、心智成熟的。对许多犯罪分子来说，性格上的短板也是造成犯罪的重要原因。

惯犯都是经不起诱惑的

诱惑是存在于这个世界上的一种神奇的东西，你会为之疯狂而不能自已。它之所以存在，也是因为人的一生之中不断地被欲念刺激，所以为诱惑折磨一生。人存在于这个世界上，首先要面对的是物质上的诱惑，其次才是精神上的诱惑。通常，精神上的诱惑多指追求浮名、执着于表现和凸显自我，或者是指对知识领域的过度的探求，生活中的权势、地位、名利、金钱等这些都是诱惑。

生活中的种种，往往发生在那不经意间的"情不自禁"，也因诱惑而变得不同。诱惑对于一个人的影响有好有坏，不同的人对于诱惑的本能反应也大不相同。显然，惯犯都是经不起诱惑的，他们屡次进行犯罪活动，离不开外界的刺激。

通常，"惯犯"是指以某种犯罪为常业，或者以犯罪所得为其生活和挥霍主要来源，或者犯罪已成习性，在较长时间内，反复多次地实施某种危害社会行为的罪犯。例如"以赌博为业"的常业犯和"惯窃""惯骗"的常习犯。常业犯，又称常业惯犯，即以某种犯罪为职业，经常进行某种犯罪活动。常习犯，又称常习惯犯，即已形成某种犯罪习性，并可能以犯罪所得为主要生活来源或挥霍来源，经常犯罪而屡教不改的罪犯。

那么，在判断一个罪犯到底是不是惯犯时，需要注意哪些问题呢？

首先，必须坚决地反对以下两种倾向，一是历史说，主张看档案；二是现实说，主张只能以未处理过现实行为作为定案根据。通常认为，上述两种倾向都具有一定的片面性。在作出判断时，应主张历史与现实相结合的方式，既立足于现实，又联系历史，既看到犯罪分子的人身危险性，又看到现行罪犯的社会危害性，把两者有机地统一起来考察。

其次，要看是否具备和符合以下的条件：第一，客观上具有犯罪行为的惯常性，它是惯犯构成的客观条件，即是否以实施某种犯罪行为为常业、是否以非法所得为生活或挥霍主要来源、是否在较长时间内反复实施同种犯罪行为；第二，主观上具有犯罪心理的习癖性，即是否存在继续犯罪的倾向性？是否以违法犯罪作为其长期经营的行业？其表现是否故意致力于某种犯罪？是否由犯罪之习惯进而发展为心理上乃至性格上的畸形或者是变态，形成某种犯罪习癖等？这种所谓的犯罪心理的习癖性，是惯犯构成的主观条件。

犯某种特定罪行的习性，在相当长的一段时间内反复实施特定的犯罪行为，以及以犯罪为主要生活来源或腐化挥霍生活的来源等，这些可作为惯犯的特点，通常能为人们更准确地判断一个罪犯是否为惯犯提供了更多可靠的依据。

由此看来，惯犯的心理特征也会与一般的罪犯不同。通常来说，惯犯大都是意志薄弱的，且容易自暴自弃。

在初犯中，犯罪分子大致可以分为两种类型：一种是意志坚强，虽偶有失足，但经过教育挽救后，则决心改正，浪子回头；另一种则是意志薄弱，初犯后虽有悔改的愿望，但却经不住外界的诱惑，最终再次走上犯罪道路，这种人就是"惯犯"。他们内心往往极其脆弱，对他人的冷眼反应敏感，缺乏改过自新的勇气，最终选择自暴自弃，在叛逆中亲手毁灭了自己的人生。

惯犯都是经不起诱惑的，因为他们习惯了行尸走肉、不劳而获的生活。然而，惯犯又是可怕的，因为当他们在罪恶的深渊越陷越深时，便会难以自拔。

【案例分析】

从18岁开始，朱莉就成为一个抢劫团伙的主要成员。两年时间里，她一共抢劫了10多次，涉案金额7000多元。

然而，朱莉是个看起来十分可爱的女孩子。同其他的孩子一样，童年的朱莉生活得无忧无虑且学习成绩优异，这一点从朱莉的成绩单中可以看得出来。然而，朱莉的成绩单到了15岁的时候就再也没有过了。

正当朱莉步入人生花季的时候，她的父母因性格不合导致离婚，这一年也是她第一次离家出走。没有了父母的关爱和监管，不到16岁的朱莉开始独自踏入社会。每天的生活就是白天睡觉，下午有时候在网吧上网，而大部分时间都是晚上在迪厅里度过。

朱莉在网吧和迪厅里认识了一些与自己有着相似身世的孩子，他们一起吃喝，一起上网，一起跳舞，共同消磨过剩的精力、虚度光阴。然而，这样的生活需要大量的金钱来支撑，于是他们开始抢劫。没钱的时候，她就和同伙去抢那些比他们小的在校学生。当然，这些抢来的钱都被挥霍一空，刺激着当事人再次以身试法。

　　就这样，朱莉的青春就在抢劫与盗窃中度过了，过着醉生梦死的生活。对她来说，犯罪生活已经像吸毒一样，难以戒除了，于是在不断的诱惑中逐渐跌入了深渊。

　　由于年龄小，法律意识不强以及对于某些新鲜事物的不良好奇心导致了朱莉的悲剧，从中更能清晰地分析出"惯犯"一词的严重性。以朱莉为例，当她抢劫成性，习惯了这样不劳而获和肆意挥霍之后，便会更加不拘束自己的行为，慢慢地滑向犯罪的深渊，最终酿成严重的后果。

　　由朱莉的事例我们也不难看出，惯犯之所以抵挡不住诱惑其中一个原因就是其从前犯罪的过程让他得到了太多不该得到的利益。然而，惯犯的危害是可怕的，从情节角度来讲，虽同样是犯罪，其罪行却远远重于初犯。

　　诱惑，遍及人们生活中的各处，学会抵制诱惑，才能拥有健康的生活。有些人之所以违法犯罪，就是没能控制好自我。然而，抵制诱惑对于那些像朱莉这样的惯犯而言更是难上加难。

【犯罪解密】

　　惯犯大多数都是经不起诱惑的，他们在个人私欲的驱使下，面对物质、金钱等多方面的刺激，极容易萌生犯罪意图。有时惯犯为了将自己觊觎已久的东西占为己有，也会想到偷窃，或者更容易受人教唆——即便知道这种行为是在犯罪，也会不顾一切、一意孤行，表现出一定的盲从性。久而久之，也容易生出一些恶习，慢慢地具有犯罪习癖，也变得更加容易被诱惑所吸引。

欲求不满引发过激行为

　　树木长得过于茂盛时，就需要修剪，否则每一片叶子成长所需要的营养将得不到充足的供应。那么，人的欲望是不是也应该适时地修剪呢？答案是肯定的，否则便会被不断膨胀的欲望所吞噬。

可是，人的欲望不同于树木，到底该如何修剪呢？最好的方法大概就是利用自己的意志去克服欲望的侵蚀。如果无法控制自己的欲望，而是被那些不断膨胀的欲望牵着鼻子走的话，那么，人们将会陷入欲望的圈圈而无法自拔。

在生活中，因冲动引发的过激行为最后导致犯罪的事件比比皆是，在犯罪的原因中，存在很大一部分的冲动因素。也就是说，情感与理性的分裂对抗，是真实存在的尖锐现实，是个体心理的压抑与冲突。

曾经是一名白衣天使的他，本该以救人生命为宗旨，为何却在一个早晨手持尖刀奔向当地的实验小学，疯狂地挥舞着刀向学生们乱砍？

他与无辜的孩子们没有任何冤仇，甚至从来都没有见过这些活泼可爱的孩子。挥刀的一瞬间，理由竟只是为了泄愤！

"你不让我活，我也不让你活。"这是四十多岁的郑明生对自己行为的说明！

被单位突然辞退，女友的不告而别，周围人的唾弃，没有家人的关心，没有朋友的问候，甚至没有一个属于自己的空间可以号啕大哭或者放声大笑，郑明生不知道怎么发泄自己的不满和困惑。最终将自己所有的情绪和欲望封闭起来，越是找不到发泄的出口，不良情绪则越发酵越多。结果，他所谓的苦大仇深，所谓的报复，指向的竟只是最无辜的孩子。

研究表明，人们的心理活动，总是先存在于意识的情感状态，再逐渐转变为意识的理性状态。然而，需要指出的是，并不是所有的意识的情感状态，都可以完全顺利地转变为意识的理性状态。

欲求不满作为一种冲动的代表，无论情感受到多大的阻碍，总是会以永恒的冲动力和渗透力伺机寻找出路，竭力施加压力从而影响人的理性和行为。否则，个体就不能经常达到某种心理状态的暂时平衡。也正是因为有这种力量，人们才在心理上产生了抗拒，从而发生各种过激行为。

当然，在本质上，这与性格的内向还是外向没有太大的关系。问题的关键在于当人遇到挫折时是否能够正确地面对。

有的人从表面上看不出问题，实际上他的感受都积压在心里，一旦压力超过他的承受范围，就必然导致心理失衡，从而在绝望之下进行爆发性泄愤；如果一个人不能自我排解压力，当压力积累到一定程度，就容易引发心理失衡，从而走向报复社会的极端。

走极端的方式多种多样，有的人压抑过度会导致人格障碍，不认识自己是谁；有的则会严重抑郁、自残甚至自杀；还有的人会莫名其妙地去伤害他人。

【案例分析】

2010年7月，亚历山大在莫斯科某高档餐厅邀请来自美国的朋友大卫共进晚餐，为这位多年未见的老朋友接风洗尘。两人甚是开心，聊天的同时喝了很多酒，不胜酒力的亚历山大有点喝醉了。

两人正吃得开心，邻桌的一位女孩去洗手间时，无意间碰到了亚历山大，致使他手中的满杯啤酒全部洒在了身上，女孩发现后连忙向亚历山大道歉，而后便回到座位与其男友继续用餐。

此时，亚历山大觉得在大卫面前很没有面子，与好朋友喝酒聊天的心情也被破坏掉了，越想越觉得不平衡。于是，愤恨不平的亚历山大来到那位女孩的面前索要赔偿，想要在朋友面前重树威风，然而却遭到了其男友的拒绝，双方越吵越凶。

借着酒劲，亚历山大在情急之下失去了理智，随手抄起桌子上的水果刀便向女孩的男友扎去，其男友的头部、胸部、腰部等均受了重伤，后因失血性休克死亡。

生活中，因行为过激引发的血案无时无刻不在发生，这主要是因为当事人没有妥当地处理好自己的情绪，没有找到合适的处理方法。类似于以上案例情节的犯罪事实很多，法院在审理的刑事犯罪案件中，因一时欲求不满酿成恶果的也不在少数。他们大多数都是无任何前科劣迹的普通人，最终身陷囹圄，因在面对突发事件时没有保持冷静，没能三思而后行，最终为自己的过激行为付出了惨痛的代价。

事实上，每个人都会产生各种不满的情绪，大到事业的跌宕起伏，小到清晨出门被人撞到而对方没有道歉。这些问题无论大小都会影响人的心情，甚至影响人的判断。

从根本上说，一个心理健康心态积极的人在遭遇挫折时，尽管也会消沉低落，但他懂得用多种方式排解，懂得通过正常的渠道发泄自己的不满，不会任由负面情绪累积在心里，也不会产生强烈的报复心。

【犯罪解密】

生活中，突发事件在所难免，如何应对、如何处置突发事件是解决问题的关键。面对突然发生的状况，有些人选择冷静，而有些人却因一时冲动，导致自己行为过激，甚至构成犯罪。这不仅给对方造成伤害，而且给自己、家庭和社会造成难以弥补的损失，当事人无不追悔莫及。

潜意识里的"犯罪恶魔"

两千多年前，人们认为人之所以会犯罪，是因为被魔鬼附了身。而今天听起来，这个说法似乎很荒谬，但其实却是相当睿智。

犯罪绝对不只是一种简单的社会行为，而的的确确是一种被"魔化"了的行为。人的精神世界中似乎躲藏着一个魔鬼，这个家伙会在暗中指引人去干一些荒唐的、为常理所不容的事情。有的人心中的魔鬼潜藏得太深而未被发现，但有的人心中的魔鬼却总是在咆哮，最终使人走上不归路。

这便是人们通常所说的潜意识里的"犯罪恶魔"！直面内心的魔鬼，看看犯罪心理学是怎样说的吧。

在弗洛伊德的心理学理论中，他作了一个十分形象的比喻，无意识系统是一个客厅，各种心理冲动像许多个体，相互拥挤在一起。意识就停留在与客厅相连的第二个房间中间，类似于一个过道。客厅和过道之间的门口有一个守卫，有的心理活动会被阻止，而有的则会允许通过。被允许进入的就是潜意识的系统，一旦它们引起意识的注意，就成为意识。由此可见，无意识、潜意识和意识虽是三个不同层次，又是相互联系的系统结构。

潜意识又被称为"右脑意识""宇宙意识"等，指的是人类心理活动中，不能认知或没有认知到的部分，是人们已经发生但并未达到意识状态的心理活动过程。它是潜藏在我们一般意识底下的一股神秘力量，是相对于"意识"的一种思想，《脑内革命》的作者春山茂雄则称它为"祖先脑"。研究上，通常认为人类原本具备却忘了使用的能力是"潜力"，也就是存在但却未被开发与利用的能力。潜能的动力深藏在人们的深层意识当中，也就是所谓的潜意识中。

当然，潜意识也具有它独有的特点：首先，能量巨大，潜意识是显意识力量的3万倍以上；其次，最喜欢带感情色彩的信息，不识真假，直来直去；再次，它容易受图像刺激，但是记忆力却相比较差，需强烈刺激或重复刺激；最后，在放松时，人最容易进入潜意识的状态。

在人的潜意识里，可以说存在多种多样不同类型的奇思妙想，有的是理想化的世界，而有的却是"犯罪恶魔"，这些思维存在于人们的潜意识之中，并不断影响着人的大脑思维和生活。

由于潜意识的特殊存在和其能力的巨大，潜意识里存在的"犯罪恶魔"对于一个人生活的影响不可估量。

潜意识中的"犯罪恶魔"，往往都是那些在人的思维中存在的犯罪意识，这些意识存在于人的大脑之中，但在正常情况下却没有显现，然而，当人们的思维受到某些刺激或进入到潜意识状态时，才更加明显地表露出来，这就是潜意识的奇妙所在。当人们潜意识中的"犯罪恶魔"显现出来的时候，很可能会导致严重的犯罪恶果。

【案例分析】

琳达出生在农村，她是家里最小的孩子，全家人对她这个小妹格外宠爱。由于是家里最小的孩子，家人对琳达也没有更多的要求，只希望她有一个安稳的家，过上幸福的日子。

20岁那年，父母就开始四处张罗给她找婆家，终于在村里找到一户"好人家"。男方对年轻秀气的琳达也十分满意。两家当年就将亲事定下，琳达家还收了对方一笔不菲的彩礼钱。

然而，在大多数人看来不错的一桩婚事，却在两年后发生了惊天动地的变化

——琳达竟然亲手杀死了自己的"未婚夫"。

事情原来是这样的。2010年,在家无聊的琳达在家人的安排下,去城里的一家酒吧打工。灯红酒绿的生活让她大开眼界,并很快与同在一家酒吧打工的男生相识并相爱。从未谈过恋爱的琳达终于明白,婚姻不只是一个形式,而是两个相爱的人在一起。于是,琳达立刻回家坚决要求退婚。但当她父亲拿着彩礼钱到对方家请求退婚时,其"未婚夫"坚决反对。

随后,其"未婚夫"从多方面了解到,琳达在城里有了意中人,遂宣称:"如果要退婚,就先把琳达杀了!"此后,琳达每日都生活在惶恐之中,心理也渐渐扭曲,她想,如果将这个"未婚夫"杀了,也许他们就不会强迫自己了。

于是,琳达趁去"未婚夫"家吃饭的时机,向男方食物里投放了大量的老鼠药,对方当晚便中毒身亡。琳达想要摆脱婚姻的束缚本没有错,但是,使用不恰当的手段让她走向了犯罪的深渊。

这个真实的犯罪案例无时无刻不在警醒着人们,不要轻易触碰存在于潜意识里的"犯罪恶魔",更不要轻易付诸实际行动,因为,由此需要我们付出的代价是谁也想象不到的。

"犯罪恶魔"虽然潜藏在人们的内心深处,但却不容小觑,潜意识里的恶魔一旦爆发,也会对人们的生活造成毁灭性的影响。

当然,仅仅知道潜意识里的"犯罪恶魔"还不够,更要学会妥善处理,控制不良意识在心里滋生和发芽,有效地遏制犯罪的发生。当你的心中产生邪念时,要通过转移注意力等有效方法驱逐它,或者可以事先想象一下如果这种事情发生会造成怎样严重的危害,等等。

防患于未然,讲的大概就是潜意识的问题,即将那些将要发生的对人类有害的行为尽早阻止。要知道,潜意识拥有巨大的能量,但是,千万不要利用它的能量犯罪。

【犯罪解密】

潜意识里的"犯罪恶魔"影响着我们的生活。虽然,通常情况下,人都不会触碰到这些敏感的神经,但是,一旦受到精神上的刺激或者压力,便很有可能做出违反法律的事。生活中，学会控制自己的情绪，真正成为情绪的主人，才能抵御"犯罪恶魔"的侵扰。

人为什么会变得残暴无比

俗话说，"人之初，性本善"，在人的内心里最本质的东西是善，这也是一个人真正的灵魂。但是，在不断地经历了社会和生活的磨砺和考验后，有的人变得不再如当初那样单纯和善良，而是渐渐地学会为了满足自己而变得不择手段，做事也会越来越心狠手辣，残暴无比，这样的变化令人惊讶更让人惋惜。

出于种种原因，我们的生活中总是能遇到一些意外的人或者事情，以前是温文尔雅、彬彬有礼的君子，而现在却像变了个人似的，成了无恶不作的小人，残暴至极。同样的一个人，前后的差距为何如此之大？又是什么使得原本善良的他们变得残暴而没有人性呢？

曾经看过电影《辛德勒名单》的人，应该还对该电影中的经典画面有着十分深刻的印象：德国纳粹对犹太人实施极其残忍的暴行，妄图将犹太人全部毁灭，在施暴的过程中，甚至有的犹太人用同样的手段对付自己的同胞。这一残忍的行为让人们不寒而栗，人为什么会残酷到这种地步，如此对待自己的同胞，几近丧失了最基本的人性？

社会心理学家米尔格拉姆在1963年进行的一项名为"服从现象"的实验研究，就是为了回答人们的这一问题。

他招募了不同职业不同年龄的男性参与这项科学研究，实验的程序大致如下，两个人组成一个小组，一名扮演老师的角色，而另一名则扮演学生的角色。活动的要求是，老师朗读配对的关联词，而这些学生则要记住这些词。

随后，学生需要从可供选择的答案中选出老师朗诵的词，当然，如果选错了，就要给予电击的惩罚。老师们坐在有很多按钮的控制台前面，每个电钮上标有强度不同的电压，事先为了让学生体会遭受电击的痛苦，在活动开始前给每一位学生施加了45伏的电击。

在这个实验进行的过程中，学生们的表现很差，总是记不住单词，于是主考官就要求给学生们施加电击。随着学生们犯错的增多,主考官要求老师做出的惩罚程度也越来越严重,同样的,电压值也逐渐增高。

此时,遭受了电击惩罚的学生的尖叫和反抗情绪也越来越激烈,有的甚至提出要求停止实验。此时,如果老师在听到学生的反应后对继续给予惩罚有些犹豫,主考官则会要求他们继续进行实验。

实验的结果真的太令人不可思议了,竟然有一半以上的老师向学生施加了450伏的电击。要知道,在正常的情况下,这么高的电压对人的生命是有巨大危险的。而且,精神病医生认为,只有精神异常的人才会使用如此高的电压。

但是,参与此次实验的都是正常人,虽然在实验中的电击是假的,那些痛苦的反应也都是参与实验人员装出来的,但是,老师在整个实验的过程中毫不知情。不管实验中的老师们是出于什么原因变得如此的残酷无情,这个实验至少都证明了一点,那就是人都是可以被改变的,改变后的残忍程度甚至是人类无法预料的。

【案例分析】

2010年4月29日上午,洛杉矶某个小镇的中心幼儿园发生一起伤人事件。一名40岁左右的男子持刀冲入校园,砍伤31人,包括28名幼儿、2名教师、1名保安,其中5人伤势较重,有生命危险。事发后,在学校保安人员的协助下,持刀杀人的男子被当场制服,并立即将受伤者送往医院抢救。

随后,嫌犯的身份曝光。他叫罗斯特,1963年生,为洛杉矶某镇的一名无业人员。他原在当地一家保险公司工作,于2001年被单位辞退,从此便种下了仇恨社会的种子。在后来的生活中,罗斯特事业不顺利,做生意失败,又找不到合适的工作,低保也因曾经参与过诈骗而被取消,他看到身边的人日子都过得比他好,便渐渐萌生了报复社会的念头。

罗斯特之所以以身试法,显然是由于对社会极其不满,导致一时邪念报复社会,最后把情绪全都发泄在了无辜的孩子身上。如果这些事不是发生在我们的身边,又有谁会相信,人类竟会如此残暴呢?

这些残暴的事实让人难以置信而又不得不选择相信,在物质迅速发展的今天，人们的内心变得越来越残忍和无情。

社会的飞速发展和科学的进步，虽一直在推动人们生活水平的提高，但在一定程度上也成了社会发展不平衡，两极分化严重的重要原因。试问如果这个社会安定祥和、人人的生活都有保障，还会有这样的惨案发生吗？

实际上，人变得越来越残暴，与社会环境是分不开的。当然，作为社会中的人，首先要树立正确的思想观念，正确使用自己的权利，同样也要用正确的方法保障自己的权益，万万不可采取暴力的手段伤害他人，报复社会。因为，使用暴力伤害的不只是他人，还包括我们自己。

【犯罪解密】

人类为什么会变得如此残暴？毫无疑问这和社会的发展是分不开的。出现这种情况的原因是多方面的，但是，我们所能改变的就只有我们自己的心态，努力去做一个不被社会阴暗面影响的人，坚持自己的态度，保持一颗善良的心，做一个好人。

第三章　斯金纳主义
——犯罪行为是这样形成的

> 犯罪是一种行为，行为的背后是人类的大脑神经在掌控。不同的人有不同的行为，即便是同一个人，在不同时期，其行为也不尽相同。那么，影响行为的因素有哪些，犯罪的行为又是如何形成的呢？

犯罪导火索——刺激

导火索是指使爆炸物爆炸的引线，也称为导火线。生活中，常用导火索来比喻那些直接引起事变爆发的事件。一般情况下，所有事件发生都会有一个最直接的触发点，犯罪也不例外。因此我们认为，犯罪的导火索是刺激。

生活中，刺激的种类有很多，按其性质的不同，可以分为物理性刺激、化学性刺激、生物性刺激，等等；此外，还有社会心理性刺激，如情绪的激动、社会的变革等。显然，诱发犯罪的刺激应该属于社会心理性刺激，这些来自社会的、他人的压力，刺激人情绪产生较大波动，进而无法控制自己的情绪，行为偏激，最后导致了大多数悲剧的发生。

通常来说，犯罪产生的导火索是客观的、复杂的、多元化的，主要是因为犯罪的存在是客观的、复杂的、长期的。可以确定的是，犯罪的导火索是各种致罪因素相互作用，有机结合而形成的多角度多变量的罪因系统。

由此说来，预防犯罪和打击犯罪将是一项长期而艰巨的任务。那么，针对犯罪原因的复杂性、客观性和多元性特点，制定犯罪对策的时候也要采用综合和多视角的方法，不能只强调了预防而忽略了治理，也不能只顾治理而忽视了预防，只有做到两脚并行,才能在稳健的人生中成就卓越。

正所谓"防患于未然",做好犯罪预防才能减少不必要的损失和伤害。具体来说,犯罪预防主要达到使人不想犯罪、使人不敢犯罪和使人不能犯罪,这样无论对个体还是对社会,都是有益的帮助。当然,做好犯罪预防工作,还要从犯罪发生的导火索——刺激入手,因为它是犯罪发生过程中的触发机制和直接原因。

站在遵纪守法的角度看,每个人需要从细微之处做起,时刻保持冷静,正确处理来自外界的各种刺激,掌握化解问题的方法;而当内心产生不满情绪时,则要学会自我解压,不做出过火的举动。事实表明,许多犯罪行为都是冲动的结果。由于无法承受外界刺激,当事人头脑发热,做出后悔的举动,最后遭到法律的制裁,这种教训屡见不鲜。

【案例分析】

卡特出生于美国旧金山,12岁那年,爸爸沉迷赌博最终导致家庭破裂。卡特虽然跟着妈妈一起生活,但懂事的他学习成绩不错。然而命运却是那样的不公平,初二时,卡特迷上了网络游戏,进入高中后每天都去网吧,每月的100余元零用钱都被他花在了游戏上。学习成绩也是一落千丈。

一天下午,他走出网吧,突然被两个高他一个头的男孩拖到墙角,"把钱拿出来!"卡特明白被抢劫了,只得把妈妈给的零用钱掏了出来。几天后,卡特又被这两个男孩逮住了。"今天有钱了吗?"男孩挥挥拳头。卡特慌乱中答应第二天交200元钱。卡特向妈妈要钱。妈妈拒绝了他的要求。走投无路的卡特只好"另想办法"。

交钱的时间迫在眉睫,卡特急得团团转。就在此时,12岁的女孩爱玛走进了他居住的社区。"哥哥,请问37号楼在哪里?"爱玛问。原来,她要去同学家玩,但找不到门牌号。"我要回家拿个东西,拿好后我带你去。"卡特骗她说,随后领着爱玛来到二楼自家门口。"妹妹,有没有钱?借我好吗?"卡特请求。然而爱玛断然拒绝,转身准备下楼。眼看到手的机会即将飞走,卡特急了,上前就要抢她的背包。

一时间,爱玛惊呼起来:"救命啊!"当时社区里很多人还在家里午休,卡特怕叫声引来邻居，情急之中用手紧紧捂住爱玛的口鼻。爱玛挣扎了一会儿昏了过去，卡特赶紧将爱玛拖进家里，从她的背包里翻出百余元。见爱玛还没醒过来，卡特心里有点慌。索性一不做二不休，他找出家里的一根皮带，将已经昏迷的爱玛勒死。随后，他用一个装米的蛇皮袋装了爱玛的尸体，抛在小区的花园一角。

后来，卡特赶紧跑到约定地点，将200元钱交给那两个男孩。一星期后，警察出现在卡特家门口，他交代了事情全过程。几个月后，卡特因抢劫杀人罪被法院判处无期徒刑。

年幼的卡特因为受到他人索要钱财的刺激，将黑手伸向了其他无辜的人。很明显，这起犯罪事件的导火线就是他人的刺激，使得走投无路的卡特无奈地选择犯罪，最终将自己推进了罪恶的深渊。

这个真实的事例让人不寒而栗，究竟是犯罪事件发生概率太高还是人的神经太脆弱？大千世界，无奇不有，有时候无关痛痒的一件事，很可能会成为一个人违法犯罪的导火索，这也让人感慨犯罪的"不可预知"和"千变万化"。

犯罪之所以恐怖，就是因为它的不可预知性和突然性，引发犯罪的导火索有很多，有些是显性的、显而易见的，而有些则是隐性的，深藏于人的心中的。这些隐性的犯罪动机提醒我们，一个人只有学会调控自己的情绪，真正做自己的主人，才能降低犯罪概率！

【犯罪解密】

犯罪的导火线有很多，然而刺激无疑是这些导火线中最重要的一个。我们都曾体会过，人的头脑和心理一旦受到了刺激，之后很可能控制不了自己的情绪而引发意想不到的后果。因此说，我们要做一个理智的人，学会冷静处理来自他人的、社会的不同的刺激，保护自己远离犯罪！

千变万化的犯罪动机

恩格斯曾指出："就个别人说，他的行为的一切动力，都一定要通过他的头脑，一定要转变为他的愿望和动机，才能使他行动起来……"从心理学上讲，人的行为是由动机支配的，而动机是由需要引起的，没有需要就不可能产生动机。

但是，并不是任何需要都能成为动机，只有需要指向一定的目标，并且展现出达到目标的可能性时，才能形成动机，才会对行为有推动力。所以，直接推动行为人实施故意犯罪行为的心理力量就是犯罪的动机。这提醒人们，在引发故意犯罪行为的诸多心理因素中，犯罪动机与犯罪行为的距离是最近的。

很显然，犯罪动机直接引导出犯罪行为，最终推动了故意犯罪行为的产生和继续。可以说，犯罪动机是犯罪心理活动中最活跃的部分，犯罪动机的出现也理所应当的成为犯罪心理真正形成或成熟的标志。

从专业的角度来看，所谓犯罪动机就是指刺激、促使犯罪人实施犯罪行为的内心起因或思想活动，它回答犯罪人基于何种心理原因实施犯罪行为，故动机的作用是发动犯罪行为；说明实施犯罪行为对行为人的心理愿望具有什么意义。也就是说，有需要产生，还要有诱因条件。由此可见，形成动机的条件有两个：一是内在条件，即需要、欲望；二是外在条件，即诱因、刺激。

犯罪动机千变万化，不同的犯罪动机当然也导致了不同的犯罪类型。犯罪动机具有反社会的性质。犯罪动机无论其本身的社会性质如何，在它推动下产生的行为都是危害社会的行为，因此，把犯罪动机与其所导致的犯罪行为联系起来，就会看出犯罪动机具有反社会性。正如犯罪学家塔拉鲁欣所说："绝大多数诱发犯罪的动机都是反社会的或非公益的。"

西方的犯罪学家根据犯罪动机的性质，把犯罪动机分为财欲、性欲和攻击欲三大类。其性质不同，所反映出来的主观恶性也就大不一样。对犯罪动机的存在范围这一问题，学术界有不同的看法。通常认为，犯罪动机只存在于直接故意犯罪中。少数学者认为，不仅是直接故意犯罪，而且间接故意犯罪中也存在犯罪动机，甚至认为过失犯罪中都存在犯罪动机。

世界上大多数国家认定，犯罪动机只存在于直接故意犯罪中。犯罪动机是测定犯罪人的主观恶性程度的一个心理指数。显然，只有能够说明犯罪人的主观恶性程度的心理事实才能成为犯罪动机。例如，奸情杀人和义愤杀人，这两者所反映的犯罪人的主观恶性是有所区别的。

根据动机理论可以知道，不是行为的结果决定动机，而是动机来决定行为的结果。一般来说，犯罪动机可能出现以下几种不同的结局：首先，依照既定的犯罪动机，实施犯罪，顺利达到犯罪目的；其次，犯罪动机在实施犯罪的过程中，由于犯罪分子的主观因素或出现某种客观情况，致使犯罪终止；最后，犯罪动机在实施犯罪的过程中，由于主客观因素的急剧变化，使犯罪人突生新的犯罪动机，从而构成更为严重的犯罪。

而在间接故意犯罪和过失犯罪中，所谓的动机并不反映犯罪人的主观恶性程度。例如，为投毒杀妻而间接故意杀子与为打中猎物而间接故意杀人，就间接故意杀人而言，无论实施这一行为的动机是杀妻还是打猎，主观恶性程度没有差别。因此，间接故意犯罪与过失犯罪几乎不存在犯罪动机。

然而，在处理犯罪动机的问题时，一定要特别注意犯罪动机与犯罪目的的区别，把两者分别开来。它们虽都是犯罪人实施犯罪行为过程中存在的主观心理活动，其形成和作用都反映行为人主观恶性程度及行为的社会危害性程度，但是犯罪目的以犯罪动机为前提和基础，犯罪目的来源于犯罪动机，犯罪动机促使犯罪目的的形成。犯罪动机与犯罪目的两者有时表现为直接的联系，即它们所反映的需要是一致的，如出于贪利动机实施以非法占有为目的的侵犯财产犯罪即是如此。

【案例分析】

众所周知，墨西哥是一个暴力犯罪频发的国家，普通寻常的绑架和杀戮并不会真正导致民众恐慌。2013 年 5 月 26 日，在离墨西哥首都墨西哥城市中心独立天使纪念柱非常近的地方发生了骇人听闻的"天堂"绑架案。

当天，12 名年轻人在光天化日之下在一个名为"天堂"的酒吧内被劫走，并于不久之后在郊区遭到集体杀害。在这 12 人中，有半数还是未成年。后来，当地警方在墨西哥城北部的一家酒店内逮捕了犯罪嫌疑人维克多·曼努埃尔·阿奎莱拉·加西亚。经审理，阿奎莱拉对其所犯下的罪行供认不讳。

绑架案发生后，被害者的亲属曾经在墨西哥内政部和宪法广场游行示威，呼吁墨西哥政府尽快作为，寻找自己失踪的子女。事件的经过是这样的，5 月 26 日，阿奎莱拉伙同其他人在墨西哥城市中心对上述 12 名年轻人进行了绑架，并且随即将他们带到了拉梅萨牧场地区将他们杀害。对于犯罪动机，据该嫌疑犯供述这是一场报复行为。

原来，被绑架和谋杀的12名青年都与之前在"黑色"酒吧被谋杀的毒枭"恰帕罗"（奥拉西奥·维特）有关，他们的绑架和谋杀不为求财，只为报复。墨西哥毒贩帮派众多，暴力横行，治安基础非常薄弱，但之前不论是受害者家属还是墨西哥城市市长曼塞拉都曾经表示：这起案件与有组织犯罪无关。不管怎样，后期检察机关还要费些周折，才能找到答案。

犯罪人的重要动机特征之一就是，存在犯罪与不犯罪的动机冲突。这是因为犯罪人存在多方面、多层次的需要，如安全的需要、享受的需要、受人尊重的需要等。犯罪人由享受的需要引发的财物型犯罪动机与由安全的需要、受人尊重的需要引发的守法动机也会发生强烈的动机冲突。

当然，在不同的犯罪人身上，这些冲突也会体现得不一样。这提醒我们，犯罪心理和犯罪动机都不是固定不变的，犯罪人在一定时间里也是处于犯罪还是不犯罪的矛盾中的，他们内心的挣扎也是显而易见的。通常，犯罪人的犯罪动机虽会经历消退、实现、派生、转移、重合等，但如果任其自由发展，到最后其发展的基本趋势都是"一发不可收拾"的由浅入深，由单一发展到复杂。

很显然，墨西哥"天堂"绑架案也证实了这一点，犯罪人的犯罪欲会逐渐加强和扩大，财、色、暴力以及报复社会等犯罪动机，不仅会各自逐步加深，相互间也会联系到一起，最终导致"牵一发而动全身"的恶劣影响。

【犯罪解密】

在现实生活中，同"天堂"绑架案类似的以报复为犯罪动机的案例也不在少数。千变万化的犯罪动机，让人难以捉摸犯罪的形态。人们在对待犯罪问题时，需要做到能够真正地找到犯罪动机，分析犯罪原因，并找到预防犯罪的有效方法。

犯罪分子如何得到可乘之机

古语有云："橘生淮南为橘，橘生淮北而为枳。"意思是，橘树生长在淮河以南就是橘树，长出的果子甘甜多汁，而生长在淮河以北的就变成枳树，生出的果子多干瘪。对于橘树来说，淮南、淮北不同的水土条件和生存环境让它们结出了不同的果实。

同理，对个体来说，受各种规范约束下的社会就是其生存环境，不同的社会规范对人的影响是不同的，而松散的社会规范不仅不会帮助人们过上美好的生活，反而会为各种犯罪活动提供条件和可乘之机。

必须承认，犯罪分子之所以能够作案犯罪成功，虽然得益于精心设计与安排，但是也与受害人员疏于防范有关，从而让犯罪分子有可乘之机。面对一桩桩犯罪案件，在破解犯罪分子的动机时，也应多反思受害人的疏忽。

研究表明，入室盗窃案多发生在那些无物业管理、人防技防比较落后，并且易于攀爬的居民小区，小区内保安和安全保障系数较低，没有完备的应对措施；而抢劫事件则多发在银行提款人员、单身女性和老年人等人群，抢劫物品主要是现金、手机、项链等。此外，单独的个人或者是大量钱物的外露，给了犯罪分子以可乘之机，导致了最后悲剧的发生。

在真实的犯罪过程中，犯罪分子会通过不同方式、想尽各种办法得到作案的可乘之机，实施作案。实际上，这些"可乘之机"大多可以避免。例如，夜晚尽量避免一个人在人烟稀少的地方逗留，取数量较多的现金时保管好，等等。设想一下，如果人人都能够做到提高警惕，防患于未然的话，那么犯罪案件一定会大大减少！

由此看来，加强防范，不给犯罪分子以可乘之机是我们真正能为降低社会犯罪率可以做到的一点贡献。每个人都该有一定的自我保护意识以及自救知识。

【案例分析】

现代社会，信息技术迅速发展，在互联网走入千家万户，给寻常百姓家带来迅捷便利服务的同时，也给犯罪分子带来了可乘之机。

2010年，旧金山硅谷某犯罪分子通过电子银行洗黑钱，获得了大量不义之财，使得广大网络用户利益受损。由于是网络作案，追踪黑钱的来源以及惩治洗钱犯罪分子的任务也就变得复杂和困难。

今天，越来越多的犯罪分子正在利用网上赌场进行洗钱活动。一般来说，网上赌博者的记录通常是以软件形式保存在赌博网络中的，或根本不存在任何记录，而这些赌博网站散居在世界各地，这样就使得跟踪有嫌疑的交易和收集有关证据变得更加不易。

显然，互联网的世界性增加了清查诈骗行为的难度。首先，金融机构难以了解客户从哪个国家进入其账户，而有关的管理人员则可能无法监控个人账户持有者的所有行动。在互联网上进行的赌博交易也可以为犯罪分子进行非法活动提供天然屏障，这都让犯罪分子有了可乘之机。

其次，犯罪分子洗钱的过程包括隐瞒非法钱财的来源，并把它们变为看似合法的投资。网上银行的特点恰好为犯罪分子提供了这方面的便利，因为网上的信息交流有时可以在几乎匿名的方式下进行，金融机构不需要跟客户见面就可以为其开立账户，这样就方便洗黑钱的行为发生了。

现在，洗钱已经成为国际犯罪行为，几乎与互联网一同成长和壮大。显然，我们在享受高科技的便利时，也在接受更多意外的挑战。难怪有人发出这样的感叹：互联网的发展实在是让人欢喜让人忧。

科技的进步大大提高了人们的生活质量，互联网的使用便是最突出的表现，但是网络在给人们带来巨大便利的同时，也使人们对其产生了过度的依赖，在网上几乎有人们所需要的所有信息，一些电脑黑客通过病毒程序盗取个人信息，包括身份证号、银行卡号、密码等，对人们的人身和财产安全造成了极大的威胁。

犯罪事件和种类的大量增多，也让我们渐渐发现，犯罪分子真的是无孔不入，很多案件竟在我们意想不到的情况下发生了。因此，为了减少不必要的损失，务必提高警惕，从内心深处做好防范工作。

犯罪分子之所以气焰嚣张，是因为社会上为他们提供了太多的可乘之机，大多数时候犯罪事件的发生，都会存在一部分原因是受害者的疏于防范或者自我保护意识太差。人们作为受害者能为自己做的便是提高警惕性。

为了有效预防入室盗窃的发生，应尽量做到在视线不可及的地方和时段内确保门窗紧锁，尽可能不将大量现金和贵重物品放置家中，存折、身份证、户口本等分开放。建议将安全性能较低的一字锁、十字锁等更换成窃贼不易打开的月牙锁、指纹锁等。

此外，为了不给抢劫犯以可乘之机，尽量做到出门在外不露财，减少金银首饰的佩戴，不随身携带贵重物品。如确实要携带大量现金，如到银行提款等，应约好两人以上同行，清点钱款要在银行柜台前，不要到门口再清点，走出银行前要把现金放在包内。同时选择人多的路线行走，与陌生人、机动车道保持一定的安全距离，避免走路时长时间打电话，回家时留意尾随的陌生人。显然，积极预防是减少犯罪伤害的根本之道。

社会生活时刻都在发生着变化，而社会规范却是相对不变的，两者之间很可能会出现矛盾，从而给一些不法分子以可乘之机。当社会规范比较完整和谐时，那些具有犯罪倾向的人会受到各种规范的影响，尽力地约束自己的行为；而一旦社会规范比较松散或与实际情况不符，这些犯罪分子就可能将犯罪倾向转化为实际的犯罪行为了，比如贪污受贿，网络犯罪等便是这一现象的犯罪衍生物。

人总是抱有一种侥幸心理，犯罪分子之所以屡屡以身试法，也与这种心理倾向密不可分。当一种犯罪行为得不到及时遏制时，犯罪人就会在获得额外利益的同时，减轻受到处罚的心理压力，从而获得进一步行动的动力。而且，当各种可乘之机摆在他们面前时，想不犯罪都难。

【犯罪解密】

犯罪分子利用人们疏于防范的心理，找到可乘之机，进行犯罪活动。人们正是忽略了这一点，才使得犯罪分子频频得逞。

个人经历对犯罪有影响吗

一个人的人生经历是决定其性格和思想的前提条件。每个人人生经历的完整制约着其性格和思想是否健康、是否阳光？同样地，一个人的人生经历对于犯罪也有着直接的影响！

假如生长在一个单亲家庭，那么在其内心深处就可能会产生孤僻、偏激等倾向，日后对其婚姻、处世都会产生相应的影响。而一个人从小饱受贫困的煎熬，

犯罪心理学

一旦有了获取财富的机会，往往生出意外的贪念，甚至做出触犯法律的事情。这都是个人经历对犯罪的不良影响。

有人说，好的人生经历催人上进，是人进步和成长的源泉，也有的人说，不好的人生经历也很有可能将一个心怀希望的人的梦打碎，让人变得消极和颓废。其实，一个人的人生经历影响着其在社会中的具体人性标志，也影响着一个人的人生观和价值观。

不可否认的是，许多人经历了生活的"肆虐"和"凌辱"之后，往往在内心深处留下创伤。在我们身边，很多犯罪案件的发生，都是因为罪犯有过特殊或者非健全的人生经历，从而改变了对这个世界的正确认知，产生了自暴自弃乃至跨越法律红线的想法。这一点在青少年身上体现得尤其明显。

对年轻人来说，心智往往还不太成熟，并且容易冲动。假如以前有过不寻常的经历，尤其是在心灵上遭受了创伤，那么一旦受到外界刺激就容易铤而走险，做出触犯法律的事情。从犯罪心理学的角度来看，不健全、不健康的心理是犯罪的重要诱因，而独特、不良的个人经历是造成不良心理的根本原因。

【案例分析】

2010年3月6日早晨，费城某宾馆的服务员在打扫卫生时发现，宾馆某房间内凌乱不堪，一具男性尸体赤裸裸地躺在地上。11时，费城出动警力到现场展开侦查。现场反映出的情况是，该尸体有80%严重创伤，已经不能正常辨认。

警方立刻从现场展开侦查，很快将九名犯罪嫌疑人缉拿归案。犯罪嫌疑人包括四男五女，最小的15岁，最大的18岁。让警察感到诧异的是，案件的主谋是17岁的女孩拉里，可她偏偏一身男孩子打扮，并且喜欢大家叫她老大。据她交代，她与其他八人在3月3日将死者雷特带至一宾馆内，用榔头、皮带殴打，用打火机烧，热水烫等方式折磨了54个小时，最后将其殴打致死。

很显然，这是一个典型的少年犯罪案例。一帮15岁到18岁的少年，因为缺乏家庭关爱，过早地踏入了社会，并结为小团伙。其中一个团伙成员由于不"听话"，就被其他成员残忍地殴打致死。这群少年有着怎样的成长经历？他们一步步走入歧途，人生经历和家庭因素起到了怎样的影响？

调查发现，拉里从2008年开始独自到费城闯荡。她的母亲是做生意的，没时间管女儿，体现母爱的唯一方式是给女儿足够的零花钱。而她的爸爸远在他国，也没有精力管女儿，他们给了拉里丰富的物质生活，却没能给孩子来自家庭的幸福感和安全感。

看到这里不难发现，拉里的成长经历和家庭环境应该是导致她性格严重扭曲，犯案手段残忍的主要原因。父母是孩子的第一任老师，家长的行为习惯折射在孩子的行为之中。例如，在本案例中，拉里的父母对拉里的照顾仅限于给她钱，她的父母习惯于用金钱解决问题，拉里也自然而然地学会了用钱去解决和朋友之间的问题。

据相关调查结果显示，大多数青少年犯罪也是由于有过畸形的人生经历或者不健全的家庭环境。拉里长时间受到压抑导致了她行事偏激、残忍和性格膨胀。其实她的内心空虚，需要来自家庭和社会上的心理支撑，更渴望得到父母的爱。然而在这个阶段，父母亲却忙于自己的生活和感受，把一切推给孩子自己承担，这也是本案发生的最直接原因。由此看来，人生经历对个人的影响是多么深远！

其实，同青少年犯罪一样，成年人的犯罪也会受到人生经历的影响，有的人犯罪只是一念之差，受到了他人莫名的侮辱或歧视，心生愤恨，因嫉妒他人比自己过得好而痛下杀手，因为想要报复而不择手段等，这些犯罪案例的类型无一不证明了人生经历对个人的重要影响。

所以说，人生经历对犯罪有着很大的影响。我们在重视人生经历的同时，还要正确地处理人生经历带给我们的影响，取其精华，去其糟粕，用有意义的人生经历丰富自己，树立正确的人生观！

【犯罪解密】

人生经历是人的一生中不可多得的人生财富，不同的人通过不同的人生经历汲取自己所需的人生养料。然而，在这个主动汲取的过程中，很多人会受到来自社会的、他人的不同的影响，无论是好的还是坏的，都将对人本身产生重要的思想影响，这时，就要看受影响人如何解决这些问题。如果处理不好，很可能造成阴影，从而影响一生的价值观，严重的还有可能引发犯罪，这是十分可怕的。

错误认知导致罪行发生

人们一切经验、判断，都来自对自然、社会的认知。实际上，"认知"是人们认识活动的过程，即个体对感觉信号接收、检测、转换、简化、合成、编码、储存、提取、重建、概念形成、判断和问题解决的信息加工处理过程。

显然，认知错误意味着对外界的判断失误，这种错误的价值观、感知力如果与法律规定的行为背离，那么就会导致犯罪行为发生。可以想象，如果一个人对一件重要的事情判断失误，乃至在接下来的行动中越过了法律红线，那该是一件多么可怕的事情！

需要指出的是，人们对客观事物的认知，是从自己感知开始的。如果一个人没有自我的感知活动，那么，就不可能产生出认知。可以说，这种感知也是人类特有的认知形式。在正确的自我认知基础上，人们会进一步认识他人与周围的环境，并学会处理与他人的关系，学会在环境中生存。一旦在利益判断、价值取舍上产生错误认知，必然会有法律调节彼此的关系，这时候犯罪人就要接受法律制裁，这也意味着罪行的发生。

从犯罪心理的角度来看，错误认知属于当事人的价值判断失误，以及对外部关系的误判。当然，也有的人属于明知故犯，贸然触犯法律，或者抱着侥幸心理做出越轨的行为。

显然，在工作与生活中，并不是所有人对于所经历的事物的认知都是全面、正确的，不同的人在对同一事物的认知上也会有不同的看法。因此，在我们身边，总有一些人在无意识状态下触犯法律，而他们接受法律制裁大多令人叹息，也为更多人提供了警示。

概括起来，错误的认知体现在认识内容的错误性，如错误的价值观、人生观、世界观。大量的调查研究表明，绝大部分犯罪人不同程度地存在种种错误的认知观念。如错误的法律意识认知，主要表现在不了解或者没有正确地理解有关的法律规定或对法律的蔑视，明知某行为是法律所禁止的，仍无所顾忌的继续，视法律为儿戏等。

【案例分析】

　　14岁的马克是一名初中二年级的学生,他出生于一个普通的工人家庭,父母均初中文化,为普通的技工。马克从小性格内向、固执且争强好胜。因受到十分严格的家庭教育,马克学习认真且成绩十分优异。然而,升入初中后不久,马克却因为学习压力太大而迷恋上了网络游戏,逐渐痴迷成瘾,不能自拔。后来,马克被送进了戒网中心。

　　在戒网中心治疗了四个月后,马克便可以准备出院了。然而,他对出院一事十分抵触,马克错误地认为在戒网中心,大家都是有网瘾的孩子,谁也不会瞧不起谁;而等到出了院回到学校,该怎么面对同学们的冷眼,觉得同学们会瞧不起他,而且面对自己以前的恶劣行径更是无地自容。为了上网,他经常骗父母的钱,泡在网吧;他经常旷课逃学欺骗老师,学习成绩一落千丈。想到回去之后要在众目睽睽下被人指指点点,马克就觉得心慌害怕。

　　后来在医生的耐心劝导和帮助下,马克终于决定回到学校上课。然而,令人没想到的是,悲剧就在马克回校后发生了。一天放学后,他走在路上,学校的某些同学认出了他,并在远处指指点点说了他一些什么。马克当时并没有听清,但是他感觉大家一定是在嘲笑他。渐渐地聚集的人越来越多,马克十分生气,在没有克制住自己情绪的情况下,他随手拿起了身边的板凳砸向了人群,结果导致一名同学脑部受重伤,送进了医院。

　　随后的调查表明,原来大家一直指指点点,是在看马克背包上被贴着的小纸条,并没有笑话他去过戒网中心的事情。马克的错误认知导致了他的违法犯罪行为。由此可见,错误认知是多么的可怕啊!

　　案例中马克的做法实在令人遗憾和心痛!这样的悲剧原本是可以避免的。可是,还未成年的马克对事物的认知方式太过于偏激,错误的认知导致他使用暴力解决这个误会。透过马克的案件,我们看到,一些案件的发生往往与当事人认知方式的不正确密切相关。其结果往往使行为人获得错误的信息,最后害人又害己,追悔莫及。

　　实际上,错误的认知不但有触犯法律的风险,还容易让人产生不健康的心理。那么，造成人们心理认知错误的因素是什么呢？概括起来，大体有7种现象。

第一，变色镜，有的人经常戴着一副有色眼镜看问题，习惯性地忽略了事物的光芒。第二，走极端，这种人做事太过极端，非此即彼，很容易失去自信心，遇事不顺利就想要放弃，或者觉得命运不公，自己总是倒霉的那一个。第三，消极化，有的人把自己的不良感觉当成事实的证据，习惯性地认为自己是低能儿，不敢正视事实，选择消极避世。第四，公式化，这种人过于悲观和麻木，认为事情只要发生一次，就会不断重现，也认为做事一次失败后就不会有再成功的可能，便不敢再尝试。第五，谬推断，有的人总结问题原因错误，不能清楚地看清事物发展的真正原因，易于把困难严重化。第六，自卑心理，有的人总是主动承担别人的责任，并且妄下结论，自卑和内疚心理极其严重，经常性地认为一切坏的结果都是自己的过失和无能所致。第七，疑心病，有些人过于杞人忧天，多猜忌，喜欢无事生非，终日担心自己将大病临头，遇事往往自我断论。

以上这些现象仅仅是产生错误认知的几种主要类型，在现实的生活中，还存在很多让人们产生错误认知的原因，应该具体问题具体分析。

【犯罪解密】

根据以往犯罪事件的判断分析得知，由于对事物的认知错误而犯罪的事件并不在少数，错误的认知往往更容易激起犯罪人的冲动情绪，如若控制不住，就可能影响到一个人的一生。由此看来，首先要树立正确的看待事物的观点和态度，然后才能够得出正确的认知。在人生的道路上，让正确的认知引领，让正确的认知促进成长，而不要给错误认知以可乘之机，让它来主宰人们的生活！

芝麻小事也能引发血案

人非草木，孰能无情？即便是犯罪人也不例外。只不过，相对于一般人来说，不少犯罪人缺乏正义感、同情心、怜悯心、良心与道义等。由此，一件芝麻大的小事也能引发血案，往往让人大跌眼镜。

其实，这就像是蝴蝶效应，心理上微小的不良情绪导致害人害己的恶果，教训实在是惨痛！在我们身边，有的是因为金钱，有的是因为权力，有的甚至是因为一句话不投机，便因为情绪失控而大打出手，最终导致惨案的发生。

据调查统计，不少犯罪分子情绪不稳定，具有冲动性。特别是犯罪人心理承受能力脆弱，往往遭到他人言语或者行为上的刺激，便会表现出情绪的不稳定，做出过火的举动。因为一点小事引发更大的情绪反应，而且情绪变化快、起伏大，超出了自己的控制。有时甚至表现为喜怒无常、失去自我控制力等。

情绪情感冲动型的最典型表现就是激情的爆发，激情犯罪在违法犯罪中占到一定的比例，这类犯罪人在激情冲击下干出既危害社会、也令自身懊悔不已的蠢事。由此看来，因芝麻小事引发的血案也不在少数。该类犯罪事件的犯罪人的情绪情感大多较为激动，且容易受到外界环境的刺激而产生变化，其突出的表现：一是低级的错误认知，醉心于各种感官刺激所带来的不一样的体验；二是追求哥儿们义气，通常"为朋友两肋插刀"，但不讲道德，不讲正义。

【案例分析】

2010年10月25日凌晨，肖恩下了夜班，到家附近的餐馆买夜宵。一进店里，他就碰到了喝醉酒的丹尼在店铺里大吵大闹，于是上前劝说，让对方离开。肖恩在打包完夜宵后，也随即离开了该店铺。

途经巷子时，肖恩使用手电照亮，而手电筒的光亮刺到了喝醉酒的丹尼，丹尼与肖恩发生争吵。两人争执不下，喝醉酒的丹尼便对肖恩大打出手，致使肖恩购买的夜宵散落在地。由此埋下了血案的种子。

之后，不甘心被打的肖恩立即打电话，召集一帮自己的好友，并将自己晚上被打的遭遇告知了各位朋友。大家纷纷表示咽不下这口气，要替肖恩出头。随后，一行人驱车到了丹尼家门外。几人商量，由一人在门外等候，其余人进入其家中，由肖恩敲门引出丹尼，其余人则从附近分别拿取木棒和门框料各一根等候在门口两侧。

接着，经肖恩确认是丹尼后，其余人手持木棒击打被害人的头、肩背部，致使丹尼当场倒地。案发当日，被害人丹尼被送往当地医院抢救，结果因救治无效死亡。

因芝麻小事就大打出手，最终导致严重伤害事件，这也是激情犯罪人错误认知的情绪特点。激情犯罪往往没有预谋，因受外界事物刺激产生强烈情绪冲动，在失去理智的情况下杀人，狂怒平息后往往又追悔莫及。但大错已成，"一失足而成千古恨"！

日常生活中，务必要重视错误认知的危害性，运用科学有效的方法帮助自己走出误区，树立正确的认知观念。

当你消极地看待这个世界，认为一切都没有希望时，不妨试试自我鼓励的方法，用一些名人名言或者哲理安慰自己，鼓励自己，同苦难和逆境作斗争，学会自娱自乐和适度消遣，降低心理压力。当然，语言也是帮助你摆脱压抑的好办法，如你悲伤时，可以多读一些滑稽、幽默的诗句，调节情绪。

当你的错误认知积压许久，产生不良情绪的时候，你也可以找几个适当的途径排遣和发泄，要知道，错误的认知和消极的情绪不能适时的疏泄时，会严重影响身心健康，所以，该哭时应该大哭一场，心烦时要找知心的朋友多倾诉。

如此一来，错误的认知也会很快得到消解，也能获得更好的人生体悟，避免了错误认知导致的消极悲观以至于走上了违法犯罪的不归路。

【犯罪解密】

芝麻小事为何能引起血案？通过对犯罪人的心理变化分析了解到，大多数犯罪人的心胸狭隘且较容易产生心理情绪的变化，冲动易怒。因为一些鸡毛蒜皮的小事，酿成一些不该发生的血案，真是因小失大。人的一生会结识形形色色的人，遭遇各种各样的事，所以要学会宽容、包容，以礼待人，以诚对人，以理服人。

对错往往只在一念间

对与错，往往真的只在一念之间。选择得正确与否，很可能在于那一闪念的想法。

美国人本主义心理学家马斯洛认为，人活着必然有五种需要，从低到高分别为：生理的需要、安全的需要、归属与爱的需要、尊重的需要和自我实现的需要。每个人都有这些需求，并为满足需求不懈努力。在这个过程中，有的人对某种需求产生极度强烈且扭曲变异的欲望，这种欲望强烈到驱使其敢于挑战社会规范和法律规定。

尽管人人都有犯罪动机，但没有人是天生的罪犯。探究囚犯的犯罪动机，你会发现他们被各种极度强烈的内心需求驱使着，并为满足这种需求不择手段。如果一个人拥有和睦的家庭、友好的朋友，拥有一份能够保证衣食需求的工作，拥有一种以上有趣的休闲娱乐，以及拥有一个以上带来乐趣的爱好，那么他成为罪犯的可能性就会大大降低。

其实，犯罪往往只在一念之间，选择的对与错却决定了一个人一生的命运。那么，一个人走向犯罪，必然有其犯罪动机。罪犯总是为达到某种目的不择手段，铤而走险。到底是什么驱使普通人堕落成为罪犯的呢？

首先，是犯罪人的认知浅薄或者错误。整个社会的运作都有其固定的规范，它约束人们的行为，也保障人们的利益。这些规范对个人而言就是个人的世界观、人生观和道德观。

世界观反映了人对社会的认识。犯罪人眼中的社会多半是灰暗绝望的，他们看到的都是社会的阴暗面，阳光从来没有照到他们身上过。他们对社会产生敌视和恨意，几乎全盘否定社会的价值和意义。

人生观表现人对追求和价值的看法。极端唯心、唯我的人将个人利益放在首位，认为地球没有我就不会旋转，太阳只为我一个人照明，我才是世界的主宰。这就是犯罪人的人生观。道德观是人对是非善恶的评价。我们会听到犯罪人宣扬杀人无罪、报复有理，他们认为马才是鹿，"只有我制定的规则才叫规则"，"法律？没听说过"等。

其次，是犯罪人的个性特征。个性由个人气质、性格、品德以及行为习惯组成，是个人独有的心理思维系统。气质是天然生成的，不同的气质在襁褓期就有不同的表现，有的婴儿活泼好动，有的娇气爱哭，有的则安静温顺。

性格也受到后天环境的影响。犯罪人的性格普遍消极低沉，带有严重的负面情绪，他们用凶残掩饰自卑，用暴力发泄不满。消极懦弱的人在遭遇不幸的时候，更容易将责任推给他人和社会，既没有责任心，更缺乏义务感。习惯也是环境培养出来的。当我们反复进行某种行为时，就会养成一种条件反射似的习惯。犯罪人往往习惯好逸恶劳、不劳而获、投机冒险等，毫无自制力地放纵自我，最终只能越陷越深。

善与恶，对与错，很多时候只在一念之间。人生面对的诱惑太多，能够完全抗拒的人很少，当你开始冲动地评价对错，当你开始消极地面对人生，当你开始纵情享乐，当你试图占据更多，请注意，你的道路亮起了红灯，现在你需要的是停下，然后思考新的方向。

【案例分析】

2005年6月18日中午，忙着筹备婚礼的凯特刚刚买完一大包东西，兴奋地准备着四天后与新娘朱迪的婚礼。这时，他接到了朱迪母亲的电话，询问女儿朱迪是否在其家中。至此，凯特才知道未婚妻朱迪一夜未归。

凯特感觉事情不妙，立即出门四处寻找。然而，一直找到天黑都不见人，给她的朋友们打了电话，也不知道人去哪了。凯特觉得自己的未婚妻应该是出事了，于是果断地报了警。最后，被害人家属在附近的山中寻找时发现了朱迪的尸体。

警方进行了尸检，确定朱迪死于2005年5月18日下午5时许，死前曾遭到强奸，身上的现金和手机被抢走。

嫌疑人泰勒在归案后告诉警方，案发前几天他从家乡到洛杉矶找工作，可一直没找到，身上的钱花光了。在回家途中，他遇到了孤身一人的朱迪，看到其身上的挎包，便突然想抢劫。他当即捡起一块石头向朱迪砸过去。抢劫了朱迪钱包里的财物之后，泰勒顿起邪念，遂将其强奸，然后砸死。

通过这个案例我们不难看出，犯罪人的动机很明显，强烈的欲望也让犯罪人对他追求的事物产生高度的兴趣。正如一个篮球爱好者会关注所有与篮球有关的事物一样，犯罪人往往会专注那些能够让他得到乐趣和满足感的领域，就像贪污犯会兴致勃勃地研究用哪些方法可以获得更多金钱一样。当他对获得金钱的方式了解得越多，他就越想获得更多的金钱。欲望和需要是犯罪人实施犯罪行为的巨大动力。

当然，犯罪人的内心变化也是错综复杂的。人本能地希望得到更好更丰富的生存资料，但这种欲望时时受到社会规则的制约。普通人能够合理地调节自我需要，让自我需要与社会规则保持平衡。然而，犯罪人对本能过于放纵，对规则又过于蔑视，两者始终处于失衡状态。

光和影并存在这个世界上，有光的地方也会有黑暗，犯罪人用一种绝对的目光打量世界，无视光的存在，只看到黑暗。他们无法通过正常的渠道发泄消极黑暗的情绪，就只能任由阴暗思想在内心蔓延，最后在扭曲变异的心态下铸成大错。

【犯罪解密】

有时候一闪念的选择，足以改变一个人的一生。因此在遇到事情时，首先要考虑好自己的处境，然后再根据实际情况做出正确的选择，切不可感情用事。一时的贪念很可能酿下大祸，唯有事事都谨小慎微，考虑周全，才能做不后悔的事。

第四章　社会危险因子
——看看谁的犯罪概率最高

> 生活在这个社会中，我们每天都会遇到各种事情，有愉快的事，也有令我们郁闷的事。研究发现，一个人遇到的挫折越多，其心理的张力就会越大，犯罪风险也会随之增加。

不可孤立看待犯罪行为

犯罪行为是如何产生的？它到底是一时的冲动，还是受到某种因素潜移默化的影响？促使人们冲动的因素是什么？这种驱使犯罪的影响力又是什么？

动机是需求的产物，也是行为的直接动因。一切行为无不受动机的驱使，犯罪行为也不例外。犯罪动机是引发、维持和引导犯罪行为向犯罪目的进行的内在动力和内在历程。犯罪动机和犯罪行为之间存在引起和被引起、决定和被决定的关系。可以说，个体犯罪的动机决定着犯罪行为的发生。

但是，在犯罪动机和犯罪行为的产生之间，并非是立刻引爆瞬间发生的，而是经历了犯罪人头脑中的演化发展。全面、系统地了解犯罪行为，必须研究犯罪产生以及演变过程，把握其发展变化的特点与规律。

犯罪动机就是犯罪产生的原因，它作为发动犯罪行为的内在原因，并不是单一的心理因素起作用的结果，而是受多种不良心理因素所驱动的。

一个人产生的犯罪行为不仅是由犯罪人自身的生理或心理缺陷所造成的，还受到不良社会环境或个人境遇的影响。实质上，犯罪心理的形成就是犯罪人在原有的生理因素与心理因素基础上，吸收外在环境因素并使其内化为自己的反社意识而最终形成的。影响犯罪心理形成的环境主要包括社会环境和自然环境。想要有效地遏制犯罪的产生，就要从预防犯罪的需求出发，研究犯罪与社会环境的关系，从改善个体生长环境着手，制定行之有效的法律法规，从而有效地预防犯罪、减少犯罪。

犯罪行为同样受到犯罪心理情境的影响，个体在犯罪行为外化的实施过程中，遇到不同客观情形和境遇时，所发生的相应的心理改变就是犯罪心理情境。这种情境是犯罪主客观方面高度和谐、融合的一种精神状态，是引导整个犯罪行为发生的最强大的内部机制。个体犯罪心理形成到实施的过程中，会受到很多因素的影响而发展变化。在受到积极因素和善意劝解时可能良心发现，从而停止犯罪行为，甚至投案自首。当犯罪行为不断得逞并受到负面的强化、肯定和教唆时，则会促使犯罪人"再接再厉"地继续犯罪。

依据某一犯罪案件实施者人数，可将犯罪人划分为单独犯罪人与共同犯罪人两类。凡一人单独实施犯罪行为的，称单独犯罪人；凡两人以上共同故意实施同一犯罪行为的，称共同犯罪人。从社会心理学角度来看，共同犯罪人可视为一个实施犯罪行为的群体，即犯罪群体。而团伙犯罪的共鸣会使得他们继续纠集在一起，不断从事犯罪行为，满足其各种非法需求。至此，各种因素互相交换影响，最终导致了犯罪行为的产生和继续发展。

【案例分析】

刘某已经30多岁，有两个姐姐，父母在机关任职，从小就是家中被宠爱的对象。由于娇生惯养，他养成了好逸恶劳的恶习，学习成绩一向很差。平日里，他总是自私自利、唯我独尊。

18岁那年，刘某通过父亲的关系，进了当地的一家工厂当了工人。不过，他一向游手好闲，根本不用心思干活。有一次，他在路边的小摊上吃饭时，结识了几位刚刚从劳教所放回来的社会不良小青年。这几个人曾因盗窃被劳教了几年，出来照样好逸恶劳，整天在工厂附近惹是生非。刘某和他们臭味相投，很快成了"哥儿们兄弟"，没事就扎堆在一起享乐。

一个月后的一天，当刘某再次向这几位"哥儿们"诉苦无钱消费享受时，这几个人教唆他说:"笨啊,你傻了!守着个大金库也不知道好好利用。你们厂里的东西随便哪个拿出来不是钱啊!"刘某顿时"领悟"了。

从此,刘某就学会了偷窃。起初,他只是偷厂里的东西拿出去卖掉,然后与几位"哥儿们"去大吃大喝。尽管开始时感到紧张,但几次得手后尝到不劳而获的甜头,他的胆子越来越大,每次都怀着反正不会被抓到的心理作案。他先后多次撬开厂长的办公室门、宿舍门进屋盗窃,累计盗窃金额高达10万余元。正当他陶醉于自己"高明"的作案技巧时,警察在一次蹲点行动中抓获了他。

同样一个家庭,两个姐姐都有平凡安定的生活,为何他会走上犯罪道路?同样一个工厂,其他的工人都能认认真真地工作,为何只有他会同劳教所放出的人厮混在一起?实际上,促使刘某犯罪的因素有很多。

首先,个体由于不同的出身、交际圈以及社会生活的影响,会产生价值观的差异性。即使同一个人在不同环境和身心状态下,对同一事物的反应也会千差万别。刘某从小接受的是溺爱教育,相对于姐姐们,作为家中的唯一男孩,他被娇生惯养,形成了以自我为中心的价值观,丝毫不考虑外界的要求与是非。

其次,李某在心理上具有很强的主观能动性,家庭的溺爱促成他好逸恶劳、好吃懒做的个性,而这种个性又使得他对具有同一种心理的劳教犯们感到分外亲切。正所谓"物以类聚,人以群分",不良的交际圈使得他受到"哥儿们"偷窃行为的影响,从而走向犯罪道路。

从整个案例中可以看到,犯罪行为并不是孤立的,它受到多种因素的交织影响,包括年少时家庭学校的教育、个性品格的养成、社会环境的驱动、交际环境的诱导,甚至相对便利的作案环境都可以促成犯罪行为的发生。

【犯罪解密】

没有人天生就是犯罪人,但是不利的成长环境、不良的交际圈子,以及特定的情境都会影响当事人的行为,从而导致犯罪行为的发生。从心理学的角度来看,犯罪是个性心理、内在欲求、外在环境影响等综合因素作用的结果。

你是"天生犯罪人"吗

有的人对色彩有着十分强的感知度,被称为天生的画家;有的人对声音有超出常人的理解力,被称为天生的音乐家;有的人味蕾异于常人的敏感,被称为天生的美食家。但是,你是否听说过天生的犯罪人?是否有人从出生就被判定为容易犯罪的对象?如果真的有这种人,那么他们有什么与常人截然不同的特征吗?

在1870年12月的一天,作为监狱医生的龙勃罗梭打开了意大利著名的土匪头子维莱拉尸体的头颅,他发现其头颅枕骨如同低等动物一样居然有一个明显的凹陷处。因此,他得出结论:这种情况称为真正的蚯突肥大,因而他得出犯罪是天生的,并不是由人们的自由意志所决定这一理论,这个理论后来就被我们称为"天生犯罪人理论"。

那么,有没有可能一眼看出谁是潜在的天生犯罪人?龙勃罗梭认为,天生的犯罪人有异于常人的生理和心理特点,他们在外观上看有着隆起的眉骨,深陷的眼窝,巨大的颌骨,非常大或非常小的耳朵,他们牙齿参差不齐、有的人脸左右不均,甚至斜眼畸形。在精神上,天生的犯罪人总是缺失正常的痛感、喜爱文身,他们极度懒惰,没有羞耻感和怜悯心,不爱交流,易被激怒。

这些特点都让龙勃罗梭认识到:"天生的犯罪人"产生的原因——或许就是这些原始人和低等动物特征,它们会在人类的繁衍中被遗传。这种犯罪人可以称为"人的变种",是人的退化——返祖现象,即退化成了原始人的类型。这一理论一经提出就被推到心理学和犯罪学的批判巅峰,140年来的探讨和激烈的辩论从未停止过。

在当时,就有科学家断言:不存在天生犯罪者,犯罪根本不是由遗传基因所决定的,应该从犯罪者的智力缺陷等犯罪行为来加以研究。不仅专家学者们认为"天生犯罪人"在理论上说不通,在现实生活中,迄今为止提到犯罪者犯罪原因时,普通百姓也往往只会想到是不是因为不公平对待、生活压力、受到刺激等外界因素导致罪行发生,很少有人会从遗传基因等方面去探讨。

诚然,人从出生开始,就受到周围环境潜移默化的影响。幼儿时期的生长环境、家庭的生活环境、学校的环境、社会的环境等，都可能成为一个人犯罪的影响因素。有的人在学校中受到老师的不公平对待或者冷暴力的影响，在心理上处于失衡状态，长大后就极易形成反社会性的人格，一经刺激就容易造成犯罪行为的产生。但是同样的待遇，不同的人会有不同的反应。性格温顺的人往往懂得忍耐；开朗乐观的人会转移注意力，积极改正自己错误；沉静的人会冷静的思考，而性格冲动易怒的则往往会通过暴力行为发泄，如果发泄不当就会造成违法犯罪。

俗话说"性格决定命运"，暂且不去看它是不是完全正确，但是至少它对性格的重视是值得关注的。一直以来，性格都是被看作天生、不易改变的。以这种观点来看，性格就是影响人们犯罪行为的最主要先天因素了。罪行的发生到底是归结为性格，还是归结为环境，这种争论持续了一个多世纪。不过，越来越多的心理学家开始接受这样一种观点，犯罪人的产生是同时受两种因素共同作用的结果。

【案例分析】

1999年11月2日上午，37岁的成瑞龙戴着手铐和脚镣，被几名法警押到广东省佛山市殡仪馆的一间屋子里，在这里他将被执行安乐死。1996年6月至1999年4月间他作案6起，杀害6人，致伤2人，并且枪杀了4位警察。一共犯案10起，杀害13人，劫财28.8万元。

是什么原因让这个年轻的男子变成杀人的狂魔？其实，成瑞龙小时候就很喜欢打架，脾气也非常犟。每次打架以后，父亲总让他在木凳子上罚跪，"认了错"再起来，母亲也看着不忍心，便想偷偷把他拉起来。

但是，成瑞龙很倔强，常常跪了很久也不低头。大概在12岁的时候，他跑到一亲戚家挂了一个沙袋，放学后总是过去练拳。据当时的邻居回忆，他虽然年幼却出拳很重，那个沙袋几个同龄人扶都扶不住。从那时候开始，他就很向往书中那些英雄侠客们，希望也能同他们一样利用自己所掌握的功夫去行侠仗义。

后来，成瑞龙因为和校长的女儿恋爱，以及在校表现差而被学校开除。他想去参军，但是又在名列前茅的情况下落选。成长的挫折让他极度愤怒，他感觉自己被学校和社会所排斥，慢慢走向犯罪的道路。

其实，现实中成瑞龙在背负 13 宗命案的同时，也具有温情的一面。比如，判刑前他坚持要看到情人的照片才肯供述；行刑前也在关心为什么家人没有来看他。这样一个人如何成为一个杀人狂魔呢？怎么样的人才会成长为具有暴力倾向的罪犯呢？在成瑞龙被执行死刑后，有专家指出，他就是龙勃罗梭所说的"天生犯罪人"。比如，他情感异常，在逃亡过程中，从未给他的父母、孩子寄过一分钱，并且曾奸杀过一名未成年少女，这些都是他缺乏自然情感力、反社会人格的表现。

是什么原因让普通人变成了杀人魔，又是什么原因导致正常人的人格扭曲，从而产生犯罪行为？其实这都可以从心理学上找到答案。从犯罪心理学的角度来讲，犯罪人的心理成因可分为以下两类：

第一，有危险人格的犯罪人。危险人格是因为人格问题而导致犯罪的心理现象。具体来说，它又分为两种情况：一种是具有遗传性的人格危险倾向；另一种则是具有后天环境影响出现的人格危险倾向。

第二，有危险心结的犯罪人。危险心结是指因心理创伤导致心结，从而产生的犯罪行为现象。成瑞龙就属于危险人格中的第一种，他的犯罪是受遗传影响的，这就是我们所说的反社会人格。这种犯罪人早期生活可能缺乏情感抚慰或受到溺爱教育，性格缺陷是他们犯罪的核心危险。他们冷漠、暴力、自私，只要遇到合适的时机就会犯罪。这类人在犯罪人群中约占 30%。

【犯罪解密】

今天，对"天生犯罪人"形成过程的干预和阻断，已经成了一个新的课题。一般人往往在重大案件发生之后才惊觉，一个心理扭曲的人会对周围的人和环境造成如此严重的侵害。这提醒我们，防治犯罪如同治病，要了解病人的生活习惯，家族病史，生理状况等，这样才能确立行之有效的医治方案，防控犯罪也是如此。

青少年更喜欢模仿犯罪

处于 14 岁至 18 岁之间的青少年，在未成熟与成熟的交界线上，他们生理和心理上较之以前，都发生了很大的变化。并且处于这个年龄段的青少年，一般有着非常强烈的好奇心和极强的模仿能力，但同时他们对于是非的分辨能力却较弱，在冲动与好奇心的双重驱使下，很容易模仿电视、电影或者网络游戏中的某种情节和方式进行犯罪活动。

"模仿"行为伴随人的一生。小时候，我们崇拜父母，有意识地模仿父母的行为；上学后，我们渴望受到老师的表扬，就模仿那些优等生的行为；长大后，我们在工作生活中遇到困难会不自觉思考，如果换成某某某会如何，这个某某某就是我们心中永垂不朽的偶像。这都是正面的模仿，它为我们提供奋斗的动力，是鞭策我们前行的响鞭。但是如果这个模仿的对象不正确呢？如果一个人心中的偶像是邪恶的、消极的，那么这种模仿最终只能带他跌入罪恶的深渊。

那么，模仿效应究竟是一种什么样的理论呢？在犯罪研究中，如何用这种理论破解犯罪案件呢？其实，模仿效应原本是西方社会学中的一个概念，指因为新闻报道或者小说电影中描述的事件，而出现的一连串类似事件。

比如，1972 年导演斯坦利·库布里克的电影《发条橙》上映后，社会上出现了一系列模仿影片中暴力和性侵犯行为的现象。很多同现象的罪犯在事后称，自己犯罪的灵感来自所接触到的类似影视作品中的犯罪行为。

其实，一般来说，成年人心智成熟，对于模仿的偶像有理智的选择，但是青少年心智没有成熟，就容易迷失方向。青少年处于 14 岁到 18 岁这段青春期之中，幼小的身体开始发育，思想也在成长着。这时候，他们对知识有着不分良莠的强大吸收力，同时对外界的影响几乎没有抵御力。主要表现为，性格叛逆却缺乏自控力，模仿能力强又容易被诱惑。这时他们受到暴力、色情、血腥等影视传媒的影响，产生了不理智的模仿行为并导致罪行的发生，这就是犯罪模仿效应。

例如，很多青少年对一些犯罪行为的具体细节并不清楚，甚至从未听说。而在影视作品中，制作方为了引人入胜的效果和较高的票房收入，往往会将犯罪细节刻画得栩栩如生，从而让青少年在好奇心的驱使下产生犯罪行为，触犯法律。

当然，影视小说只是影响青少年犯罪的一部分原因，更大一部分原因还在于不良媒体对于真实的犯罪案件过度细节化的传播。虽然至今尚未出现关于媒体报道促使现实犯罪产生的科学性言论，但是不可否认的是，媒体的披露会在一定程度上起到催化剂的作用。

有些媒体在报道中，过于详细地解密了犯罪的过程，促使积蓄已久的犯罪潜伏着发动最终的行动。而对碍于心理或社会某种原因未敢发动犯罪的潜在犯罪者而言，在看到相似犯罪发生时，会激励自己理所应当地行动起来，尤其是当犯罪分子未被绳之以法时，让他们更冲动地使预谋犯罪活动变成现实。杰弗里·罗斯就认为："当下发生的事情具有暗示的力量。对于有种挫折感或者是想要算什么账的人来说，当他们听说别的地方发生了什么事情，这会让他们变得大胆。"

无论是影视作品还是媒体的影响，模仿犯罪更多的是发生在易冲动的青少年身上，心智不成熟的未成年人或许并没有真正的犯罪动机，他们仅仅觉得这样做帅，或者他们喜欢的明星在影视作品中这样做了某些举动，便要尝试一下。许多时候，大部分青少年可能根本没有意识到自己在做什么，而仅仅只是一种盲目的追求刺激和所谓帅气的模仿，却触碰了法律的红线。

【案例分析】

2007年4月16日，美国弗吉尼亚理工大学发生了美国历史上最严重的恶性校园枪击案，该案造成33人死亡，枪击案疑犯为23岁的韩籍青年赵承熙。后来的调查表明，他是在模仿其他相似案件凶手。

赵承熙性格怪僻，不喜欢与人交往，并且对社会保持一种极度不信任的态度，对外界缺少安全感。平时，他喜欢玩电子游戏，十分热衷于射击类游戏。在电脑游戏中，他喜欢疯狂杀人。这种玩法给了他一种虚拟的杀人快感，而且是短时间内杀的人越多这种快感越明显。

当然，影响赵承熙枪杀案的不仅仅是一款电子游戏，在他寄给美国全国广播公司（NBC）长达1800字的宣言中，热情洋溢地赞美了发生在科罗拉多州哥伦比亚高中的校园屠杀案。他将当时的两个杀手哈里斯和克莱伯德作为偶像。同哈里斯和克莱伯德相似，他也留下了大量的文字和录像，埋下线索，让人们揣摩他的心理。如同他喜爱的韩国影片《老男孩》一般，他在信中发表了一番言辞，在制造了一场特大校园枪杀案后，开枪饮弹自尽。

赵承熙的这种游戏杀人的冲动被他带入了现实的生活中。枪击案中他9分钟打出170发子弹，打死30人，平均杀死一个人用了5发子弹，这种杀人方式正是他幻想很久的射击类游戏一般的效果。

同时，他有着自卑与自恋的双重心理，他处于衣食无忧又根本算不上富裕的生活中，可以算是被社会忽略的中产阶级青少年。自尊心与自卑心理同时刺激着他，使得他孤僻又张扬，这种心理失衡严重影响他的心灵世界的稳定，孤僻导致空虚沉迷于虚幻游戏世界不能自拔，空虚又导致他最终的自杀。

犯罪人赵承熙曾经创作过两个剧本，这两个剧本后来被称为聚焦他的心理精神问题的关键文本。其中，《理查德·麦克比夫》描写的是13岁少年与恋童癖的继父之间的矛盾。少年最终用麦片饼干棒塞进了继父的喉咙，并且在杀害继父后自杀身亡。而《布朗斯通先生》描绘的则是赌场偶遇的学生和教师的冲突，3名17岁的学生翘课去赌博，幻想着各种残忍的方式虐待杀害他们的教师。

两篇剧本充斥着扭曲、令人毛骨悚然的暴力，就像噩梦一般。虽然其中并没有涉及枪杀内容，但是却充分显露了他内心的扭曲和愤怒。从中，我们不难看到犯罪分子内心隐秘而诡异的挣扎。

【犯罪解密】

虽然模仿伴随人的一生，但是不加辨别的模仿不仅不利于发展，还会为人们犯罪提供鼓励和支持，刺激人们做出平日里不敢涉足的某些行动。今天，青少年犯罪已经日益成为一个严重的社会问题，而背后的原因是复杂的，部分青少年受到家庭、社会等各方面因素的影响，在心理上热衷模仿犯罪，最终将自己置于万劫不复的境地。

患有心理障碍的人更容易犯罪

　　生活中，一些人总是开玩笑地宣称自己有某种心理障碍，比如密集物体恐惧症、选择恐惧症、幽闭恐惧症、强迫症等。通常，它们不会给正常生活带来太大的影响。但是有些心理障碍却是危险的：当一个人由于生理、心理或社会等原因导致自己产生各种心理和人格的变异，而这些变异使得他们没有能力按照社会认可的方式生活，以致他的行为不能适应社会。研究表明，这样的人相对的更容易发生犯罪行为。

　　人的精神活动是有机的、协调统一的。从接受外界刺激，一直到大脑做出反应，这一系列是相互联系不可分割的。精神的活动包括感觉、知觉、记忆、思维、情绪、注意、意志、智能、人格、意识等，其中任何一方面的变化均可表现为精神活动障碍。最常见的精神活动障碍为焦虑、恐怖、幻觉、妄想、兴奋、抑郁、智力低下，品行障碍极不能适应社会环境等。

　　有些人认为，心理障碍是个人的事情，其心理疾病造成的负面影响会造成本人生活的不适应性，但是对社会上其他人不会产生负面影响。其实这种理解是错误的，轻微的心理障碍确实不会影响周围人的正常生活，据WHO统计，在同一时刻有20%到30%的人会产生不同程度的心理异常。

　　这些轻微的异常包括精神衰弱，比如有些人在夜里很难入睡；强迫症，有些人看到在规则图形中不规则的物体会很难受，想要去使其协调；当然还包括焦虑症、抑郁症等。这些心理异常如果是轻微的当然不会造成犯罪的产生，充其量是造成个人的不适宜，影响个体的身体健康。但是，如果是严重的心理异常呢？如果心理异常发展为精神分裂症、躁狂抑郁性精神病、偏执性精神病这类呢？这些会对社会造成什么样的危害？

　　当一个人心理障碍产生得过于严重时，会出现幻觉和妄想。这种幻觉、妄想会造成两种后果：第一，病人自杀；第二，伤人、毁物和危害社会治安。如果病人具有被害妄想症和关系妄想症，那么他会认为周围的人都要害他，从而促使他"先下手为强"，于是病人就会对他的妄想对象做出具有攻击性的暴力行为。

【案例分析】

1996年年底，万州区白羊镇女青年杨某经人介绍认识了来打工的蒲云发，两人确定了恋爱关系。一年后，蒲云发告别杨某再次南下打工，后来他怀疑杨某要甩了自己，不断写恐吓信，饱受困扰的杨某决定分手。蒲云发得到消息后威胁杨某，如果分手，哪怕天涯海角也不会让她好过。

1998年11月，杨某出去走亲戚。但是她刚离开不久，蒲云发就挎着一个帆布包来到杨家的地坝上坐下，飞快地从包中拿出一把明晃晃的西瓜刀，猛然向杨父头部砍去。杨父倒下后，他又操刀直冲向吓呆了的杨母。此时，住在隔壁的大儿媳熊某听到响声，急忙来看个究竟，只见公公婆婆全部躺在地上，而蒲云发手拎着血淋淋的刀子，一边喊着要报仇，一边冲向熊某。

大儿子听到妻子的喊叫，情急之下操着木棒打翻蒲云发。逼急的蒲云发从帆布包中拿出炸药包，嘶喊到要同归于尽。情急之下，蒲云发见杀人不成，就用刀自砍颈部，直至昏迷。

后来据蒲云发交代，他为了得到杨某，"不得已"采用造谣逼迫等手段，以迫使杨某嫁给他。在事情弄巧成拙后，又起了杀人的念头。最终，蒲云发因故意杀人罪被判处有期徒刑10年。

案例中的蒲云发在毁了自己的同时，也毁了一个幸福的家庭，这些都和他的心理障碍密不可分。蒲云发性格敏感，又狭隘多疑，具有典型的偏执性人格，他极端固执己见，对自己有着过高的评价。在怀疑对方要甩掉自己后，无论对方如何解释也无济于事，最终导致报复性行为发生，致使犯罪。

其实，并不是说所有患有心理障碍的人都会犯罪，只是像蒲云发这类特别的心理障碍者更容易做出犯罪行为，虽然这些心理障碍和犯罪行为并非一一对应，但是两者确实具有某种联系。德国精神病学家施耐德在《精神病质的人格》一书中具体分析了各种精神病质与犯罪行为的联系，分析过程中他发现易于犯罪的心理障碍主要有以下几种：

1. 激奋型：这类人容易兴奋且缺乏自制力，他们很难冷静下来，在面对刺激时容易受到别人的教唆，从而极易发生抢劫等犯罪行为。

2. 爆发型：爆发型特质的人情绪容易被激起，一旦受到刺激就会爆发，在愤怒火焰的燃烧下很容易发生暴力事件攻击他人。

3. 自我显示型：此类人具有很强的表现欲和虚荣心，这种心理障碍引起的犯罪十分常见，为了吸引别人的注意力，他们很容易做出过激行为。

4. 偏执性：如同案例中的犯罪人一样，偏执性人格十分顽固，一旦他们坚守的观点违背道德法律，这类人就成了极易犯罪的群体。

5. 忧郁型：这类心理障碍者情绪长期低落，经常处于消极情绪之中，容易产生自我封闭。长期的悲观让他们过分冷酷，犯罪行为十分无情。

6. 情绪易变型：与忧郁型的情绪低落不同，这类心理障碍者情绪经常变换，这种喜怒无常的性格很难与别人交流，矛盾极易产生，从而导致犯罪。

7. 感情缺乏型：这类心理障碍者冷酷无情，缺乏应有的羞耻感和同情心，大多具有反社会型人格障碍，并具有很强的攻击性，一旦犯罪，手段残忍。

8. 意志薄弱型：这类型人虽然自身品质并非恶劣，但是他们容易受到别人引诱，属于意志薄弱型，被人教唆后，容易被控制从而犯罪。

9. 软弱型：软弱型人格没有主见，缺乏基本自尊心，迫于压力会做出任何犯罪行为。

10. 自卑型：这类心理障碍者严重自卑并带有很强的嫉妒心理，自卑导致不自信，从而渴望被关注，为了吸引目光，他们会考虑用极端方式达到目的。

【犯罪解密】

虽然心理障碍者比正常人更容易发生犯罪行为。但并不是具有某种或某几种精神病质特征的人就一定会犯罪。如果发现有心理障碍倾向就要积极治疗，在寻求专业药物治疗的同时，采用精神胜利法等科学方式，使自己摆脱消极情绪，用幽默化解困境，用乐观代替悲观。

犯罪效应：枪支增强侵犯意识

在漫长的一生中，所有人都会被形形色色的人和事所激怒，暴躁、伤心、难过、激动、沮丧,这些情绪人人都体验过。为什么面对刺激,有些人会最终走向犯罪的道路?除去遗传和环境因素,是否还有别的东西促使着一个遵纪守法的人一步步走向毁灭?同样一个人处于同一状况时,为什么会有着不同的选择,到底是什么成为人们犯罪的催化剂?

1978年,著名的心理学家伯克威茨发现了一个情况,人在受到挫折时并不会直接去侵犯他人,挫折仅仅是导致情绪上的犯罪准备——愤怒,但处于这一状态时,如果在行为上同时具备了犯罪准备——想要的暴力犯罪工具(比如枪支),那么犯罪行动就很有可能发生了。这就是我们所说的"武器效应"。

为了证实这个理论的合理性,伯克威茨发起志愿者组织了一场实验。首先他让助手故意刺激志愿者,使他们处于暴怒之中,然后把他们带到一个可以实施电击报复的屋子里。当然,为了更直观,伯克威茨创造了两种不同的屋子——其中一个是在桌子上放了一把左轮手枪;另一个是只有一个羽毛球拍。在实施报复电击时,明显可以发现,使用手枪的志愿者电击次数远远超过了使用羽毛球拍的志愿者。这完美地证明了伯克威茨的理论——"枪支不仅仅使暴力成为可能,也刺激了暴力。手指扣动扳机,扳机带动手指。"

显然,手枪增强了志愿者的侵犯意识,从而促使他们疯狂的报复。武器恰恰为正在愤怒情绪中的人提供了线索和更多的行为暗示,对其破坏性行为也起到了推波助澜的作用。

受到挫折打击的时候,我们都不是圣人也不是超人,大多会处于愤怒或悲观等负面情绪之中。但是,这并不代表你要去做犯罪的事。须知,这些负面情绪仅仅是犯罪产生的一个因素;显然,如果情境中没有其他的因素的催化,当事人不会主动侵犯他人。

但是,长期的负面情绪促使人们心理状态的病态化、扭曲化,当这些不良情绪滋长到正好处于一个可以方便使用枪支、刀具的情境中时,那么这些武器就会起到催化剂的作用,暴怒中的人会觉得是武器暗示了他产生了犯罪行为。可以说,武器推动了暴力和血腥的产生。这种情形在欧美等国屡见不鲜。

【案例分析】

2002年4月26日,德国中部城市埃尔福特古腾堡中学发生校园枪击案。凶手自杀前共有16人死亡，受害者多数为学校教师。在枪击案中他使用一支9毫米Glock17手枪，背上虽然还绑着一只帮浦式霰弹枪，但凶手未在这次枪击案中使用该枪。凶手拥有这两支枪的使用牌照。

2007年4月16日，在美国弗吉尼亚理工学院暨州立大学发生的两次枪击事件，连同凶手在内，共有33人死亡，并至少造成23人受伤。它是美国历史上死亡人数最多的校园枪击案，也是美国建国200多年来最严重的枪击事件。最终枪击案的凶嫌韩裔学生赵承熙在诺理斯教学大楼中自杀身亡。

2008年2月14日，美国伊利诺伊州迪卡柏北伊利诺伊大学发生了一起校园枪击事件。事件发生于下午大约3点05分时的学校ColeHall大堂。截至2008年2月15日，造成包括枪手在内的6人死亡，16人受伤。枪手在开枪扫射其教师和同学后，开枪自杀。

2009年3月11日，德国温嫩登的一所高中发生了校园枪击案。共有16人在事件中丧生，包括15名受害者及自杀的凶手本人。警方搜查了凶手的家，发现凶手的父亲是当地一家射击俱乐部的会员，合法拥有15把枪支。当时，有一支9毫米贝瑞塔手枪和数百发子弹不翼而飞。

2012年12月14日，美国康涅狄格州桑迪·胡克小学发生枪击案，造成包括枪手在内的28人丧生，其中20人是儿童，18名儿童当场死亡，2名儿童送医中不治身亡，另外枪击还造成6名成年人死亡。最后，警方在嫌犯的家中发现了手枪，并且他的母亲也被杀害。这是美国历史上死伤最惨重的校园枪击案之一。

枪支是令人感到恐怖的暴力工具，这些校园枪击案的发生，显然与枪支这种作案工具泛滥密不可分。事实上，欧美等国对枪支管理宽松，所以凶手才可以拿到枪支和如此多的子弹；而正是因为杀手有这些多样的作案工具，所以才造成了如此多的伤亡。

人们在社会中总会遇到各种矛盾，从而让当事人产生暴力倾向。但是，当人们没有掌握相应的犯罪工具时，这种实施暴力的念头可能只是一瞬，就消失了。如果当事人顺手就能拿到枪支等作案工具，那么无疑会增加犯罪的概率。从犯罪条件上说，许多暴力事件都与具有刺激作用的武器有着密切的关系，是武器推动了暴力事件的产生。

"武器效应"说明了一点，刺激物对于犯罪行为产生的重要诱导作用，如果你希望某人做出某种行为,那么就在他身边放上可以给其提供足够刺激的刺激物,则很可能促使该行为的产生。

【犯罪解密】

在美国,枪支泛滥已成为一个严重的社会毒瘤,每年死于枪下的人数超过因车祸和艾滋病死亡的人数。显然,这已经成为犯罪率上升的诱因。因此,加强枪支管理,可以有效减弱持枪人的犯罪冲动,最终降低犯罪率。

为什么男性更容易犯罪

纵览犯罪学历史可以发现,其中男性犯罪的案例远远高于女性。这一现象不仅仅在人类社会中,如果放眼到整个动物世界,同样可以发现:雄性动物总要比雌性动物更具攻击性。究其原因,也许是男性的荷尔蒙更旺盛,才导致了犯罪行为的发生。

众所周知,尽管女性犯罪也时有发生,但同男性犯罪相比还是相差甚远。为什么会出现这种现象呢?所有的活动都是具有目的性的,犯罪活动同样也具有目的性。男性犯罪现象多的最根本的原因就是通过犯罪活动男性可以获得更大的利益。这个利益是什么?我们下面会详细解答。

无论是在奴隶社会、封建社会还是经济高速发展的今天,不可否认的是男性所面临的竞争强度远远超过了女性。与女性相比而言,男性更热衷于追求名誉、地位、金钱财富等物质。其原因归根结底不过是为了吸引女性,吸引女性就是为了更多的争夺繁衍权利。

无论哪个时代,所有女人都可以繁衍自己的后代。但是自原始社会起,只有优秀的男性可以繁衍更多的后代,而优秀男性后代的成活率也远远高出普通男性。有时候,一个男性可以获得多个后代,但是同样有的男性却一个后代都无法拥有,巨大的差距导致积累的竞争,这种原始的竞争依旧适用于当今的社会。女性总是对社会地位较高、条件较好的男性更具好感。这样如同原始为争夺配偶权一般，男人为了争取自己喜欢的女性，或者争取到更多女性的喜欢，不惜运用任何手段。

为了提供优越的物质条件，男性努力追求财富和地位，不惜一切地捍卫自己的利益。当这种捍卫不能用合法手段维护时，部分男性就会追寻便捷、直观、暴力的夺取方式。今天，一些刚步入社会的青年男性，极度渴望拥有大量财富，为了吸引女性的青睐，他们甚至不惜去偷盗其他人的合法财产，短时间使得自己富裕起来，从而俘虏女性的芳心。在这种目的达成之前，他们虽然会犹豫，但是并不会停止这类行为。

当然，不仅仅是"穷小子"，许多家产丰厚的男性依旧会因为钱财而犯罪。其实两者的目的是相似的，他们只是想拥有更多的女性的青睐，获得更多的生活安全感。

【案例分析】

2012年2月10日14时，鄄城县公安局110指挥中心接到个报警求助电话，称临濮镇辖区黄河滩一水沟内发现了一具被被子裹挟着的尸体。值班民警急忙向值班领导作了汇报，临濮派出所民警和侦技人员迅速赶往现场进行勘察。

经过长时间的勘察，已经可以确定的是这是一具60岁左右的男尸，通过法医初步鉴定，这是一起故意杀人抛尸案，该男子是被钝器击打头，大量流血致死。专案组地毯式的调查可疑迹象，深入摸排线索。

2月10日21时，经过走访调查后，民警初步怀疑该村李某为犯罪嫌疑人。2月8日早饭后，60岁的李某以需要帮忙为由，把在街上闲逛的朱某喊到家中。时间正好是受害人失踪的时间。经过进一步调查，办案民警得知，朱某离家后再未出现。经过各方取证侦查最终查明李某为犯罪嫌疑人。

原来，李某一直未婚，靠几亩地和给他人打零工维持生计。同村的女子王某因丈夫长年在外打工，承担了全部家务，李某便经常过去帮忙。后来，两个人情投意合，建立了不正当的男女关系。对此，在外打工的丈夫毫不知晓。不久，王某有了新欢朱某，有意疏远李某，结果惹得李某大发雷霆。

2012年2月5日，李某又与王某为了感情问题发生争执。2月7日，李某便以需要帮忙为由诱使朱某进入自己家中,并趁其不备用事先准备好的砖块将朱某砸晕,然后又用秤砣猛砸其头部,将其杀死。当天深夜,犯罪嫌疑人李某将朱某的尸体抛在村西沿黄公路边水沟内,企图毁灭罪证。但他未料到,两日后自己便落入法网。

正如这个情杀案例,杀人事件中最常发生的是男人杀害男人的事件,而这种谋杀又因女性所引起。不论是动物界还是人类,雄性生物受生理激素和环境竞争的残酷性所影响,天生就有一定的暴力倾向,当无法用正当手段获得胜利时,往往采用暴力的方式掠夺自己所需要的事物或人。暴力的直接后果是"你死",或者"我亡"。李某为了获得女性王某的感情所有权,不惜以60岁高龄去谋杀同样年纪的朱某,为了获得女性的青睐,类似情杀事件时有发生。

【犯罪解密】

其实,现实生活中的谋杀很少像影视作品里一般有着精密的计划,发生的过程也并不曲折、复杂。更多时候,杀人事件的起因不过是一点口角或者鸡毛蒜皮的小事。为了名誉和地位,或者为了女性所有权,两个男性发生了争执,当争执升级时,暴力行为就开始产生并最终酿成恶果。往往一场致命的斗争的起因不过是一些不足为人道的小事。为了避免犯罪的发生,我们要严谨对待自己的言行,遵守法律法规,提高自身修养,通过正当手段获得财富资源。

远离有暴力倾向的人

比起单纯的偷盗、抢劫,有一种犯罪模式更加让人胆战心惊;比起最"新潮"、最"隐蔽"的高智能犯罪,有一种犯罪模式对当事人的冲击性更为强烈,这就是暴力犯罪。犯罪现场的爆炸、枪杀、武装斗殴、纵火、暴乱这些行为使得暴力犯罪具有更加直接的破坏性和强暴性。杀人、故意伤害、殴打等行为给被害人造成了难以愈合的创伤,其犯罪现场也给人留下更为直观和鲜明的刺激。

尽管经济犯罪的危害远远大于暴力犯罪造成危害的总和,但是,在社会公众看来，暴力犯罪是最令人感到恐惧的犯罪行为。人们对这种犯罪的恐惧主要来源于暴力。暴力犯罪造成的心理创伤和恐惧，在肉体创伤痊愈后还会经久持续，甚至这种心理阴影会伴随受害者一生。

今天，暴力犯罪已经日益呈现出现代化、低龄化、有组织化等特点，犯罪行为越来越严重，带来的损失越来越巨大。因而，从犯罪心理学的角度研究暴力犯罪，分析暴力犯罪产生的心理机制，从中寻求出更好地遏制暴力犯罪、预防暴力犯罪的手段和方法是十分重要的。

在暴力犯罪中，运用暴力是攻击行为最常见的表现形式，是攻击实施的重要手段，攻击使得暴力行为具有了本质属性，攻击是暴力实施的目的。由于攻击实施的对象不同，从而使得暴力犯罪有不同的分类：危害国家安全、危害公共安全、侵害人身权利、妨碍婚姻家庭等。

根据攻击程度以及其造成的危害程度，还可以把暴力犯罪分为严重的暴力犯罪（如爆炸、武装贩毒、武装走私等）和一般暴力犯罪（殴打、家庭暴力等）。而根据这种攻击的行为是否是有计划的有准备的犯罪行为，还可以将暴力犯罪分成有预谋的暴力犯罪和情境型的暴力犯罪。

相对于有预谋的成熟的暴力犯罪，情境型犯罪更为随机，其犯罪行为的产生更多的受到周围环境的影响，下面我们简单分析下暴力犯罪的成因。

【案例分析】

毕业将近，法学院学生严某心中有的不是离开校园步入社会大展身手的喜悦和兴奋，而是充斥着怨恨与恶念，他觉得自己施暴的冲动越来越难以压制。而这施暴冲动所面对的对象不是别人，而是他的父亲。不止一次，严某深刻地感到只有杀掉那个人，他才能得到真正解脱。他心里时刻想到对自己的父亲实施报复，让父亲有个杀人犯的儿子，一辈子抬不起头来。

冲动是魔鬼，到底严某的父亲做了什么，才导致严某产生了这样的怨恨呢？经过调查，其实怨恨的根源是严某父亲的家庭暴力。在严某年幼的时候，他不止一次看到父亲无缘无故痛殴母亲，多次把母亲打得伤痕累累。等到小严年龄稍微大一点的时候，他开始试图阻止父亲的暴行，结果不但没有成功，甚至招来了父亲的一顿毒打。

此后，严某和母亲终日生活在父亲的暴力之下。父亲还经常斥责严某是废物，不中用，即便严某发愤学习，考取让人羡慕的大学也不能让父亲满意。

严某压抑良久，终于在大学开学之际爆发，他把父亲打倒在地，心里感到一种难以名状的舒畅。此后，父亲再也不敢动手殴打严某和他母亲。但是严某并没有摆脱这种暴力的阴影，每次看到父亲，他就会产生一种施暴的冲动。他越来越憎恨父亲，几乎想要杀人泄恨。

当这种杀人的冲动产生时，严某在兴奋之余感到了对自我的恐惧，转而向心理医生求助。

任何事情的产生都是有迹可循的，暴力行为的出现也有根源。虽然至今对暴力行为产生的原因没有一个盖棺定论，但是心理学家们普遍认为，暴力和环境有关，生长在暴力环境中的人更容易实施暴力行为，一般情况下，心理学家把暴力的产生分为以下三点：

第一种观点认为暴力是通过学习获得，如果行为人在暴力的环境中成长，那么他使用暴力解决问题的可能性数倍的高于普通环境中成长的人。

第二种观点是挫折反应说：心理学家认为当行为人遭遇挫折时没有产生成熟的反应机制，就会凭借本能使用暴力。也就是俗话说的"狗急了跳墙"，"兔子急了也会咬人。"

第三种观点：心理学家认为暴力行为是大脑功能异常。大脑的一部分可以控制人的行为反映，当这部分不能正常发挥功用时，人就会变得暴躁易怒，从而促使暴力行为的产生。

案例中的严某就属于第一种和第二种。他长期处于家庭暴力之中，长期看到父亲用暴力发泄自己的不满，于是在他的潜意识里面也认为，要释放自己的不满就要对父亲施暴。父亲的暴力行为给严某造成了严重的心理损伤，长期的暴力威胁使严某不能通过正常方式排解自己的压力，于是"以暴制暴"的本能占据上风，最终产生向父亲施暴的行为。

心理学家弗洛姆把暴力行为分为娱乐性、反应性、报复性、补偿性和嗜血性五种，严某的情况属于反应性和报复性暴力。如果严某一旦随意杀人，通过毁掉自己来报复父亲，这种方式导致的结果是严某犯罪受到法律惩罚，毁掉了自己的前途和生命，父母因失去儿子痛不欲生，孤独终老。第二种情况，如果严某为了消除自己的心理阴影而杀害父亲，那么最终是严某和父亲都失去生命，他的母亲孤独终老。无论哪一种以暴制暴，都不能得到好结果。因此用暴力解决问题，就只能带来仇恨。无论出于什么原因产生施暴的冲动，都需要重视和警惕，理智地面对自己不良的心理状况。

【犯罪解密】

通过分析不难得出，暴力犯罪人与非暴力犯罪人的根本区别：暴力犯罪人在成长过程中由于各种因素的作用形成了暴力犯罪心理结构。因此，我们要遏制暴力犯罪首先要从预防暴力犯罪心理结构的形成做起。要充分利用周围环境，帮助个体创造良好认知和正确的行为模式，塑造健康的人格。而对那些已经实施暴力犯罪的人，则要对其心理进行开导重建，帮助其早日走出暴力的阴影。

第五章　艾森克理论
——人格变态究竟有多可怕

> 一个人的性格虽然不能决定他是否犯罪，但犯罪确实与性格有关。艾森克的研究成果显示，越是性格偏于外向的人，其犯罪的风险性就越大；大脑中的唤醒功能越是活跃，其犯罪的可能性就会迅速攀升。

心魔让正常人变成恶魔

内心的欲望、念想左右着人们的言行，刻画着人生百态。犯罪的人一开始都是正常人，是什么欲念让他们走上不归路呢？走进犯罪分子的内心世界，显然更容易掌握事情的来龙去脉。

无数案件都说明了一个道理，犯罪行为的发生都归结于当事人心理上的变态，也就是心魔让人失去了理智。具体来说，它指的是人的知、情、意活动和个性心理特征以及其行为表现超出了正常的范围。具体来说，变态心理可以分为狭义和广义两种，狭义的变态心理包括人格障碍、性心理障碍和智能障碍。广义的变态心理还涵盖了正常人偶尔发生的非现实、不合理或者不健康的心理现象、迷信心理与超价值观和犯罪心理。

那么，如何判断一个人的心理是否变态呢？首先是要了解当事人的精神生活和客观环境是否统一协调，他的言行能否被一般人所理解、接受，所作所为是否符合他生活环境所提出的要求。其次要关注当事人的精神活动是否完整是否和谐，他的认识活动、情感活动和意志活动是否协调一致。最后要验证当事人的精神活动本身是否统一，个性特征是否具有相对的稳定性，及其是否能体现在各种心理活动的过程中。如果当事人不能做到以上三点,那么就可以判定这个人有变态心理的倾向。

虽然"心魔"的称谓自古有之,但是在一百年前才形成系统科学的体系。公元前 100 年,希腊的 Asclepiades 首先使用了"心理障碍"和"心理缺陷"等术语。这时,人们对心理变态才有了初步认识,并发现心理异常与人脑的某种联系。到了中世纪,由于神学和宗教的统治地位,心理异常被认为是魔鬼的象征,所以人们才把变态心理称为"心魔"。那时候,治疗心理异常会采用紧闭、停食、拷打等暴力的方式。直到 17 世纪,在文艺复兴运动的推动下,医学终于摆脱了神学的束缚,心魔从此被看成精神病的表现得到正常的治疗,变态心理学和精神病也终于作为科学逐步发展起来。

经过百年来的研究,科学家掌握了"心魔"的真相,认为它首先是人的大脑生理机制障碍,由此引发心理上的障碍,或者成为心理变态。其次,变态心理的社会实质就是人与客观现实、社会关系的失调和不适应,是对客观事物的歪曲的反映,但这种歪曲不仅仅是指变态心理在认识活动上的反映,也包括其在情感过程、意志过程和个性特征等方面的反映。

今天,社会环境复杂多变,生活压力、工作压力等容易带来精神上的焦虑、压抑。长此以往,容易进一步引发心理失衡。如果当事人无法自我解压,就容易产生心魔,走不出坏情绪、错误认知的樊篱,引发心理上的变态。显然,一个人在不健康的心理驱使下,如果过于执拗,就容易做出违法的事情,从而触犯法律。

【案例分析】

玛丽因为犯了故意杀人罪被判了死刑,在行刑前给她丈夫和年幼的孩子留下一封信:

亲爱的丈夫和宝贝,当你们看到这封信时,我已经离开了这个世界,我为自己对你们造成的伤害而道歉,我是那样的深爱着你们。

这些天来,我一直在想自己为什么会走到这步,是什么让我走向了毁灭。毕竟在杀那个人前我连鸡也不敢杀啊。

犯罪心理学

小时候，我成绩不好，每次背书背不出来，老师都会让我罚站。放学后，同学们都走光了，我还一个人被留在那里，黑漆漆的校园让我很害怕。记得有一次，我数学考了50分，老师让我举着那张50分的试卷，在教室的最前面整整站了一节课，我眼泪一直没有停下来。谁知下课后，老师依旧让我站在那里不许动，我心里好害怕，不知道要站多久。接下来，无数的同学从我面前走过，奚落、嘲笑，我一直忍受着，忍受着……

后来，我学乖了，我的成绩越来越好，我甚至考上了名牌大学，老师们开始以我为荣，可是这些根本无法改变他们在我心目中的形象：自私、冷漠、无情……虽然人离开了那里，可是我的心没有离开，就像曾经无数个夜晚，我被单独留在那个冰冷又黑漆漆的校园里一样……

那天，我的小宝贝，你被老师批评了，只是因为你作文里有几个错别字，老师叫你"错字大王"，你哭了，扑倒在我怀里，那样的伤心。在你身上，我仿佛看到了当年的自己，那个高举着50分试卷的自己。那样的无助感再次袭击了我，我变得无法忍受，我不能让我的历史重现在我的小宝贝身上，所以我杀了他，那个让我小宝贝感到屈辱的人……

我亲爱的丈夫和宝贝，我现在内心已经平静了，他们为我安排了心理医生，我知道自己是病了，小时候的遭遇让我生了病。现在，我意识到自己的错，或许已经晚了，但是我希望你们可以健康的生活，毫无负担的生活。

爱你们的妻子和妈妈（留）

在这个案例中，通过犯罪人玛丽在信中的自白可以发现，早年在学校受到的不公正对待和暴力教育方式导致了她心理的变态。在听到女儿类似的遭遇时，隐藏在她内心的"心魔"一下子爆发，从而驱使她杀害了惩罚女儿的老师。这就是变态心魔作怪的典型案例，当然犯罪人要为此接受法律的制裁。

心魔导致的犯罪如此可怕，那么我们如何避免心魔上身呢？其实，心魔的产生并非无迹可寻，虽然不同的心魔产生的原因各有侧重，究其根本往往是由各方面因素综合形成的。归纳起来主要是由生物学、心理和环境因素所影响的。其中生物学因素包括了先天因素和后天因素。先天因素即是遗传因素，人的心理状况与人格形成发展有十分密切的关系，但是遗传因素却不是最主要的。

"心魔"产生起致病作用的心理因素主要有个体成长时所经历的家庭、学校和社会环境。如果一个人在孩童时代受到了家庭环境的不良影响，在学校生活、学习中受到了不公平的对待和打击，再加上社会不良风气和不良人际交往的影响，那么，他的心理变态概率比正常环境中生长的孩子要高很多。

在现代社会中，一个孩子从出生到步入社会，其中有9—16年以上时间是在学校中度过的，其中学校教育是对心理成长影响最大的，如果早期学校教育的内容和教学方法不遵循儿童的心理特点和规律，经过长期压抑就可能导致个体个性的畸形发展、变态，如同案例中的玛丽一样，如果再经受刺激，就会对家庭对社会造成难以弥补的创伤。

【犯罪解密】

其实变态心理比比皆是，在构成犯罪之前都可以概括为变态心理倾向。绝大多数专家认为，变态心理不是单独的因素导致的，而是多种因素互相作用的结果，所以在日常生活中要多加养护自己的心理。如果出现问题，应及时向专业机构和专业人士求助，避免造成无法挽回的错误。

人格障碍导致罪行发生

"夫知人之性最难察焉。美恶既殊，情貌不一，有温良而为诈者，有外恭而内欺者，有外勇而内怯者，有尽力而不尽忠者。"这里的"人之性"就是我们所说的个性，用心理学术语解释就是"人格"。从中国的古代智慧中了解到人格的复杂性，那么西方心理学家又是如何对人格进行定义的呢？

奥尔波特认为，人格是个人适应环境的独特的身心体系。艾森克认为，人格是决定个人适应环境的个人性格、气质、能力和生理特征。卡特尔则认为，人格是可以用来预测个人在一定情况下所作行为反应的特质。马克思却认为，人的本质并不是单个人所固有的抽象，实际上，它是一切社会关系的总和，人格的本质就是人的社会性。

许多研究者对人格做了这样的定义：一个人的整体的精神面貌，即具有一定倾向性的心理特征的总和。相对的，人格障碍则是指个体身上的人格特征明显偏离正常，使人形成了一贯的、反映个人生活风格和人际关系异常的行为模式。

正常人有正常的行为模式，相应地，患有人格障碍的人也有自己特定的行为模式，他们不能更好地适应环境，容易与周围人发生冲突。通常，人格障碍在儿童后期和青春期出现，并会一直持续到成年期甚至伴随个体一生。与精神病相比，人格障碍并非病态，它只是一种不正常的状态，却比精神病更长久，是一种心理上的变异，既不属于精神疾病，也没有智力缺损，但他们的行为表现不能为大多数人所接受，这种不能被接受的原因就是人格障碍者的病态行为极容易导致犯罪的产生。

诚然，不能用人格障碍引发犯罪这一句话盖棺定论，但是如果在引起犯罪人犯罪的原因中，可以证实人格障碍因素在犯罪过程中起到关键的作用，那么从这些犯罪人身上可以发现，具有同一类人格障碍的人更容易出现类似的犯罪行为。例如，具有表演性或情绪性特点的人格障碍患者，他们的犯罪更多的是与反社会性质的行为联系在一起的，包括攻击、破坏等。

【案例分析】

29岁的黄勇住在平舆县玉皇庙乡的一个偏僻的小村里，他自小成绩不好，小学就留级，长大后曾当过音响师、建筑工，到新疆打过工、拾过棉花，然后一直在家务农。他虽然做过许多工作但都一事无成。小时候黄勇就十分喜欢侦破、暗杀类的影片。

12岁的时候，在一次庙会上黄勇看了一场录像《自由人》，讲的是一个杀手独来独往的故事，在他眼中，杀手很酷，很与众不同。他很崇拜这种职业，梦想着长大后亲身体验做杀手的感觉。此时，一颗罪恶的种子已经在这名少年的心里发芽。

黄勇将自己家中的面条机改制成杀人的器械，取名"智能木马"，之后他精心策划杀人的事，甚至制订了详细的"杀人计划"。做好杀人工具的第二天，黄勇就在县城里寻找到了杀人对象。

那是一个中学生，黄勇以资助他上学并回家取钱的名义，把他骗到家里，最终残忍地将其杀害。初次杀人后，黄勇心里感到一种前所未有的满足，他觉得实现了自己多年来的梦想，随着时间的流逝，初次杀人的恐惧感逐渐被杀人的快感所取代。

自2001年9月至2003年11月，黄勇先后从网吧、游戏厅、录像厅等场所，以资助上学、外出旅游和介绍工作为诱饵，将受害人骗到自己家中，然后以"智能木马"测试为由，将受害人捆在木马上或把受害人用酒灌醉，用布条将受害人勒死。直至案发后，黄勇共杀害无辜青少年17人，轻伤1人。归案后，经过反复审查，黄勇被判处死刑，剥夺政治权利终身。

显然，黄勇这种变态杀人心理源自他的人格障碍。他从小受到不良影视作品影响，十分崇拜电视剧和电影中的杀手，向往杀手的冷酷和残忍，梦想自己有一天可以成为杀手，结果无法自拔。这属于典型的犯罪暗示和犯罪模仿的积累。

此外，在实现杀手梦想的过程中，他完全沉浸到杀人的快感中，并不断地追求"完美"，这种非道德化的表现说明他已经完全丧失了良知和法律观念。在犯罪暗示、犯罪模仿、非道德化、侥幸心理等多种因素的积累交错影响下，黄勇最终突破杀人的心理防线，这一切说明了他人格开始解体。黄勇已经逐渐变成了一个彻头彻尾的反社会型人格障碍者。

实际上，犯罪人格其实并非先天就有，它受以下四个方面影响：

第一，父母对儿童的态度和教育方式在儿童人格形成中留下不可磨灭的印记。儿童早期家庭关系中的情绪障碍是犯罪人格形成的重要原因。

第二，学校生活与学校教育能有效地影响人格的社会化程度，对学业的不适应和师生关系、同学关系障碍容易导致反社会人格的形成。

第三，特殊文化环境和文化冲突是犯罪人格形成的重要影响因素。文化冲突的概念最初由塞林提出，他认为异质文化的冲突往往使人格社会化出现障碍，令人无所适从地走上犯罪道路。

第四，人格社会化最终决定于个人的社会实践。任何人都生活在一定的社会历史条件和一定的社会关系中，他的社会地位以及一定的社会意识决定着他的价值观、理想和信念。从而决定着他的行为和目的，影响着他的能力和性格。

【犯罪解密】

研究表明，影响犯罪人格形成的因素有很多。人格形成是由先天的遗传因素和后天的环境、教育等因素相互作用的结果。这种相互作用是从个体的诞生开始的，并且延续个体一生发展的过程。正常人格的形成过程就是一个人格社会化的过程。而犯罪人格作为一种反社会的人格，其实质是一个人格非社会化或是不完全社会化的过程。人格的非社会化、不完全社会化以及人格社会化的缺陷孕育着犯罪心理的基础。为了防止此类犯罪的产生，应该从小抓起，为儿童创造干净、积极健康的生长环境。

心理障碍引发犯罪冲动

什么是心理障碍？通俗地说，它是阻挡我们接受社会，以及被社会所接受的异常心理。一个人由于生理、心理和社会各方面因素的刺激从而出现的异常心理过程，不正常的人格特征以及异常的行为方式，这就是心理障碍。

从认知方面来说，心理障碍往往是一种困惑的、曲解的，甚至因为一些误会而产生的消极心理现象，它会使人产生认知偏差、情绪错乱，从而做出不理智的行为，甚至致使不可挽回的错误的产生。这样说起心理障碍很容易让人感到恐慌，其实这种消极的心理十分普遍，几乎每个人都会有不同程度的心理障碍。最常见的表现就是：感到精神无法集中；受到一点挫折就会心灰意冷，总觉得自己前路渺茫；经常恍惚，脾气暴躁，总是感到心烦意乱，甚至总是有痛哭的冲动，等等。

可以说，一生之中，这样的消极情绪或多或少的存在于我们的生活和工作之中，但是并不能说，所有人都会因为这些消极情绪而犯罪。那么，犯罪和心理障碍究竟有没有关系？这个问题的答案是：有。

如果说犯罪行为是指犯罪人在一定的犯罪心理影响、支配下实施的，危害社会、触犯刑法并且应该受到法律处罚的行为总称。那么，这种行为是受犯罪心理的影响和支配的，犯罪行为被称为是犯罪心理的外部表现。也就是说，犯罪行为都是犯罪者心理产生障碍时所作出的行为。如果在量刑时，犯罪者能够因为他的心理障碍而获得从轻发落，那么，几乎所有的罪犯都可因为具备心理障碍而获得从轻的发落。

当然，轻微的心理障碍不会造成犯罪的产生，比如因重大挫折产生恐惧和抑郁；面对重大选择时的焦虑和紧张；亲人离世时的悲哀和痛苦等。这些负面的情绪都是因为外界不良刺激引起的心理异常，这种异常只是暂时的局部异常，属于正常的心理活动。最多是造成个人的不适宜，影响个人的身体健康。

但是，如果一个人长期处于抑郁、恐慌、嫉妒及悲愤等消极情绪的笼罩中，这些正常的心理障碍则极有可能发展成为精神分裂、暴躁抑郁性精神失常和偏执性精神病，一旦成为病态心理障碍，那么病人极有可能因为自己的负面障碍而做出伤害自身和周围人的行为。通常，这种严重的病态心理障碍者会产生严重的幻觉和妄想，这种幻觉和妄想会造成病人的自杀和伤人毁物行为。一旦病人同时具有被害妄想症和关系妄想症，那么他会认为周围的人都要害他，从而促使他产生"先下手为强"的心理效应，于是病人就会对他的妄想对象做出具有攻击性的暴力行为。

【案例分析】

2004年2月23日，云南大学公寓发生了一起恶性凶杀案，四名生物技术专业2000级在校大学生惨遭杀害，嫌疑犯马加爵失踪。在惨案发生之前，人们对马加爵的印象并不坏，他是一名优异的学生，在高中时甚至被评为过"省三好学生"，后考入云南大学，可以说他的前途是充满着光明。但是为什么他会忽然残忍地杀害与之同窗三年无冤无仇的同学？

据调查，马加爵曾经因为看电视的小事和奶奶发生过冲突，后来他在日记中写道："我好痛恨奶奶，恨死了，恨死了！"这种日记一连写了两天，每一页日记纸上都是满满的"恨老人"。

在学校中，马加爵爱好踢足球和打篮球，四个被害人曾经与马加爵关系亲密，经常一起打球、游戏。从其同学了解中得知，马加爵脾气暴躁，平时打球时，如果有人踢不好或者踢到他身上，他就会动怒，甚至翻脸骂人。这样的性格使得周围人渐渐疏远了他。大家都认为他性格古怪孤僻，不好相处。

案发前，马加爵与被害人邵某打牌发生口角，邵某怄气说了句："没想到你连玩牌都玩假，你为人太差，难怪龚某生日都没有叫你……"邵某无意的一句话对马加爵极度自尊又自卑的内心造成了毁灭性的打击。他认为自己最好的朋友都这样瞧不起他的为人，更不用说别人，在被遗弃的失落感包围之时，他感到了深深绝望并怨恨周围的同学。他再也无法忍受积压已久的怨恨，消极心理迅速膨胀，犯罪心理极度恶化，造成了强烈的犯罪动机从而致使了残忍的犯罪行为的实施。

2004年3月15日晚，马加爵在海南省三亚市河西区落网。6月17日，云南省高级人民法院经复核认为，马加爵无视国家法律，不能正确处理同学间的人际关系，因琐事积怨报复产生杀人的恶行，犯罪过程经过周密策划和准备，已构成故意杀人罪。整个犯罪过程中，马加爵杀人的意志坚决，手段残忍；杀人后畏罪潜逃，犯罪行为社会危害极大，情节特别恶劣，后果特别严重，应依法严惩。最终，核准昆明市中级人民法院以故意杀人罪判处马加爵死刑。

在整个案件中，除了其他因素的促导外，致使马加爵产生犯罪心理的最主要的、最直接的因素是他的性格。仔细分析可以发现，他具有严重的心理障碍——过分的自尊心与极度的自卑心理。过分的自尊使他以自我为中心，认为自己高于一切，而这种过高的自尊使他只能躲在自己的小城堡中，甚至认为周围的人一直在践踏自己的自尊，永远无法获得满足感，充满怨恨和屈辱感。

如果周围的人无法时刻维护他过高的自尊，他就会因为无法满足自尊而产生强烈的自卑感。过分的自尊与自卑使他对外界的反映十分敏感，特别在乎别人的评价，同学间不经意的玩笑，他就会当成是别人对他的讽刺和嘲笑。这种敏感使得他在大学期间频繁的与同学间发生摩擦。最后在这种心理积压到一定程度时，他的敏感转化为仇恨，导致了他的犯罪。

马加爵的案件为我们敲响了警钟，心理障碍的情况几乎人人都可能遇到，如失恋、亲人去世、落榜、人际关系冲突造成的情绪波动，一段时间内不良心境造成的行为异常、性格偏离等，这些负面心理都需要找心理医生帮助。

在正常心理和心理障碍之间必然存在一种界限，但是正常心理的界定却没有一个绝对标准。这种界定是相对的，随时代的变迁和社会经济、文化、政治的差异而波动。只有在客观的环境和社会文化背景中才能判断一个人的行为和心理状态是否正常。只要一个人能按照社会认可的方式行动，其心理和行为方式可以为常人所接受，即使他出现轻微的焦虑和抑郁，也不算是超出正常的心理范畴。

换言之，心理正常是一个常态范围，这个范围中是允许不同程度的差异存在的，我们不需要对自己的负面情绪过度恐慌，但是要提起警惕，时刻重视自己的情绪波动，保持乐观积极的人生态度。

【犯罪解密】

如果希望自己远离犯罪行为，那么首先要做到的就是保持自己的心理健康，在人生的道路上能始终朝着正确的方向前进，保持积极良好的心态。从根本上杜绝心理障碍的产生，使自己的认知、情感、意志和行为一直处于正常的范畴。保证自己时刻具有充分的安全感，丰富自己的精神生活，更好地适应环境，保持良好的人际关系，学会表达和控制自己的情绪，积极适度的释放负面心理，有限度地发挥自己的才能和兴趣，在不损害他人利益的情况下满足自己的合理需求。

高智商犯罪的心理机制

在各种报道中，犯罪案件的原因大多指向犯罪人所受的教育程度低下，不懂法律法规，从而触犯了法律，造成无法挽回的损失。然而，还有一些犯罪分子随着社会的发展渐渐显现——他们有着高学历，接受过高等教育，这种高智商的犯罪分子动手动脑能力极强。他们本该成为社会建设支柱型人才，为何会冒天下之大不韪，知法犯法，一步步走向犯罪的深渊？

可以说，一个接受过高等教育、能力出众的人如果走上犯罪道路，那么他掌握的东西就成为犯罪的帮凶，他的聪明才智将会对社会造成严重的危害。随着知识经济时代的到来，伴随着知识、技术创新，必然出现新的犯罪思维、犯罪方式和犯罪技术。这就是高智商犯罪产生的大背景。作为高新技术的时代产物，高智商犯罪具有不同于传统犯罪的一些特征，其犯罪的心理机制也呈现出新的特点。

由于犯罪主体具备高智商，他们在作案前往往进行周密的预谋和精心的布置，比普通的犯罪分子成功率更高。大量现代化高新科技的使用，智能化的犯罪方式，使得这类犯罪分子的犯罪行为更加隐蔽，瞬间作案不留痕迹，加大了侦查难度。科技被称为当今社会的第一发展力，而一旦这种技术被犯罪分子掌握和利用，那么各种智能化的伪造、诈骗、贪污行为所造成的损失往往是不可预估的，瞬息间便会给个人和国家造成严重损失，是一般的贪污、盗窃行为根本无法相比的。

高智商犯罪者在意图获取物质利益的情况下，还试图从犯罪过程中获得精神上的乐趣，他们需求另类刺激，当他们想要得到一切都能轻易得到的时候，在金钱、权力这些世俗的事物已经无法满足其需求时，他们会试图从生活中找到其他的一些刺激，挑战新的事物，而根本不去管这些事情与法律或者道德是否相悖。

极限运动，是为了追求生死一线间的冒险感；沉迷大麻毒品，是为了追求短暂的感官享乐；可是当这些都不能刺激犯罪者兴奋的神经时，那么还有什么可以作为挑战的对象呢？那就是生活在世界上的每一个人都必须遵循的规则——法律。不论哪个国家，法律无疑是最权威的约束力，而权威就是最好的挑战对象。叛逆者极度渴望打破权威的规则，他们渴望凌驾于法律之上，而这种心理一旦产生，也就使得犯罪者站到了全世界的对立面。

【案例分析】

2006年10月，25岁的李俊编写了"熊猫烧香"这一病毒。2007年1月初，该病毒肆虐全国网络，主要通过下载档案传染，对计算机程序、系统造成严重破坏。一时间，举国哗然。

这种病毒会删除扩展名为.gho的文件，使用户无法使用ghost软件恢复操作系统。从而对用户电脑中所存资料造成严重的损伤。

"熊猫烧香"感染系统的.exe、.com、.f、.src、.html、.asp文件，并且自动添加病毒网址，导致用户一打开网页，IE就会自动连接到指定的病毒网址中下载病毒。并且利用Windows系统的自动播放功能来运行，搜索硬盘中的.exe

可执行文件并感染，感染后的文件图标变成"熊猫烧香"图案。

"熊猫烧香"病毒会在中毒电脑中所有的网页文件的尾部添加病毒代码。如果网站编辑人员的电脑一旦被该病毒感染，上传网页到网站后，就会导致浏览这些网站的用户也被病毒感染。据悉，当时多家著名网站纷纷遭到此类攻击。由于这些网站的浏览量非常大，从而致使"熊猫烧香"病毒的感染范围非常广，其中不乏千余家企业和政府机构中不乏税务、金融、能源等关系到国计民生的重要国家机关。

对于这个在2006年给人们带来黑色记忆的病毒，其成因只因为作者为了炫耀自己而产生，李俊虽然毕业于中专，但是他十分聪明，喜爱钻研网络技术，攻读许多关于计算机技术的书籍自学成才，但却由于学历低而受到各种网络安全公司的拒绝。心有不甘的他为了证明自己，炫耀自己的技术，同时报复社会进而发明了"熊猫烧香"。病毒传播过程中，可以盗取网友的游戏和QQ账号密码，李俊从中非法牟利10万余元。

2007年9月24日，"熊猫烧香"计算机病毒制造者及主要传播者李俊等4人，被湖北省仙桃市最高人民法院以破坏计算机信息系统罪判处有期徒刑四年。

犯罪人李俊凭借自己在计算机方面过人的才能，编写病毒，扰乱了网络环境，致使正常的娱乐、办公系统瘫痪，企图达到炫耀自己、报复社会和牟取非法利益的目的，为此给个人和国家带来难以弥补的损失。这种高智商型的犯罪造成的后果是普通犯罪人难以达到的，但是李俊依旧逃不过法律的审判，他受到了应得的教训和惩罚。对有才华的人来说，应该正确地看待和运用自身的能力，杜绝运用个人杰出能力从事犯罪活动。

事实上，犯罪与否与智商高低并没有确切的关系，但是与一般罪犯追求物质上的享乐不同，大部分高智商罪犯更在意情感上的满足。他们的世界观更为复杂、难解，他们的需求也更加不容易得到满足，因此犯罪手段往往更狡诈多变，所造成的破坏也相对的更巨大。

相对于内向性格的人来说，外向型的人更容易犯罪。Eysenck在人格和犯罪理论中阐明犯罪是环境和神经系统的特征交互作用的结果。外向型的人喜欢社交，容易冲动，喜欢刺激挑战性的事物。正如同案例中的李俊，他在制作传播病毒时与雷磊、张顺等人协同作案，从而使得"熊猫烧香"获得更快速的传播。

高智商犯罪者一般拥有强烈的进取心，但意志薄弱，社会道德感较低，他们难以抵制经济诱惑以及恶作剧的快感的引诱。强烈的进取心使其攻克技术难题，薄弱的意志和道德感则会使得他们很轻易地从事违法犯罪的活动。

【犯罪解密】

大量高智商犯罪的发生以及其产生的严重后果，使得我们不得不深思，如何有效地制止这类犯罪行为。可以说如同打击普通犯罪一样，要加大执法力度、提高法律的威慑力，另外，也要注重培养出一批可以熟练运用高科技、新技术的侦查人员，从而加大破案力度。再者，应该在思想上提高社会成员的道德观、职业素质和法律意识，从而在根本上预防高智商犯罪的产生。

走进性变态者的世界

每年发生的犯罪中，性变态犯罪不在少数。提到性变态，大部分人都会想到奸杀案，幼童猥亵案等。其实性变态引起的犯罪并不仅仅是这些。心理学家把性变态又称为性心理障碍，也可以称作性倒错或性偏离，这样说就更容易理解，比如男女性别倒错，身为男性却爱好女性服饰，更有甚者，甚至认为自己就是个女人，这些都可以说是性心理障碍。

当今社会发展日新月异，经济的快速增长的同时使得社会竞争加剧，在越来越快的生活节奏中矛盾不断浮出水面，各种压力迫使人们心理更加压抑，发泄渠道的缺失使得心理变态者不断增加。所谓的暴力美学和性美学等理论充斥着媒体和书籍中，在不正确的引导下，在各地的刑事犯罪案件和治安案件中，性心理障碍违法犯罪案件不仅仅数量明显增多而且案件性质和危害程度也日益严重。在性心理障碍者的犯罪行为中，大多围绕着色情杀人、伤害、毁容以及施虐强奸妇女、偷窃女性衣物和剪割发辫等。

是什么引发了性心理变态，从而引发了性犯罪的产生？可以说同样是环境因素，幼年家庭的不良影响、青春发育期的心理障碍、婚变挫折、性生活不和谐以及黄色文化舆论影响等都在促使着正常人向性变态的转变。下面我们可以通过一组具体数据来分析，导致性变态者犯罪的根本原因。

据调查统计，南京94例恋物癖案例发现，患者家庭不健全的占52%，慈母严父的占52%，溺爱型的占45.6%。其中92例均缺乏早期教育。儿童期对异性物品有神秘感占94.3%，青春期常有性幻想的占98.4%，有手淫习惯的占100%。

其实，在儿童性欲和性心理发育的过程中，成人为孩子提供的刺激太多或者太少，太强或者太弱都会导致发育的偏离，进而促进性变态的产生。例如，对个体早期性欲刺激过度会使个体性欲发育过度；总体性欲水平过高，有可能发展成为色情狂；早期的色情刺激，早期过度手淫或早期的性交体验都可能促使性欲的高水平发育，容易导致少年罪犯的产生，也容易引起个体成年后的性紊乱。目前医学界和心理学界多数专家学者都认为性变态的产生是在先天素质的基础上，由于性心理发育障碍和后天的环境影响作用的结果。

通过众多性变态案例，我们归纳出性变态共分两大类：第一类是性与满足方式倒错，包括异装癖、露阳癖和窥阴癖、摩擦癖、施虐狂和受虐狂；第二类是性与满足对象的倒错——其中包括同性恋、恋童癖、恋物癖、近亲相奸癖（乱伦）、恋尸癖等。

具体来说，恋童癖亦称"恋童色情狂"，多见于男性，其特征是专以发育未成熟的同性或者异性儿童作为性行为犯罪的对象以获取性满足。这种行为，如果对象指向近亲儿童则为乱伦。而恋物癖则是指性欲对象为异性衣物饰品等无生命的物体，或者是异性躯体的某部分等，通过抚弄、嗅、咬或玩弄欣赏等行为获得性兴奋、性满足的一种性变态。

显然，无论是哪种性变态形式，都表明当事人在心理上已经出现了异于常人的变化，所以才在行为上表现出常人无法理解的偏狭之举。因此，研究性变态现象，必须从心理上去了解他们，才能找出解决问题的方法。

【案例分析】

小程30岁左右，家里条件优越，他有一栋三层楼房下面两层用来租给外来务工的人员。当被人发现他站在三楼拐角处偷看女房客洗澡时，他家已经有三大箱不明来源的女性用品。

女工小芝是小程的一名房客。有一天，小芝的丈夫找到小程家想租房，当时小程回答没空房。可是小芝再去问时，小程却说有房出租。小芝的丈夫对此表示不解，小程辩解道："她来的时候正好有人退房。"

租住一段时间后，小芝发现自己晾晒的内衣裤经常丢失，一开始以为是风吹掉了，所以每次晾晒都在衣物上多加个夹子，可是衣物丢失情况一直没有好转。一次，小芝在洗衣服时和隔壁的房客小霞说起这件怪事，没想到，小霞同样也遇到了一样的状况。两人虽然感觉不对但是都没好意思声张。

有一天，小芝提前下班回家，正在洗澡，忽然间，她听到浴室外有人打架的声音，连忙穿好衣服出门，却发现打架的人是自己的丈夫和房东小程。原来小芝丈夫回家时，刚好看到小程站到楼梯上一边看着小芝洗澡，一边拿着女性内衣手淫。最终小芝报警，小程终将受到法律的制裁。

房东小程就是典型的恋物癖患者，他对异性本身没有兴趣，仅仅满足于把女性用品作为辅助工具进行手淫所带来的满足感，他并没有对女性进行侵犯而只是把兴趣集中在女性的内衣内裤等物件上。小程这样做是一种心理疾病的影响，而不是一个简单的道德问题。和其他的恋物癖患者一样，小程也会有强烈的羞耻感和痛苦，但是他依旧陷入恋物中无法自拔、不能克制。

进一步分析可以发现，恋物癖患者基本具有以下特点：第一，恋物癖者把某种物体作为性爱对象的代替物或象征物，他们只能在所恋物品的帮助或存在的情况下才能获得性满足。第二，恋物癖者在儿童或青少年时期已经具有明显迹象。第三，恋物癖者多伴随着精神脆弱的表现，他们对自己的性欲无法控制，并存在若干性幻想，虽然意识到自己行为的丑陋但是却深陷其中无法自拔。第四，恋物癖者为了收集所恋物品常常涉及偷窃和流氓等犯罪行为。

与其他的犯罪行为不同，性变态引发的犯罪具有自己的特性，从中可以进一步掌握犯罪人的心理状况。

第一，动机荒谬，性心理障碍者的犯罪行为往往缺乏相应的犯罪动机，比如恋物癖者偷窃女性内衣，不是为了变卖，而是为了自己欣赏甚至自己穿着借以获得性快感。

第二，目的异常，采用不同于正常人规范的怪癖方式和手段，并不是为了达到性交目的，而仅仅是基于一种意向性的满足。

第三，冲动性强，性心理障碍者一般都具有性的异常冲动性，较难控制、极易再犯。

第四，性心理障碍者的异常性行为有一定的行为模式规律，如奸尸、同性恋等。他们往往以一种固定的行为方式作为发泄性欲的渠道，并且反复使用。

第五，侵害对象一般是陌生人，很少对自己的朋友和亲属下手。

第六，犯罪人性格特异，往往性格内向安静、沉默寡言、不善交际，其行为具有隐蔽性和不可预见性。

【犯罪解密】

性变态心理的诱发除了一些遗传因素或生物器质性因素所引起的心理变态以外，多数变态的形成还是社会心理因素起着主要作用。对于这种情况，就应该从改善个体的社会环境和注意心理卫生着手，减少患者的发病率。对于已经受到性心理障碍影响的患者应及时采取有效治疗，通过服用抗精神病的药物以及心理疗法使自己的心理早日恢复健康。

第六章　犯罪心理的成因
——没有人天生是罪犯

> 通过众多犯罪现象，研究者发现，不少罪犯往往呈家族式分布，难道犯罪也会遗传吗？人的DNA中是否存在影响犯罪的基因呢？世界上没有天生的罪犯，但不可否认的是，有些人天生犯罪风险就高于常人。

偷盗心理：自欺欺人的逻辑

有可能你在旅行回来的火车上，睡醒一觉发现自己的钱包消失了；有可能你在进商场的大门口被挤了一下，回过神发现，衣袋中的手机已经没有了；有可能在商场你和服务员讲完价格，再回头发现自己的包不见踪影了。可以说，小偷几乎无处不在，而盗窃犯罪也是整个刑事犯罪中最为常见的一种。犯罪人为了满足自己的物质欲望，在利己欲心理的驱使下，贪婪地吞噬着不属于自己的公私财物。

一般情况下，一个惯偷的形成都会经过由小到大、由生到熟的演变。大部分累犯从小就道德品质低下、喜欢享乐却又游手好闲，当正常收入无法满足吃喝玩乐的需求时，他们就会萌生邪念。慢慢地犯罪人就从最初的"顺手牵羊""小偷小摸"变为积习难改，偷窃成瘾，由初犯时的恐惧心理和侥幸心理相互交错影响，最终发展为经验丰富和技术娴熟的犯罪者。而且每次的作案一旦成功，这又对其犯罪心理产生了无形的鼓励，从而使犯罪人渐渐由初犯发展为惯犯。

盗窃罪可以说是最具隐蔽性的财产型犯罪，与抢劫不同，盗窃对客观个体的身体素质要求并不高，所以青少年和女性犯罪也占有很大一部分比例，犯罪者为了掩饰自己行为一般喜欢在夜里或者冬季行窃,昏暗的环境和厚重的衣物为他们的犯罪行为起到了很好的掩饰作用。而盗窃中的扒窃者更喜欢在人群密集的地方出没,每当节假日、发薪日、开学日,在公交车或者火车站台等地流窜着许多扒窃罪犯,他们运用隐蔽的手段从人们身上盗取财物。

虽说有人认为,偷窃的原因是因为衣不遮体、食不果腹的困境。但是现阶段盗窃犯罪人作案原因往往并不是因为生活贫困被迫犯罪,许多犯罪者把盗窃作为不劳而获的手段,大部分盗窃犯罪者都信奉着"能偷到的东西何必买呢?"这一扭曲的理论。如果早期盗窃行为成功,那么盗窃犯就会从中获得满足感,并从心理肯定这种行为从而成为再犯、累犯、惯犯。

其实,每个人都期盼过着"衣来伸手、饭来张口"的生活,物质需求得到满足是人们日日夜夜奋斗的基本目标,充足的物质供给是人类生存和发展的必要条件。正所谓:"君子爱财,取之有道。"绝大多数人都会通过兢兢业业的工作,采取正当途径合法地满足自己的物质需求。但是相对的,还有极少一部分人懒惰愚昧,只懂收获不会耕耘,为了满足自己的享乐,他们选择了粗暴的、违反社会规范的方式来获得不属于自己的财富,从而构成了犯罪。

【案件分析】

廖某从超市拥挤的人群中挤了出来,她留着栗子色的长发,身高约1.6米,身上穿着米白色的风衣,黑色的紧身裤,脚蹬褐色靴子。肩背黑色大包,看上去很时尚。当她穿过一个收银台径直往外走时,被两个超市保安人员拦住,当保安请她等一下时,女孩忽然神色慌张地抓住肩上的大包,紧紧捂在胸口。

超市办公室里,在经理和众保安强烈要求下,廖某终于打开了自己的大包,里面竟然塞满了超市的各种商品,大大小小总共30余件。之后,超市经理与保安人员将廖某扭送至公安局。

经过公安民警的盘查,廖某交代了自己的盗窃事实。让公安民警们没有想到的是,眼前这名时尚女性竟是一名惯偷。原来,两年前,她和男友合作做生意被骗走了所有积蓄。这一阴影让她在心理和行为上受到了很大的刺激。

2000年春节,她第一次从亲戚家偷走一条名牌丝巾,因为她觉得花两千元买条丝巾太贵了，从亲戚家偷走则是不用花钱的，何乐而不为呢？自此，她迈向了罪恶的深渊。第一次得手后的满足感、成就感及刺激感使她着迷了，她开始觉得偷窃是个不错的方法，用她的话来说："能偷的东西何必买呢？买东西实在是太傻了！"为此，她总结出很多作案方法。她把偷东西作为一种爱好，几天不偷就会浑身难受。她说："小到几毛钱的橡皮，大到手机相机，只要我想要的就可以偷到。"

廖某对公安民警们坦白其实自己也知道这种行为是违反法律和道德的，也想"金盆洗手"，但是她已经形成这种心理定势，欲罢不能了。有时候明明不喜欢的东西，但是看到后也会随手放进包里。

廖某的偷窃从心理受挫，为了生活而偷到变为了偷窃癖，在第一次成功偷到丝巾后，她的偷窃心理得到极大满足，从此不偷就不舒服，她已经成了一个偷窃狂。案件中的廖某之前每次偷窃都会得手，从未受到过法律制裁，这种经历反而强化了她的犯罪心理，"有的偷何必买"的病态心理为她的偷盗行为辩护，最终致使廖某成为狂热的盗窃犯罪人。

随着犯案次数增多，犯罪意识不断强化，从而使犯罪的心理定势和动力定型。不断增长的对财物的贪欲，以及长期形成的盗窃习惯使偷窃犯一遇到作案的情境，便抑制不住犯罪的冲动。而熟练的作案技术使其不需要花太大精力就能达到犯罪目的，因此他们盗窃成瘾，盗窃成癖，遇到合适的做案环境不盗窃就感到身心不适，难以忍受。

并且随着犯罪实践的继续，偷窃犯的犯罪心理也得到了进一步强化，犯罪人不但犯罪技术日益成熟、老练，而且长期的犯罪实践还会使其人生哲学更加腐朽、堕落。道德、法律对他们也不再有约束力，大吃大喝，挥霍无度的生活方式使他们不能自拔，最终发展成为以盗窃为生的职业惯犯。

【犯罪解密】

盗窃的产生不外乎因为少数人受到社会上的拜金主义、享乐主义和个人极端主义思潮的影响，并在攀比心理和侥幸心理的驱使下最终实施。在物质生活越来越充裕的今天，金钱并非罪恶根源，但是"君子爱财，取之有道""莫伸手，伸手必被捉",获取金钱的手段必须是正当的、合法的。

失衡心理:生理缺陷惹麻烦

在家庭中,可爱的孩子总是会获得更多的关爱;在学校里,长相出众的少男少女总是会受到同学的追捧,即使面对同样的成绩,老师也会偏爱长相可爱的那一个;长大后,面向就业,简历上的一寸照有时都会决定着你是否会被录取,照相馆甚至会有专门对档案一寸照的美化业务。更有甚者,在面对特定岗位时,招生单位甚至会明确要求应试者要长相端正,气质出众。

但是出色的毕竟是少数,在绝大多数普通人之下,更有些天生或后天造成的残疾群体。他们从小就生长在被迫对比的环境中,取得优秀成绩时不被关注,表现失误后却会被人嘲弄。长期的怨恨和嫉妒使他们犯罪的概率远远超过了普通人。究竟是什么让他们以身试法?

很简单,答案就是这些生理上的缺陷。由于生理的缺陷,他们遭受挫折,而内向的性格使他们长期压抑内心的紧张和不满,这种压力从未得到释放,一旦受到刺激后,就很容易产生攻击性的行为。这种心理促使的犯罪一旦形成,在大多数情况下甚至会让施暴者有扬眉吐气、一雪前耻的满足感,从而又促使更多犯罪行为的产生。

在幼年时期,这些生理有缺陷的人如果得不到爱的教育,成长后就会有很严重的嫉妒心理,从而由生理缺陷导致了心理缺陷的产生。比如,他们过度的自卑心理又使自己自尊心和虚荣心过重,思考处理事情都以自己为中心,会把别人无意识的言语当成对自己的指责,把别人的富裕当成对自己的压迫,甚至会因为别人获得成就而伤害对方。

【案例分析】

张某从小生活在农村,家里人口众多,上边有2个哥哥,下边还有3个妹妹,庞大的人口压力使本来就不富裕的日子过得更加艰难。再加上父亲酗酒成性，母亲又精神失常，自小她就很少受到家庭的关注，相应的也从未感受过父爱、母爱的温暖。年少的张某玩耍中不慎烧伤了脸部，留下了永久的疤痕，这使得本来就内向的她更加自卑。为了证明自己，她只能拼命读书，希望考个好的学校来获得别人的尊重。

可惜事与愿违，5个孩子的学业对于这样一个贫困的家庭来说是一个难以承担的重担，重男轻女的父亲为了让哥哥们上学，迫使她和妹妹们全部退学回家务农。这给年少的张某造成了很大的打击，明明自己的学习要比哥哥们好很多，却不得不因为是女孩子而放弃学业，这件事在张某心中埋下不甘、怨恨的种子。

多年后，张某的哥哥陆续结婚。由于脸上的缺陷，哥哥们主张把她嫁给隔壁患有癫痫病的吴某，他们认为有残疾的妹妹在自己身边才不会被欺负。可是张某根本不信任他们的说辞，她认为哥哥们是为了看她的笑话，怨恨的种子开始生根发芽。

一次偶然机会，吴某买了张彩票，居然中了2万元奖金，这笔钱大大地改善了他们的家庭生活，并且盖了三间新瓦房。张某窃喜，觉得终于可以在看不起自己的哥哥嫂子面前扬眉吐气。可是事与愿违，不过短短几年，住在隔壁的大哥竟然打算盖二层楼。张某固执地认为大哥挡了自己的风水，压住了自己的好运，怨恨的幼苗开始茁壮成长。

又过了两年，张某路过大哥家玉米地时随手摘了几个玉米，回来就看到嫂子在大街上大骂偷玉米的贼，张某怒火中烧，发誓要给嫂子颜色瞧瞧。她偷偷地在大哥家的水缸放了少量毒药，致使大哥一家上吐下泻好几天，这样张某觉得很解气。

但是矛盾终于在秋收时激化，张某父亲以照顾大哥家的两个孩子为由，拒绝了为张某带孩子的要求，气疯了的张某把一瓶毒药倒入大哥家的茶壶，回家休息的哥哥嫂子喝完后很快中毒身亡。

张某从小就处于被动地位，母亲有精神疾病无法关注她，父亲重男轻女剥夺她上学的权利，年幼时造成的生理缺陷又使她极度内向和自卑。这种自卑使她沉浸在自己世界，觉得所有人都在看不起她，都要害她。长大后，张某在这种扭曲心理的促使下，看不到兄长的好意，面对鸡毛蒜皮的小事时都会产生强烈的攀比心理和嫉妒心理。她清楚地知道作为女性的她没办法通过暴力达到目的，所以她选择对哥哥家里投毒，第一次得手促使她更加习惯于用毒药解决内心的不甘，最终使她养成犯罪的习惯，造成了难以弥补的罪行。

不同的染色体造成了男女不同的性别，不同的激素使得男女从生理到心理甚至在社会扮演的角色方面都存在不小的差异，从而男女在犯罪模式和犯罪行为上也具有明显的差异。相对于男性直接的暴力解决，女性更容易采取例如投毒一样的非暴力作案方式。然而，手段的区别无法掩盖犯罪的事实，最终，张某自食了这颗自卑与怨恨交织的苦果。

从社会角度来看，存在生理缺陷的人是值得同情的。然而，也正是这种异于常人的特征，让他们在心理上失去了平衡，无法正确看待自己与周围人的关系。一旦受到外界刺激，便会做出过火的举动，甚至触犯法律。

【犯罪解密】

实际上，由生理缺陷引发的犯罪行为是可以避免的。这要求从个体自身到社会环境，不要戴着有色眼镜看待有缺陷的人，漠不关心或者过度的关注都会对他们本就脆弱的内心造成伤害。为了防止犯罪的产生，应该加强早期的防范教育工作，包括道德教育、法制教育以及塑造个体良好的个性修养等，从根本上塑造起个体健康向上的性格，树立正确的人生观和价值观。

抢劫心理：不劳而获把人逼上绝路

在各式各样的小说作品中，经常有这么一群人，他们落草为寇守着一段路、占着一座山等着有人路过时高喊："此路是我开，此树是我栽，若想过此路，留下买路财。"这些人被称为绿林，用现在的话来说就是强盗、黑社会，他们进行的这项活动就是古代的抢劫。

可以看出，这种使用暴力或者胁迫的方式，非法的强行去掠夺属于他人的财产的抢劫行为自古有之。但是经几百年的发展，社会不断进步，法律也随之完善，我国法律对抢劫罪处罚也变得十分严格。在这种大趋势下，现代抢劫犯当然不可能占山为王，过路刮财，抢劫的行为也不可能像古代小说中描述的那般明目张胆，更多的是经过修饰伪装的升级抢劫。比如，几年前流行的"飞车党"就是抢劫罪行的升级版。

通常，"飞车党"没有固定的作案地点，他们易在偏僻冷清的路段或者红绿灯路口施行抢劫。抢劫范围老幼不忌，经常骑着摩托在被害人身边呼啸而过，利用刀子划开目标背包、手提袋的背带抢走物品。更有甚者，会依靠摩托车的速度，快速拉断目标的金项链、金耳环、金手镯等，从而给被害人造成物质和身体上的双重损伤。

多数抢劫犯之所以见钱眼开，大多源于早年的贫苦生活，为了生存需要不得不铤而走险，一度把抢劫作为"无本买卖"。后来，为了满足自己越来越大的物质欲望，为了达到不劳而获的目的，他们铤而走险开始了犯罪的生涯。可以说，抢劫犯在我国刑事案件中占有很大比例，近年来重大抢劫案（如持枪抢劫银行、运钞车）也开始增加，而且抢劫罪的犯罪人绝大多数是男性。

【案例分析】

2004年4月18日上午，辽宁省开原市光明街农业银行营业部门前车水马龙，然而转瞬之间惨剧就发生了。银行门口走出一对刚刚取完钱准备离开的兄妹，这时，有两名男子在他们前面急匆匆地走过，突然从袖子里抽出尖刀，首先刺向了毫无防备的哥哥，在哥哥中刀倒地的时候又扎中了妹妹，血腥场面让路人不寒而栗。仅仅12秒，凶残的两男子在翻滚反抗的哥哥身上留下了深深的七刀，使其当场毙命。此后的三秒钟内，两男子匆匆捡起妹妹被刺后掉了一地的三万余元现金，消失在人流中。

犯罪分子没有想到的是，这一切罪恶都被银行外面的摄像头拍摄下来。案发后，杀人歹徒残忍和不计后果的行为，给当地市民造成较大的心理恐惧，开原市到银行取钱的市民一下少了许多，受害家属更是要求警方早日破案。此后铁岭、开原两级公安机关面对各种压力，沉着应对，调集精兵，全力以赴地投入到这场被命名为"4·18"的大案的侦破之中。

经过多日的艰苦寻找，开原市兴开街派出所接到群众举报，有人看过光盘后反映杀人歹徒不像是本地人。经民警的大量思想工作后，举报人辨认，犯罪嫌疑人的身份第一次浮出了水面——苑洪涛，沈阳市人。听到苑洪涛的名字，开原的刑警大队长指出，沈阳市公安局和平区分局曾经在开原抓过苑洪涛。于是，派出所立即带人到沈阳调查，获得惊人线索。

苑洪涛1974年出生，2001年1月18日因麻醉抢劫在逃；其弟苑洪波，1976年生，2002年8月27日在沈阳市因杀死该市当年高考文科状元任凯在沈被通缉。随后，开原警方对苑氏兄弟的体貌特征进行了解，更进一步验证了先前的推测是正确的，可以断定：苑洪波和苑洪涛就是"4·18"杀人抢劫案的重大嫌疑人。

就这样，警方实施抓捕行动，犯罪嫌疑人苑氏兄弟落入法网。据二人交代，从2001年开始，他们共杀人抢劫作案五起，杀死五人，重伤一人，手段极其残忍。此外，他们还交代了数十起抢劫、盗窃案件。

苑氏兄弟罪行累累，他们的抢劫行为给社会和原本幸福的多个家庭造成难以弥补的创伤。一起起案件表明苑氏兄弟的抢劫已经成为惯性抢劫，那么他们为什么会走上不归路呢？他们的内心深处究竟有着怎样的隐秘呢？

研究发现，苑洪涛自小生长在一个缺少爱和教育的环境中，从小父母离异后被奶奶灌输着"妈妈不是好女人"的观念。由此，他怨恨女性、仇视社会。长大后，由于四处碰壁生活困难，他在同母异父哥哥的影响下开始了杀人抢劫的"致富"生涯。

从理论上说，童年的缺爱和伴随着成长的贫困使苑洪涛具备了一定的犯罪倾向，当他二哥的犯罪"榜样"出现时，苑洪涛的犯罪动机开始明确化，他因为找不到合适的工作，毫不犹豫地选择跟着二哥一起抢劫。在第一次成功抢劫之后，本应该出现的恐惧和内疚开始慢慢消失，杀人抢劫的经历让他变得冷血和决绝，更加毫不犹豫地一再实施抢劫。

更重要的是，通过抢劫获得了大笔财富，不劳动就可以过上衣食无忧的日子，这样犯罪人有了享乐心理。长此以往，他们就把抢劫这种犯罪活动当作一种生活方式，真正踏上了一条不归路，也给自己的人生埋下了苦果。

【犯罪解密】

抢劫案发生的部分原因是犯罪人生活的贫困所促使的，在实际收入分配不均的冲击下，一些人产生了强烈的相对剥夺感。悬殊的收入差距刺激着人们心中长期存在的"不患寡而患不均"的传统思想，在这种心理的驱使下，他们会通过抢劫获得心理上的平衡，最终无法自拔。

诈骗心理：心灵的贫乏更可怕

影视作品中有很多围绕着欺诈、商战展开的故事，而近年来诈骗犯引发的社会问题越来越多，给社会经济带来了十分严重的损失。在经济突飞猛进般发展的今天，诈骗违法犯罪日益严重，并且这种诈骗行为摆脱了单一的身份诈骗，开始呈现出知识化、智能化。在我国，诈骗犯罪有着数量增多，数额增大，明显上升的趋势，越来越多的个体利益受到了严重的侵犯。

这类犯罪最主要的特点是以欺诈方式使被害人产生错误的意识，让被害人认为自己是"心甘情愿"地把财物主动交给犯罪者，这使得诈骗罪不同于抢劫和盗窃。但这种"心甘情愿"是被害者不明真相的情况下发生的，绝不可以认为是受害者的本意。

诈骗方式虽然多种多样，但是诈骗犯罪往往不会涉及杀人放火之类的暴力凶杀行为，犯罪分子用着自诩高明的手段游走在各阶层的人群之中，他们利用受害者的虚荣心、贪小便宜、封建迷信以及投机等心理进行着犯罪活动。诈骗犯们一般具有良好的交际能力和敏捷的思维能力，并且他们善于观察、获取受害人的心理特点，从而抓住受害人的弱点，实施蛊惑性言语和行动，进而犯罪。这种无本万利的"买卖"让诈骗犯们深陷其中，无法停止自己的犯罪行为。

其实，诈骗犯惯用的手段不过几种，犯罪行为也并不高明。最常见的诈骗行为就是冒充各种身份犯罪，这类诈骗者经常冒充有一定社会地位和行使权利的人，他们通过这种地位假装为受害者谋取某方面的便利，从而骗取钱财。其次就是"幸运抽奖"型诈骗。这种诈骗多用手机短信或者电话、网络邮件等，受害人一般不会接触诈骗者本人，而且这种诈骗方式是广撒网形式，堪称愿者上钩。还有一种主要的诈骗是利用人们对金融知识的缺乏而行使的诈骗行为。近几年大量的融资诈骗、外汇诈骗、证券诈骗时有发生，都是利用了人们对各类金融票据和外汇管理等知识的不甚了解。这种行为虽然数量上不如前两种,但是一旦得逞,给国家和个人造成的损失却是前两种诈骗行为无可比拟的。

除了以上几种惯用诈骗方式外,还存在婚姻诈骗、公益事业诈骗、合同诈骗、谎报险情诈骗等方式,社会之大骗术之深不可尽道。虽然形式多样,但是归结来说不过是利用了人的占便宜心理,只要时刻提高警惕,告诉自己天上是不会无缘无故的掉馅饼的,这样就可以极大地减少受骗概率。

【案例分析】

张某有一个好多年没有联系的高中同学邱某,听周围认识的人传言他从部队回来后有权有势可以委托办事,并帮助过一些人通过军检办理入学。正好张某家有一个独子赶上高考,他便拿着礼物上门拜见请求帮忙。

邱某一口答应,他说军校并不难进,以前他在省招生办的朋友每年都有委培名额,录取分数可以适当降低;并且有的学校因为扩建校舍经费不足,也会根据上级部门要求扩招部分议价生。而邱某本人每年都会去帮那个朋友招生,只要大家面子上过得去,都是朋友,帮助张某不过是举手之劳。而且这部分学生是随着所办学校的批次同时录取,专业可以挑选,在网上可以查到录取信息,教育部的网站也可以正常注册,一切都是正常渠道。邱某还特别保证:"每年省招生办办理这些学生入学时,都是集体操作,不是个人行为,可以放一万个心。"

面对质疑时,邱某信誓旦旦的态度最终让张某选择相信。在等到张某儿子分数出来后,立刻找到邱某请求办理入学,邱某提供了几份可以办理的学校名单供他们选择。并在一周后联系张某,说已经确定其儿子可以上所选大学的网络工程专业,所需的费用是8万元,关系走动费是2万元。他强调该校只有3个额外指标,先到先得,需要张某赶紧付款,钱到位后就发录取通知书,不然等名额被别人占了,就完全没办法了。

在这种紧张气氛下,张某马上把钱汇给邱某。在张某申请提交完录取儿子的专科学校的退档后,邱某却一拖再拖,甚至故意安排一些无实际意义的事让张某一直奔波,制造"正在运行"的气氛。

最终,在警察把邱某带走并揭露他是诈骗犯时,张某夫妇才知道自己上当受骗。

犯罪人邱某充分利用了张某夫妇的崇拜心理和支付心理,面对权威和有权力者,普通人总会倾向于选择相信,邱某利用这点伪造出自己有门路、有身份、有权利的形象,再加上本来的同学关系,使得张某分外信任和依赖他,甚至不会去怀疑和检查其真实性,进而轻易地迷惑了张某,骗取大量钱财。而且他重复利用了张某爱子心切的情绪,在这种不凭借高考分数,就上好大学的不劳而获的期待心理的再度刺激下,张某夫妇最终落入邱某编织的欺骗的大网之中。

俗话说"苍蝇不叮无缝蛋",既然上当受骗和被害者自己也有关,易被诈骗的受害者一般具有以下的一种或是几种特点:

1. 贪财好利。"一个诚实人不允许也不愿意自己成为任何阴谋计划的一方以图成为暴发户",相反的,往往是那些怀着占便宜心态去投资经营的人,才会成为受害者。所谓"螳螂捕蝉,黄雀在后",在你占别人便宜的时候别人也正想着发你的财,这类丢了西瓜捡芝麻的人,是诈骗犯最喜欢物色的诈骗对象。

2. 愚鲁虚荣。虚荣心是最容易被利用的心理,人一旦过分虚荣就会陷入思维死角,变得愚昧,除了有关他形象和地位的事件外漠不关心,而诈骗犯最善于利用这点,采取各种"瞌睡送枕头"的行为,这些极大的满足了受害者的虚荣心理也使诈骗者极易得手。

3. 疏忽轻信。诈骗者最喜欢的就是缺乏警惕性的人,俗话说:"害人之心不可有,防人之心不可无。"相对于谨慎小心的人而言,过分轻信他人,缺乏责任心的人更容易遇到诈骗者的欺诈。

4. 多疑自负。虽然疏忽轻信容易上当受骗,但是过度多疑也会给诈骗犯以可乘之机,他们会利用受害者这种自负心理和逆反心理,打消他们的疑虑,从而从事诈骗活动。

其实,具有这些性格弱点并不是一定会被诈骗,只不过容易被利用而已,古人云"占小便宜吃大亏",我们只要时刻保持警惕,不盲从不轻信,那么就会让诈骗者无下手之处。

【犯罪解密】

之所以诈骗行为猖獗,究其原因是多方面的,除去受害者自身性格弱点外还存在法制不健全、社会风气不正、执法部门执法不严的原因。预防诈骗的产生是一项关乎社会正常运行的大工程，必须从完善法律制度、加大廉政力度以及提高人们素质的各个方面着手。

受贿心理：对物欲的贪念会害死人

"古人以不贪为宝"，这句话反映了古代人们推崇廉洁自省，认为"不贪"是最宝贵的人格。但是这句话也侧面反映了，"贪"这个行为自古就有，中国数千年历史中，贪官污吏屡显其中，从未根绝。

《汉书·冯奉世传》中曾记载："汉数出使西域，多辱命不称，或贪污，为外国所苦。"《后汉书·酷吏传·阳球》有记载："时天下大旱，司空张颢条奏长吏苛酷贪污者，皆罢免之。"唐代元稹在《王迪贬永州司马制》记载："王迪为吏不廉，受贿六十余万。"郑观应《盛世危言·廉俸》也有这么一句话："倘有章程玩忽，贻误政事，徇情受贿，越理取财，一经评发，从严查办。"可见，贪污受贿的行为并非现在才有，几千年来这个行为一直困扰着当权者，并给黎民百姓带来灾难。

受贿罪在古代并没有明确的定义，买卖官位算是最为主要的一个行为。但是当今社会对受贿罪的定义有明确的法律条文——国家工作人员利用职务之便，索取他人财物或者非法收取他人财物，为他人谋取利益的行为。表现出以钱权交易的方式满足膨胀的物质需求并贪婪地占有财富的特点。这种犯罪行为的施行者多数是处于一定地位的干部人员，他们中饱私囊，为了自己的物质欲望，不计后果地收受贿赂，对国家的稳定和社会可持续发展造成了极大的冲击，在社会上产生严重的不良影响。

【案例分析】

田中角荣原为日本第64届内阁首相，他任期内果敢、明智，促成了中日邦交正常化，成为世人所熟悉、敬佩的一位日本领导人。

然而在 1976 年 2 月 5 日，美方传来消息，为全日航空公司方便购买洛克希德公司"三星"飞机，洛克希德公司曾对日本政府高官巨额行贿。

1976 年 3 月 24 日，在日本方面的强烈要求下，日美《司法协助协定》，同意向日本提供洛克西德案的相关材料。日本检察官从资料中发现了一张 5 亿日元的收据，领受人赫然写明为田中角荣。7 月，日本检察机关曾先后逮捕了涉案的丸红公司董事长等若干重要人物，取得了相应证据，7 月 27 日，东京地方检察厅正式逮捕田中角荣，宣布他任首相期间涉嫌受贿，任职期间他通过丸红公司多次收受洛克西德公司的贿赂款，共计 5 亿日元，并决定以违犯外汇法予以逮捕田中角荣。经过长达近一个月的审讯后，东京地方检察厅对田中角荣以违犯外汇法和委托受贿罪起诉，指控他在任职期间，根据洛克西德公司和丸红公司的请求，利用职权接受了洛克西德公司的 5 亿日元现金。8 月 17 日，田中角荣缴纳 2 亿日元保释金后被取保候审。

1983 年 10 月 12 日，历经 7 年审判和数百次的开庭后，法院认定田中角荣违犯外汇法、受托受贿，判处其四年徒刑，罚金 5 亿日元。田中角荣当场表示上诉。在田中角荣上诉后，经过二审，1987 年，东京高等法院宣判驳回其上诉，维持原判。其后，田中角荣又提出二审上诉。1995 年，经过三审，日本最高法院作出终审判决，驳回田中角荣二审上诉，维持原判。至此，这起日本历史上旷日持久的马拉松审判，在历时 19 年，耗资 6 亿日元后，终于落下帷幕。

田中角荣曾担任日本内阁首相要职，他曾为解决日本公害、住宅、土地等问题，果断地推行长期性展望措施，充实国民的福利，在外界方面也强力推进和平外交，加速了中日邦交正常化。但就是这么一位优秀的政治家恰恰是借助自己的职位，给他的受贿打开了便利通道。他利用职务之便多次贪污受贿，一次次的交易使得他对金钱和权利越来越贪婪，面对物欲横流的环境再也把握不住自己，坠入金钱财富之中，最终陷入犯罪的深渊里。

如同田中角荣一样，受贿犯罪人一般对物质财富的占有欲极强，在他贪婪和攀比心理的驱使下，他们开始了第一次受贿行为，当这种行为并未被发现和制裁时，他们尝到了利益的甜头，越发觉得利用职位之便，不贪白不贪，这种犯罪行为一经实施就很难自觉结束，在尝到甜头后极少有人甩手不干，相反，多数人欲罢不能深陷其中，成为惯犯、累犯，然后就这样一步一步陷入受贿的泥沼，致使自己处于万劫不复的境地。

受贿行为在犯罪学上归于财产型犯罪，这类犯罪的动机与政治有着密切的关系。掌握权力的人为了满足私欲，往往会千方百计利用职权之便受贿、索贿，久而久之陷入贪婪的沼泽无法自拔。还有一种情况，受贿人并不缺钱，只是从受贿中让权力得到变现，这其实是一种畸形的权力观在作祟。

【犯罪解密】

古往今来，多少人在贪欲的驱使下走上了不归路，最后甚至葬送了性命。为了得到财物上的好处，满足内心的贪婪，受贿人频繁接受贿赂，甚至上瘾，这其实是私利之心导致的犯罪。

初犯心理：一失足成千古恨

"一失足成千古恨，再回头已是百年身。"人是有感情的动物，常常会因为某些原因，做出令自己懊恼悔恨的事。然而错误已经犯下，时光无法倒流。自己做的错事，自己就要付出相应的代价，犯的错误越大，为此支付的代价就越惨烈。由此看来，做任何事前都要三思而后行，一旦触犯法律，就会步入万劫不复的深渊。

一般情况下，第一次犯罪的人都会饱受良心的谴责，与惯犯、累犯相比，初犯会受到更多的道德冲击。他们知道自己做的是违背道德违反法律的，犯罪行为进行中饱受自责、自厌以及内疚心理的折磨，更有甚者还会为自己的犯罪后果加以弥补，甚至投案自首。他们的良知还是苏醒的，他们的道德感和负罪感还在鞭笞着自己的心灵。

其实，当今的法律法规并未明文界定何为"初犯"，但在大家心理上一般认为初犯并不适用于仅仅是第一次受到刑法处罚的人。通俗的理解是，第一次犯罪的犯罪人，才能被称为初犯。

通常，初犯大多发生在青少年时期，犯罪人对自己的行为充满着矛盾感，既

犯罪心理学

受到物质金钱美色的诱惑又恐惧着被捕获后所受到的惩罚,在这种矛盾的冲击中,良心、原则以及道德最终被物质欲望压倒。但是这种恐惧却并没有消失。在初犯作案中,因为恐惧和心虚更多地表现出不能抑制的发抖、步态不稳等,作案后又如惊弓之鸟一般迅速消失。当作案成功后,初犯一般都会悔恨自己的犯罪行为,谴责自己给被害人带来的伤害,一旦经受开导很容易投案自首、改过自新。

一旦犯罪行为产生,犯罪行为人会向着两种状况反向发展:一种是经过开导劝解认罪伏法,从而被矫正,过正常人的生活。另一种就是犯罪行为和心理被刺激强化,从而恶性发展成为惯犯、累犯。

【案例分析】

2002年初夏的一天,某大学研究生导师苏教授到一家大型宾馆和朋友聚餐。聚会进行中因为有事提前离开。

当苏教授踏入电梯时,发现里边已经有了一个小伙子。这个小伙子个子不高,长得憨憨厚厚,尽管衣服陈旧,但是洗得很干净,给人一种质朴爽利的感觉。不过不知道为什么,这个小伙子表现得十分紧张,当他注意到苏教授走进电梯后,甚至吓得颤抖了一下。

正当苏教授感到纳闷时,胸口已经被小伙子用刀逼住。只听那个小伙子低声吼道:"把你的包给我。"苏教授马上镇定下来说:"你不是就要钱吗?我给你,你把刀拿开,不要伤害我。"此时,小伙子的手反而颤抖得更加厉害,刀子也移开了一点点。苏教授一边开包一边想,这个青年人看上去这么慌张,并不像个惯犯。他从包里拿出全部的钱交出去,小伙子一把把钱拽过来,快速塞进裤子口袋,此时他拿刀的手抖得更厉害了。

苏教授偷偷松了口气,并且悄悄打量这个人,当目光和他相遇时,这个小伙子慌忙地转移视线,苏教授更加肯定了自己的猜想,他出言劝道:"我看你不像是惯犯,你一定是遇到什么困难才走上这步的。钱你拿去吧,但是把刀子放下来好吗?有话我们好好说,你还年轻,千万别一失足成千古恨。其实我们可以交个朋友,你要是有困难可以和我讲,这是我的名片,你可以给我打电话,如果帮得上忙的话我一定帮你。"

接着，苏教授递上自己的名片，小伙子听到后不由自主地抱头痛哭。苏教授知道，自己的判断是正确的。他安慰小伙子说："别哭，这里人多，让别人看到不好，如果你愿意，我们出去谈一谈。"于是他们一前一后走出电梯，到了宾馆外边的一个小亭子里。

中途为了确定小伙子是否是初犯，苏教授借口去卫生间，躲在暗处观察，他发现小伙子丝毫没有怀疑苏教授的用心，只是静静地坐在原地等着。

在苏教授耐心的开导下，小伙子终于讲了他打劫的原因。原来他父亲前段时间出了车祸，瘫痪在床，肇事者却逃跑了，为了给父亲看病他外出打工，可是却遇到骗子，现在身无分文，走投无路才想到抢劫。苏教授对他的遭遇十分同情，非但没有为难他，还给予了他很大帮助，帮他联系医院，并介绍了一份工作给他。小伙子十分感激苏教授，发誓以后一定好好做人，认真工作，绝不辜负苏教授对他的一番心意。

由于初犯，案件中的小伙子明显缺乏经验，采取的抢劫方式和手段也大多是模仿而来。从最开始犯罪人自己就处于紧张害怕的情绪中，甚至比被害人还要恐惧这个行为，经过劝阻后很容易产生悔罪心理，犯罪心理发生了良性转换，这都体现初犯的特点。

大多数初犯都和案例中小伙子一样，在犯罪行动的进行中非常紧张，缺乏犯罪勇气，而且犯罪方式也漏洞百出，实施犯罪行为只不过是走投无路时的一种被迫选择，只要进行劝说，就会停止犯罪行为的继续。

经过案例的分析，我们可以把初犯者的心理作出以下的概括：

1. 初犯者在犯罪前相当矛盾，犯罪动机斗争持久而激烈，很难立即产生犯罪决意，如同案例中的青年，在父亲伤重自己被骗的情况下，经过激烈的心理斗争才被迫选择通过抢劫方式获取治病钱。

2. 犯罪决意慎重，即犯罪的决心和决定。初犯的犯罪行为并非如同累犯一般，只要处于合适的犯罪条件就想做出犯罪行为。初犯在犯罪行为确定之前下了很大决心，进而才会施行犯罪手段。

3. 犯罪意志薄弱，初犯一般意志薄弱，在心灵深处他也认为自己行为是违法的、错误的，在犯罪的自觉性、果断性和坚持性等方面都表现得十分薄弱，经劝解极易放弃。

【犯罪解密】

从心理学角度来说,"第一次"对人们心理上的影响是巨大的、深刻的,"第一次犯罪"时的心理状况与之后的犯罪行为产生的心理冲击也截然不同。如果在犯罪人第一次犯罪时给予及时的开导和正面的影响,则会对犯罪人产生积极影响,悬崖勒马的可能性很大;但是如果在犯罪人犯罪行为产生后受到的是负面的鼓励性和协同犯罪的支持,那么初犯很难回头,将一步一步走入犯罪的深渊之中。

累犯心理:破罐子破摔

相对于初犯,累犯是更严重的犯罪行为。这是一种带有放弃性的毁灭性犯罪行为,正所谓"破罐子破摔",累犯们一般都抱着这一心态犯案,他们很难回头改过自新。法律上对累犯的界定是:一般指受过一定的刑罚处罚,刑罚执行完毕或者赦免以后,在法定期限内又被判处一定刑罚之罪的罪犯。这种犯罪人如同吸食大麻一般,一旦尝试作案就会欲罢不能。这是一种再犯罪的事实,对累犯从严惩处,是当今世界各国重要的刑罚裁量制度之一。

所谓累犯,重点表现在当犯罪人在多次实施犯罪行为后,已经对犯罪本身感到麻木,甚至觉得犯罪是正确的行为。这类人多数特征是对生活和社会失去了信心,不再有努力奋斗的目标,为了自己的利益可以采取一切手段达到目的。多次犯案麻痹了他们的心灵,他们甚至会觉得哪怕重新再活一次,自己还是会选择犯罪。这种认知障碍和个性的缺陷,使得他们心理很难健康发展起来,再加上经历了牢狱的冲击,他们更加抑郁消极,甚至怀疑社会,把犯罪行为看作对社会不公平对待的报复。

如果支撑着一个人的价值观和人生观出现偏差,那么这个人最后步入的一定是罪恶的深渊。累犯在长期抑郁、消极的心理影响下价值观已经扭曲,犯罪行为致使他们长期处于牢狱之中,接触的又是同自己一样心理畸形的犯罪分子,从而个体的消极受到群体影响而无限膨胀。错误的人生观和扭曲的价值观被大环境所强化，弱肉强食、损人利己的消极心理被正当化。如果不加以科学引导和正确宣传，那么一旦刑满释放，归还社会的将是更加严重的毒瘤。

【案例分析】

张君团伙系列杀人案件是新中国成立以来最大的刑事案件之一。从1993年至2000年，张君单独或伙同他人先后在重庆、湖北、湖南、云南、广西等地共作案17起，杀死26人，杀伤20人，抢劫现金等财物共计600多万元。其中，他们涉及的重大案件有12起。

1.1995年12月11日，张君等两名歹徒闯入重庆友谊华侨商店沙坪坝分店，向拥挤的人群开了6枪，打死1名清洁工，打伤2名顾客，把价值50万余元的金银首饰洗劫一空。

2.1996年12月25日，这伙歹徒在重庆市上海一百重庆店，打死1人，一楼黄金制品柜价值70万元的金银首饰被洗劫一空。

3.1997年11月27日，张君、李泽军、严若明3名劫匪在长沙友谊商城打死2名营业员，打伤4名营业员和顾客，抢走价值160万元的黄金制品。

4.1999年1月4日，张君、李泽军、陈世清、赵政红在武汉武广黄金柜，开枪打死1人，抢走价值350万余元的黄金制品。

5.2000年6月19日，重庆市渝中区陕西路重庆银行发生抢劫案。3名歹徒打死1名银行职员，打伤2名保安，打死1名出租车司机，抢得11万元现钞。

6.2009年9月1日，抢劫农业银行湖南省分行江北支行的运钞车，造成7死5伤。

出生于1966年的张君是湖北常德人，早年因为流氓斗殴被送去少管所待了3年，当时才17岁。1990年，张君又因流氓斗殴被判入狱。出狱后，张君认为，干什么都不如抢劫更能聚集财富。开始，张君单独作案，后来陆续将他的亲戚、朋友一同拉下水，组成了一个暴利抢劫团伙，并配备犯罪工具实施抢劫。

就这样，张君踏上了一条不归路。而其他人由于无法脱离组织，索性死心塌地的跟着张君，完全把抢劫当作了一种谋生的手段。

所谓累犯，是指受过一定的刑罚处罚，刑罚执行完毕或者赦免以后，在法定期限内又犯被判处一定的刑罚之罪的罪犯。累犯分为一般累犯和特殊累犯两种：一般累犯是指被判处有期徒刑以上刑罚的犯罪分子，刑罚执行完毕或者赦免以后，在5年内再犯应当判处有期徒刑以上刑罚之罪的犯罪分子；特殊累犯是指因犯特定之罪而受过刑罚处罚，在刑罚执行完毕或者赦免以后，又犯该特定之罪的犯罪分子。

显然，张君就是一个十足的累犯，他进过少管所、被判过刑、蹲过监狱，但是屡教不改，依旧我行我素的杀人犯罪，在受到司法部门的打击、制裁时，他并没有产生悔改意识，甚至变本加厉地从事犯罪行为。多次犯罪使他常年处于监狱服刑之中，而常年的监狱生活又使他缺乏正常的感情，更加冷漠，从而促使他犯下更多的滔天大罪。面对金钱诱惑时，他不以为耻，残暴抢劫，反以为荣。无视受害者的痛苦，面对自己的同伙，也依旧可以做到冷血无情地直接抹杀。

在张君这类累犯的思维中，"犯罪合理化"已经根深蒂固，利己主义思想致使他们不断犯罪走向灭亡。所以在面对累犯时，不但需要依法处置，从严判刑还要注重其心理矫治。在入监甄别时应做全面的心理测试和调查，并且制订相应的矫治方案，定期组织心理咨询和调查，建立罪犯的心理档案从而便于研究、矫正。对于监狱生活应该正确引导，鼓励犯人调整心态，消除心理障碍，提高他们与人交际的能力，使他们清楚善恶明辨是非。

【犯罪解密】

累犯的产生初期有很强的心理侥幸性，他们自认为可以逃避责任，这心理一旦产生就会成为犯罪嫌疑人的精神支柱。对于初犯，可以从轻处罚，以教育为主以感化为目的使其成为可用之人。但是对于屡教不改的累犯，应该发挥刑法力度，依法严惩全力打击，从而做到杀一儆百、树立榜样作用，使其他潜在犯罪者不敢重蹈覆辙。

第七章　无组织情绪驱使
——精神失常者的犯罪原理

> 精神病患者犯罪往往不会按照正常程序治罪，这是我们众所周知的常识。患有精神障碍的人犯罪往往是无组织、无预谋、无计划的，他们缺乏对自身行为的有效控制，这也是他们免受责罚的重要原因。

什么是无组织犯罪行为

在影视作品中，我们经常看到律师为被告人开脱会用到"无组织犯罪""精神失常"等用词，那么无组织犯罪人是不是真的不用承担法律责任了呢？无组织犯罪到底是怎么回事呢？

无组织犯罪是一种犯罪形式，其本质就是犯罪者是独自实施的犯罪行为，并没有共犯，也没有计划其犯罪行为。判断是不是无组织犯罪行为，首先要看犯罪实施者是不是有组织力的人。那么，什么是有组织力的人呢？

根据犯罪学和监狱学研究的数据显示，有组织力的人犯罪通常都会在实施犯罪前策划如何犯罪，可能会有交通工具，头脑清醒，但有可能精神上存在问题。专家通过研究大量的案件总结出，一般有组织力的罪犯都有智力高、社交能力强、犯罪时能控制情绪，犯案前遭受过精神刺激，可能会存在共犯，具有流动不确定性，犯罪后会策划出逃或变换工作等特征。

依据上述理论，可以推断无组织力的犯罪人。从犯罪人有没有计划性这一点来看，无组织力的罪犯的行为往往是反应性的，即没有计划犯罪内容。这些人的犯罪地点通常离他们的居住地很近。从犯罪人的精神状态来看，大部分无组织力的罪犯患有某种形式上的精神疾病，如精神分裂、妄想症等。

无组织力的犯罪行为都有一些相似之处。比如，犯罪人在犯罪时会有焦虑情绪，认识被害人或较熟悉犯罪地点，对被害人突然有暴力攻击或强制性行为；犯罪人选择的被害对象没有明显的人格特征；犯罪现场的选择具有随机性，常在被害人死后对其进行性侵犯；在犯罪现场能够找到作案凶器和关键证据，被害人会被随机抛弃不会从犯罪现场转移等。

因而，无组织犯罪行为较容易在精神失常的病患中发生。因为精神病患的意识和感知都相对处在较低的程度或是无意识的，比如妄想症。因此，精神病患的无组织犯罪较为多见。

【案例分析】

2003年6月4日，山东省淄博市发生了一起强奸杀人案。犯罪嫌疑人刘某，男，34岁，来自淄博市的一个小村庄中。刘某只有小学文化，到城市打工，因包工头拖欠工资回不了家，只好在淄博市的一个垃圾收购站搭了个帐篷凑合着。但是在6月4日，刘某却将垃圾收购站的一名40岁妇女强奸并杀害了。

警方迅速出动，抓获了刘某。这起案件是淄博市2003年以来第一起强奸杀人案件，因此受到了公安部门的高度关注，在对刘某审问时发现刘某曾经强奸40岁以上妇女共5名，并有抢劫和偷盗的前科，在监狱服刑过3年，2000年才刑满释放。因为是典型案例，警方多次提审刘某，并走访刘某的亲友获得了重要且详细的具体资料。

心理学专家经过测试发现，刘某的心理健康指数很低，有轻度的心理障碍，具体表现为性格内向，内心烦躁，常有情绪化发泄行为。刘某多次强奸大龄妇女，是其在成长过程中形成的特定人格的外在显露。调查表明，刘某小时候家中曾有两人自杀，其中一个就是刘某的父亲，之后刘某的母亲就和刘某的叔叔在一起生活。但是，刘某的叔叔并不喜欢刘某，母亲也不喜欢他。

童年的刘某没有得到父亲和母亲的关爱，形成了孤僻、自卑、烦躁的人格特征，使他的心理成长受到阻碍。而长期缺乏母爱，导致刘某对成年妇女在心理上的严重依赖，这也是刘某多次强奸大龄妇女的心理因素。随着刘某的长大，这种扭曲的心理和长期以来的自卑、烦躁无处发泄，才有了后来的悲剧。

出狱后，刘某便开始在城市流浪打工，但是长久的家庭空虚让刘某更加的烦躁、孤独，在向老板索要工资不成之后更加重了刘某的不安情绪，因而在刘某向收购站的妇女实施强奸时，被害人大声的怒骂让刘某想到了之前被家人厌弃责打的画面，情绪的宣泄就有了出口，刘某用电线将被害人勒死之后实施的强奸，然后匆忙逃跑，但还是被逮捕归案。

性格的内外向决定了人社会活动的多少，刘某的性格孤僻、内向，导致了他社会活动的减少，刘某的强奸行为满足了刘某在平时生活中无法实现的想法。

刘某在作案现场遗留了作案工具，重新把尸体挪动了位置并对"不清醒"的被害人实施了强奸，在作案过程中没有使用交通工具，且案发地点就在刘某栖身的帐篷处，这些迹象都表明刘某是无组织力杀人犯罪。刘某的行为完全符合了无组织力犯罪的特征，比如，经济条件一般且智力和文化水平不高，没有作案计划和交通工具，现场遗留了作案工具，等等。

无组织犯罪人都存在普遍的心理问题，这些心理问题导致了他们的犯罪行为，那么是哪些因素导致了他们的心理问题呢？

第一，智力或受教育水平低。实施犯罪者往往是教育水平低下地区、贫穷地区或城市的边郊地区，一般智力不高，或可能有精神疾病或交流障碍。

第二，社交能力差。无组织力的罪犯往往是独居，工作能力低，性格孤僻，不善交流，社会活动有局限，大部分无组织犯罪人都是独自活动。

第三，个人成长经历痛苦。无组织犯罪人的成长经历占很大的原因，一般是童年经历不愉快引起的成长阴影，或者是受到父辈的不良影响，没有在年少时养成完整的人格。

第四，家庭关系不健全。无组织力犯罪人通常来自离异家庭，或家庭关系不融洽的家庭中，家庭因素是引起犯罪的最大因素。

无组织犯罪行为是社会稳定的不安因素，对社会和人们的生活造成了威胁，因此要有正确的应对之策。我们之所以进行犯罪心理分析，目的就在于对犯罪人进行特征描述，即识别出具有实施此类犯罪的罪犯类型。

而我们研究无组织力犯罪行为，建立无组织力犯罪人档案，目的在于向侦查员提供有关犯罪嫌疑人的人格类型线索。将无组织犯罪的案例综合起来研究犯罪人在人格、性格、背景、行为等方面的一致性特征，进一步建立犯罪嫌疑人的行为指标和心理特征的对应信息库。这样一来，就可以实现多条件调查，进而锁定目标群，缩小侦查范围，提高破案速度，保障社会的安全和人们的正常生活。

【犯罪解密】

无组织犯罪行为是一种精神失常者的犯罪，我们在日常生活中要提高警惕，对于可疑人群要保持机警，一旦发现威胁情况要立即报警，不可与此类人做抗争，否则既无法保证自己的生命和财产安全，还可能造成更大的社会危害。

精神病患者的暴力犯罪

生活中，经常会有精神病患者突然发动攻击致人伤残的事件发生，其暴力犯罪行为给人们的生活带来了极大的威胁。那么，为什么精神病患者会有这样的行为呢？驱使他们暴力犯罪的内心活动又是怎样的呢？

众所周知，精神病人就是那些由于各种有害因素所致的大脑功能紊乱，表现为感知、思维、情感、行为和意志等不同方面出现障碍的人。正是由于心理和精神的障碍，导致精神病人歪曲地理解客观事实，丧失生活自理能力和社会交往能力，产生伤害自身和他人的行为，扰乱社会的正常秩序。

大部分人认为精神疾病患者会使用暴力。据研究，精神疾病和暴力行为之间确实存在着联系，但是精神病人在发病初期并没有暴力倾向，如果一个精神病患者没有滥用药物和暴力史，那么在接下来1年到3年的时间中病人暴力倾向的可能性是和正常人一样的。

实际上，精神病人往往会滥用药物或者会受到精神刺激，因而精神病人的暴力犯罪逐年激增。根据资料显示，有暴力倾向的精神病人相对来说只占到了精神病患的5%，事实上大部分的精神病患者都是比较被动、内向的，这类精神病患在经过专业人员的治疗之后，一般会比较安全。但是，如果精神病患的家属一旦发现病患有暴力倾向时就要及时就医及早治疗，防止其出现暴力行为。

精神病大部分是在青壮年时期发病,并且随着发作的时间会逐渐呈现慢性化,而且复发率高,可能伴随出现精神衰退和人格改变,导致患者不能适应社会生活而与社会脱节,因而形成愤恨社会的心理,在犯罪心理的驱使下可能或做出危害社会的行为。

精神病患的暴力行为已经对社会造成了一定的负面影响,而由于身份的特殊,精神病患的暴力犯罪不承担刑事责任或者承担限定的刑事责任。精神病患的暴力行为的犯罪心理一般有以下的特点:

第一,侵害目标随意。心理学家对精神犯罪的罪犯做过调查发现,大多数精神病患犯罪并没有特定的目标,往往是随意而为,并没有任何过节。

第二,报复性心理强。精神病患在发病期间情绪波动大,对于不能满足的心理状态往往会记恨在心,特别是一些被生活压力逼迫致精神异常的病患更容易对不满的对象实施暴力。

【案例分析】

2006年4月21日中午,吉林省四平市梨树县发生了一桩惨剧,24岁的村民张海(化名)杀害了自己的母亲并将哥哥打成了重伤。警方对其进行了逮捕。在审讯过程中,张海的情绪激动和警察发生了身体对抗,警方认为张海存在疑似精神疾病因而请法医做了鉴定。鉴定结果是其患有躁狂症。

躁狂症是精神疾病的一种,发病时情绪激动而且无法控制情绪,躁狂症是情感性精神疾病,由于其潜伏期较长,家人并没有发现他有什么巨大的异常行为,于是导致张某的病情延误,一发不可收拾。

追究张某杀人案的起因是在其22岁时,张某的父亲去世,在进行遗产分割时,母亲偏向兄长,分给了兄长房子和大部分的田地,母亲认为二儿子还小于是便将分给张海的3万元钱收了起来,张海在结婚时曾向母亲要这笔钱但是母亲用各种借口推脱,后来才知道母亲将这笔钱借给了大儿子,因此,张某认为是母亲和兄长拿走了原本属于他的钱,仇恨的种子就此埋下了。

2006年4月21日,因为急需用钱,张某再次找到母亲要求拿回自己的3万元钱,还要求兄长多给出"利息"和"赔偿"1万元。在要钱的过程中,母亲言辞激烈各种推脱,就是不给,言辞中透露出"张海不是亲生的"这样的讯息,张某受到刺激就拿起菜刀砍向了母亲,在砍母亲数刀后,又追着哥哥扬言"要杀了他",期间砍伤哥哥的手臂和后背多次。

闻讯赶到的警察和村民一起将张某制服。在审讯过程中,张某情绪激动,双眼猩红,在医生注射镇静剂之后才安静下来。根据法律规定,精神病患犯罪行为要根据其精神异常程度来量刑,看其是否具备承担刑事责任的能力。在法院审理时,警方出具了法医提供的鉴定证明,证明张某具备限定刑事责任能力,而张某的民事责任则由其监护人负责,法院判处张海有期徒刑6年零8个月,并强制接受精神治疗。

当今,类似张海这样的精神病患犯罪事件在逐年增加,此类事件严重扰乱了社会秩序,破坏了社会主义法治,那么精神病患犯罪增长的原因是什么,该如何应对呢?

精神病患者的暴力犯罪最主要的原因就是监护的缺失。由于经济的发展,青壮年尤其是偏远山区的青壮劳力都在外打工经商无暇顾及家庭,无法履行监护的义务,留在家中的往往是留守儿童或者是留守老人,这些人本身就不具备监护的能力;同时大部分监护人又是受害者,而有的精神病患年龄很大,其法定监护人早已去世,所在的居委会或者村委会又因为种种原因不能承担监护责任,因此精神病患者的暴力犯罪才会时有发生。

面对精神病患者的暴力犯罪我们应当采取积极的措施,具体的实施办法有:

1. 健全暴力病患档案。公安机关要对存在暴力史的精神病患建立专门的档案,健全监控网络,保证在发生精神病患侵害事件时能迅速做出反应,将危害降到最低。

2. 督促落实家庭监护责任。家庭是预防精神病患犯罪的第一道防线,只有监护人真正履行了监护责任,社会才能安定。公安机关要加大法制宣传力度,强制不自觉的监护人履行监护责任,督促其承担监护责任,使其明白监护不力造成的不良后果。

【犯罪解密】

精神病患的暴力犯罪已经成为亟待解决的社会问题,应对精神病患犯罪,最重要的是完善法律保障体系，有效规范精神病患的治疗管理制度。精神病是一种长期、反复的疾病，精神病人要承受极大的煎熬，因而精神病患者需要社会的关注和关爱，帮助他们得到治疗，重获新生。

可怕的精神错乱

精神病患的暴力犯罪带来的危害是难以估量的，对于精神病患者来说，精神错乱导致他们不能控制自己的思想和行为，对于受害者来说，精神错乱带来的不仅是肉体摧残，还有心灵伤害。那些残暴的精神病患犯罪可以让我们了解到精神错乱的可怕。那么精神错乱是什么？精神错乱的背后又是怎样的心理驱使的呢？

精神错乱在医学上是一个用来描述认知或智力功能丧失的术语，是指精神病患者出现意识紊乱、幻想等，所以不能分辨外界和自己的状态。其实我们可以将精神错乱理解为"突然疯狂"，这也说明精神错乱是一种突发性的情况。

英国医学学者普遍认为精神错乱是一种临床症状，表现的特征是认知、意识、自我感知能力障碍，是一种急性发病，可能会出现智能障碍或慢性的智能障碍。精神病患者在精神错乱时对某段时间内发生的事情一般能保留某种程度的记忆，因而大部分精神病患者在打过人或做出什么攻击行为时并不清楚自己的状态，也会记不清发生了什么事情。

那么，导致精神错乱的因素都有什么呢？一般情况下，医学上认为有三种：

第一，精神因素。精神因素是精神错乱的直接原因。巨大的精神刺激会使患者受到惊吓、恐惧，比如，亲人的突然去世，地震、海啸等或者是由于他人造成的生命威胁。持久的精神紧张或是情绪的过度悲伤等都可能导致精神错乱。

第二，自身因素。患者的自身因素在精神类疾病的发病原因中占很大比例，一般性格敏感、多疑、比较软弱的人容易患精神错乱。

第三，综合因素。综合因素包含的情况很多，但都不是引起精神错乱的必然因素，比如，患过重病的病患容易心情低落、过度的疲劳或女性在生理期和妊娠期、家族有精神病遗传史的人较容易发病。

精神错乱是精神疾病的一种临床状态，但是精神错乱的表现并不相同，情感障碍就是其中一种，情感障碍也称为情感性精神障碍，主要是情感冷漠、情绪反应迟钝、情感不协调。精神错乱也常常表现为妄想症。患者容易出现幻觉或者是被害妄想等，在被害妄想心理的驱使下很容易产生暴力行为。而最严重的精神错乱要属精神分裂症，患者可能会存在双重或多重人格，精神分裂症患者的暴力行为是精神类疾病中最多的。精神错乱带来的影响是可怕的，我们也已经从不少的案例中看到了这一点。

【案例分析】

2007年6月5日凌晨，贵阳市65岁的退休女职工张某在家中的浴室割腕自杀未遂。这件事惊动了整栋楼上的居民，他们都无法相信平时那么有精神头的张某会突然自杀。

张某被家人送往医院，好心的邻居也前去看望，邻居们劝说张某不要想不开，在邻居们的细细询问之下，张某才说出了她自杀的原因。张某认为，自己都65岁了，儿女都结了婚，而且都搬了出去，家里只还剩下她和她的老伴儿袁某，儿女们工作忙不是常常回家，自己又退休了，整日无事可做，虽然和小区里的老人们一起在小区运动场溜圈，但是回到家之后就还是两个老人，张某的心情有些压抑，但是又不愿意跟别人说，因而虽然每天都笑脸迎人，但是张某的情绪却是日渐低落。

2007年年初，张某开始情绪急躁，希望儿女们能够回家陪伴她，但是儿女抽空回来以后，张某又觉得烦躁然后和儿女吵架，每次都是不欢而散。张某的心情更加烦躁低落，随后张某开始出现幻听，总是有一个声音强迫她一直做家务，擦地、洗衣服，张某经常把老伴儿的衣服洗到烂，但是张某却停不下来，每天早上从5点钟开始张某就一直在屋子里转悠，有时张某到阳台收衣服时还会有轻生跳楼的念头。

丈夫袁某看出了张某的不对劲，于是叫来了儿女一起到医院为张某做了检查，医生诊断认为张某是更年期并发症，医生给张某开了药，就让张某回家休养了，张某的儿女也搬回家守着老人。张某虽然接受了治疗，但是张某的情绪并没有好转，张某在自杀前开始跟自己的儿女念叨自己很没用，小时候没有给儿女提供更好的生活，女儿嫁的不好也是自己的原因，现在都老了更没用了，觉得自己是个累赘。儿女听后更是害怕，对张某寸步不离。

儿女的陪伴并没有让张某好起来，张某的脾气也越来越大了，总是出现幻听情况，有时候会有撞墙的行为。儿女总是细心开导张某，但是好不了一会儿时间张某就又开始急躁，大哭，听不进劝。终于张某在2007年6月5日精神崩溃，选择了自杀，虽然经过了及时的抢救，但是张某的身体却遭到了重创，要仔细休养才有可能恢复。

张某的情况就是精神错乱，而导致发病的原因是更年期情绪波动大又没有得到有效的治疗，扩大了悲观情绪，家人也没有及时的发现，最终导致了张某的自杀。那么我们该如何判断病患是否精神错乱了呢？精神错乱患者的心理特征主要有以下表现：

1. 认识判断的能力差。精神错乱的病患由于精神异常，对事物的理解和判断存在偏差，而自己又无法感知自己的行为，容易出现危害自身或社会的犯罪行为。

2. 缺乏自制力。精神错乱的病患，情绪上不稳定，容易产生兴奋或悲伤的情绪导致伤害他人、毁坏物品或者自杀行为。例如案例中的张某就是因为无法控制自己，才会被"强迫"着不停做家务。

精神错乱是如此的可怕，那么我们应该怎样应对呢？首先，要注意的是不要滥用药物，精神错乱在表现出初期症状时就要及时就医，但是药物治疗一定要谨慎，要在正规的医院检查。其次，要注意情绪，患者家属要注意患者的情绪波动，及时发现患者的异常反应，不要疏忽。最后，尽量使环境保持安静，这样有助于患者的心境平和，可以使患者尽快恢复。

当下人们处在各种压力之中，要随时为自己减压，管理好自己的心情，不要让不好的情绪持续，要懂得生活原本就是简单的，不要让复杂的情绪变成错乱的精神。

【犯罪解密】

随着人们生活节奏的加快，精神压力也越来越大，如果这些压力得不到释放就会造成情绪不稳定，在受到刺激时就会容易精神错乱，对自身和社会造成威胁。为此，要学会释放压力，稳定情绪，积极地与人交流沟通，避免精神错乱导致的伤害行为。充分认识精神错乱的危害，了解相关的知识，对特定的人群提高警惕，才能保护自己的人身安全。

思维障碍：妄想症犯罪的根源

精神失常的表现有很多种，精神障碍、情感障碍等都是精神疾病。此外，精神失常有时还表现在思维障碍。思维障碍就是指大脑在进行思维联想，或进行思维反应时在活动量和速度方面发生异常。其常见的临床表现是思维兴奋、思维迟缓、思维贫乏、思维散漫等。

正常思维过程具有目的性、连贯性、逻辑性、思维内容付诸实践则产生一定效果，并能接受现实检验自行矫正错误。而思维障碍就是不能正常的进行思维的过程，思维不受自己控制。

正是由于思维障碍的患者不能进行正常的思维，因此他们的行为不具备目的性。也就是说，思维障碍的患者没有正确的观念，没有正常的行为，因而会触犯法律和道德底线。由此可以断定，思维障碍尤其是妄想思维是精神犯罪的根源。

在临床医学上，思维障碍有多种不同的分类，主要有下面4类：

第一，思维速度障碍。思维速度障碍是指在思维过程中出现的速度加快或迟缓。例如，思维活跃、意念飘忽。

第二，思维形式障碍，亦称联想障碍。联想障碍主要是联想过程的障碍，出现象征误用，不合逻辑的情况。例如，思维散漫、病理性象征思维等。

第三，思维控制障碍。思维控制障碍是指病患不能控制自己的思维，思维活动失去自主性，或感觉受到外力的控制。例如思维被剥夺、强行插入等感觉。

第四，思维内容障碍。思维内容障碍是危害性最大的一种类型，主要表现为妄想或类妄想、强迫等观念。例如，被害妄想。

临床经验表明，妄想是精神病确定无疑的表征。妄想的内容没有或缺乏事实根据，而且难以动摇，病患一般会出现与病患本身不相符的社会地位和文化水平的信念。妄想的内容包括被害、关系、夸大、罪恶、嫉妒、多疑等。妄想症多见于精神分裂症、偏执型精神病和情感性精神病中。妄想症病患的妄想的内容常由病患的人生经历、教育经历、生活背景决定，但是随着时代的发展也会出现变动，当前病患的妄想内容较偏向电脑、科学实验、外星人等。

目前，妄想症的划分并不十分准确，有部分学者将其分为原发性妄想与继发性妄想两类。原发性妄想是指一种突如其来的、不能以病人所处的环境和心理背景解释，具有象征意义的病态信念。继发性妄想是指妄想继发于其他病理心理过程。例如，偏执性人格的人容易产生继发性妄想。

有些学者根据妄想症的轻重之分，把妄想症分为轻度妄想症（假性妄想症）和重度妄想症（真性妄想症）。轻度妄想症，又可以称为假性妄想症，一般情况下，我们并不把假性妄想症看作精神疾病，例如，幻想、怀疑等是每个人都有的假性妄想。重度妄想症，也称为真性妄想症，真性妄想症一般具有病理性，是比较严重的妄想症。

就假性妄想症和真性妄想症的比较来讲，首先这两种妄想症的起因都是心理的补偿机制出现问题，简单地讲，就是一种"愿望满足"的心理。二者不同之处在于，假性妄想症的持续时间比较多，患者能够感知到自己的行为是不合实际的；但是真性妄想症持续的时间很长而且患者对自己的状态不自知，一直处于妄想之中。医生总结的临床经验是真性妄想症若得不到及时有效的治疗，恢复痊愈的可能性很小。

【案例分析】

2010年9月3日，本该是开学的高兴日子，但是陈小军和他的家人却怎么也开心不起来了。原因是陈小军说他是科学家已经不用上学了。他的父母都束手无策，只好将儿子送到了精神病院。

在医院，小军遇到同龄的孩子都会说："我是科学家，我能造飞船然后接外星人来我家，你想看吗？"医生看过小军之后告诉小军的父母，小军可能有轻度的妄想症。医生给小军开了药并嘱咐小军的父母要时刻看着小军防止他有什么伤害行为。在小军休养期间，小军的父母不敢离开半步，而小军仍然每天做他的实验，小军的行为还算正常。本以为小军的病情已经控制住了，小军的父母慢慢放下心来。

但是在2011年1月3日，小军却闯了大祸。原来小军一直都在进行他的"飞船实验"，他用鞭炮做"飞船"的发动机，然后用废旧的游泳圈做"飞船"，他认为自己的实验成功了，就邀请了另一个小伙伴一起坐"飞船"。但是当小军点燃鞭炮时，一起的伙伴被吓到，在逃跑的过程中鞭炮飞到了伙伴的身上，炸伤了小伙伴的胳膊，还导致了右耳失聪。

小军的妈妈这才意识到儿子的病没好，而且还严重了。小军再次来到医院，医生询问完情况之后，确定小军是因为家庭原因导致的妄想症。小军妈妈非常自责，没有顾到孩子的情绪。

原来，小军的父母原本都是一家大企业的职工，因而家里生活还算富裕，但是后来公司裁员，小军的父母都失业了，家里的生活一下子天翻地覆，小军感受到父母的忧愁，认为只要自己优秀了就能让家里的环境变回原来那样，因而小军出现了妄想认为自己是个成功的科学家。知道了病因的小军父母，一边给小军进行药物治疗，一边告诉小军，他们又有了新的稳定的工作。

经过了半年的治疗，小军总算渐渐痊愈了。但是他给外界造成的伤害却无法挽回，虽然受害者的家人报了警，但是由于小军未成年且有思维障碍，因而在警方的介入下，小军的父母给了受害者12万元的民事赔偿。

思维上的障碍引发犯罪，这种情形在生活中并不少见。具体来说，妄想症的形成有很多诱因，常见的有以下几种：

1. 心理补偿机制。这是妄想症形成的最根本原因。心理补偿机制就是一种平衡机制，我们可以理解为，当我们遭遇不好的事情时，情绪低落，这时我们就需要乐观的情绪来补偿我们低落的情绪来保证心理补偿机制的平衡。人的心理补偿机制处在平衡状态下是最好的状态，但是我们在日常生活中总是会有情绪的起伏，当我们感觉挫败、消沉时会想象美好的东西，做出与此时的情绪不相符的行为来，这就是妄想了。

2. 家庭因素。家庭关系对于家庭成员来说意义重大，如果家庭关系出现变化就会造成患者的心理失衡，患者就会想修复家庭关系而出现妄想的行为。这一点在青少年中非常明显。

3. 社会因素。这也是一种刺激因素,矛盾的冲突在于社会取向和个人利益。当个人愿望得不到社会满足时也会出现妄想,而妄想的程度与受到的刺激的大小有关。

关于妄想症的治疗,首先还是药物治疗,但是妄想症是一种思维障碍,因而在药物治疗的基础上还要辅助精神治疗。精神辅助主要有精神分析,自由联想,这是一种找出妄想症具体病因的方法,可以进行有效的治疗;催眠也是常用的寻找妄想症病因的方法。目前最有效的治疗是德国海灵格创立的家庭系统排列的方法。

【犯罪解密】

妄想症是一种严重的思维障碍,虽然妄想症和精神分裂症并不等同,但是精神分裂症的病征之一就是妄想,这就说明妄想症是绝对不能忽略的精神疾病,对于妄想症我们要有正确的认识,及时治疗,加强心理建设,保持我们心理补偿机制的平衡。

情感障碍:抑郁症就在我们身边

在日常生活中,我们会听到有人因精神问题自杀或杀人的消息。在人们的普遍理解中,精神病就是精神分裂,其实不然。常见的精神疾病除了精神分裂症之外还有情感障碍。

情感障碍也被称为心境障碍,主要表现为情感高涨(躁狂)或低落(抑郁),或两者交替出现。而严重的情感障碍被称为情感性精神病。而对我们的生活产生影响最大的就是抑郁症,这是一种为人们所知的普遍性精神疾病。根据世界卫生组织和哈佛大学公开的一项联合研究结果,发现全球范围内约有15%的自杀是由抑郁症导致的,抑郁症已经成为一个社会难题。

目前抑郁症的发病原因并不十分明朗,在临床经验的基础上,医学上认为抑郁症是生物、心理、社会等因素相互作用的结果。公认的病因有以下3个因素:

第一,遗传因素。有关学者曾对抑郁症患者及其家属做过各项遗传检测,检测结果表明,与抑郁症患者的血缘关系越近,患抑郁症的概率越高。

第二,生理因素。医学研究发现,抑郁症的产生可能和大脑突触间隙神经递质和去甲肾上腺素的浓度下降有关。

第三,社会因素。抑郁症患者通常比较敏感脆弱,在生活中受到重大事件的刺激会使长期持续存在低落情绪的人患上抑郁症。

很多人对抑郁症有曲解,认为"郁闷"就是抑郁,事实上抑郁和郁闷有本质上的区别,我们可以从抑郁症的症状中看出。抑郁症典型的症状首先是情绪低落,抑郁症患者容易伤感忧愁,甚至有绝望和厌世的情绪;其次,抑郁症的患者思维迟缓,通常会呈现呆滞状态,思考和记忆出现问题;最后,抑郁症患者会出现运动抑制,即行动缓慢,不爱言语运动,严重的抑郁症患者可能连生活都无法自理。

此外,心情抑郁、焦虑、悲观、自我评价过低等,都是抑郁症的常见症状,而且抑郁症的症状会随着时间变化,一般早上比较严重,下午或晚上会有所缓解。由于抑郁症患者的厌世情绪较高,很容易出现自杀行为,而抑郁症虽然会出现幻觉、妄想,但是思维逻辑却是正常的,因而实施自杀的成功率很高。

据研究,有些抑郁症患者在自杀前没有强烈的征兆,很多人都是在死后才被人知道有抑郁症。抑郁症虽然会有自杀的念头,但都是在严重之后才会有自杀行为,因而抑郁症要及时发现,及早治疗。

【案例分析】

2012年8月19日上午,在湖北省武汉市发生了一起杀人案件,被害人是50岁的大学教授郑某。郑某在武汉市的一所大学任教,为人谦和有礼,治学严谨,曾带出许多优秀毕业生,也是业界的知名人士。但是郑某却在19日上午暴死家中,其妻子许某也被砍数刀,现场十分凄惨,郑某当场死亡,许某被120送到医院急救。

随后警方抵达案发现场做了现场调查,邻居称"早上听到一声尖叫,等赶过去的时候,命案已经发生了。"案发现场还有未收拾好的厨房和阳台,而且门窗整齐没有强行入室的痕迹，警方初步认定作案凶器是家用的菜刀，而警方在做过指纹鉴定之后确认凶手是郑某的妻子许某。

这一消息让周围的亲友接连摇头，他们不相信许某会杀害郑某。据亲友所言，许某和郑某一起在某大学工作，郑某在大学任教，许某在大学图书馆工作，两个人在同事和亲友眼里是模范夫妻，从未红过脸。警方到医院取证时，许某还在重症监护室中昏迷，而且许某的手筋脚筋都被砍断了，还处于危险期。

医生怀疑许某有抑郁症，于是警方从这方面着手进行了调查。许某在2007年做过脑肿瘤切除手术，之后就一直情绪低落，之后由于儿子参军远赴他乡许某曾经出现过自杀行为，被家人发现后带她进行了治疗，在2008年，许某康复且没有再复发过。

但是在2011年，儿子牺牲的消息又一次将许某击倒了，许某心情持续低落，常常对着儿子的照片喃喃自语，不爱出门也不爱说话，虽然仍然待人谦和，没有任何过激行为，但被害人郑某还是察觉到了许某的不同，因而减少了工作，常常在家陪伴她。

2012年8月19日，许某在阳台收拾东西时产生了自杀念头却被郑某及时制止，而后许某开始寻找其他方式，最终许某发现了菜刀，在与郑某争执中将郑某杀死，并将自己伤成重伤。由于许某现今不具备行为能力，警方决定将公诉稍后。

抑郁症导致的惨剧很多，涉及的人群也不仅仅是许某这样的平凡人，很多明星就曾经有过抑郁症的病史。抑郁症主要以抑郁心境、思维迟缓和意志活动减退为主，多数病例还存在各种躯体症状，例如，心悸、肠胃不适、食欲下降、睡眠障碍、失眠等。

通常，抑郁症患者本身就有悲观厌世的状态，因此在犯罪心理的驱使下很容易出现自杀或伤人等犯罪行为，根据抑郁症病情程度的不同，会出现的犯罪行为也不尽相同。因此了解抑郁症的相关常识对于预防此类犯罪行为有重要作用。

抑郁症有不同的类型，具体来说主要有以下几种情形：

第一，内源性抑郁症。这是一种在体质基础上产生的抑郁状态，其特征是对外界的刺激缺乏反应的抑郁心境，即有懒、呆、变、忧、虑五症，部分病人会出现情绪激动、抑郁性妄想和幻觉。

第二，反应性抑郁症。这种抑郁症又可以称为心因性抑郁症，是由强烈的精神刺激或持久的精神紧张等应激因素引起的。其特征是突出的抑郁情绪，同时认知、行为和躯体协调等存在障碍。

第三，隐匿性抑郁症。这种抑郁症其实就是"藏起来的"抑郁症，指的是将抑郁的症状"隐藏"起来，这并不是说患者本人知道自己是抑郁症然后"隐藏"不让别人知道，而是患者本身都不清楚自己患了抑郁症。这种抑郁症通常以身体不适表现出来，这样的抑郁症反而不容易被人察觉，因此延误了最佳的治疗时机，带来不可估量的影响。可能会出现的躯体症状有心悸、胸闷、气短、盗汗等。

第四，药物引起的继发性抑郁症。这是一种由于使用某种药物后引起的或是在患器质性脑病、严重的躯体疾病的基础上发生的抑郁症。有些药物会产生抑制情绪的副作用。例如，高血压患者在服用降压药后容易心情消沉。

第五，产后抑郁症。这是产妇易得的抑郁，体现为对自己的孩子过度爱护，不让别人碰触，或是产生内疚、自卑的心理，痛恨或者厌恶孩子，无状哭泣，失眠忧郁等情况。

【犯罪解密】

抑郁症的危害极大，我们每个人都可能受到抑郁症的影响。因而正确地对待抑郁症十分重要，对于抑郁症患者要时刻监护，不要掉以轻心，而且要做到及时发现，早日接受治疗。对于有抑郁情绪的人来说，就要注意心理健康，多与人交流沟通，让心情常常"晒晒太阳"。

如何看待精神失常犯罪

精神失常犯罪，在不少的影视作品中很常见。它又称临时性精神失常，是刑事被告常用的一种法律辩护理由。通常，这种辩护理由在西方国家比较多见。

在影视剧中，辩护律师请来一位心理医生，若心理医生认为被告人患有精神失常，扰乱了正常的推理能力，无法为自己的行为负责时，在陪审团认同的情况下即可判定被告人无罪。不少人有这样的疑问，为什么精神失常可以作为一个人免刑事责任的理由？什么样的程度就可以认定为精神失常？

顾名思义，精神失常是由多种原因引起的精神活动障碍的一类疾病。但是这一概念严格来讲并不是医学的严谨概念，它更多的是在文化和法律中的概念。

在美国的法律中，精神失常和精神疾病相关，但两者并不能等同。在违法过程中患有精神疾病，可以作为判定被告"因精神失常而不构成犯罪"的先决条件，但法律意义上的精神失常并不仅仅是对于一个人是否患有精神疾病的判断。要判断一个人是否精神失常首先要具备三个条件：第一，因患有精神障碍，被告不了解其所作所为属违法行为；第二，因患有精神障碍，被告没有正常的推理能力，不知道自己当时（违法时）正在做什么；第三，因患有精神障碍，被告被不可抗拒的力量（某种精神力量）强迫进行犯罪。

那么，为什么精神失常的罪犯可以免罪呢？这并不是一个普遍的做法，实际上，精神失常免罪这种说法的成立也是需要前提的。而在美国等西方国家的司法体系中就存在这个基础，即在大多数违法活动中，只有当某人确实是故意犯罪时，他才是有罪的。

比如，如果有人做了谋杀的计划再杀人就是故意犯罪，需要承担刑事责任。但是在精神存在障碍的人意识中，并不知道自己正在犯罪，或者是他认为他必须采取某种违法行为而且别无选择。在案件审理时，有些法院就需要判定被告有罪的这种故意因素。

判断精神失常的程度，需要根据被告辨认或控制自己行为的能力，而判定其能否在法律上承担某种义务或是否具有从事某种活动的资格，包括责任能力、民事行为能力、诉讼能力、作证能力和服刑能力。对于不能辨认自己的行为或不能判断自己行为的性质和丧失控制自己行为的，可以视为精神失常，不具有责任能力或行为能力因而不具备诉讼能力和作证能力，不能作为刑罚的对象。而并非不能完全辨认和控制自己行为的，具备部分责任能力和限定责任能力，需要承担部分刑事责任。

【案例分析】

2012年10月24日，罗城仫佬族自治县人民法院判处了一起精神患者的犯罪案件，一审以被告人王某犯故意杀人罪，判处有期徒刑10年零六个月。

王某来自广西罗城仫佬族自治县，王某在村中一直被人叫作"王傻"，事实上王某确实存在精神问题，但是王某能够认清楚人，懂得基本的生活常识，王某还结了婚，有妻子有小孩。王某在村子中脾气一直不错，小孩叫他"王傻"他也不生气，但是这样一个好"王傻"却杀人了，而且手段非常残暴。

2012年1月19日16时许，王某在罗城县章罗村遇到被害人张某，声称要和张某一起去买猪肉。当二人行至猪肉店时，王某趁张某不备从猪肉摊上拿起一把菜刀就向张某后脑砍去，张某虽躲过但是伤到了胳膊，然后张某便逃跑。王某又一路追杀，先后砍伤张某的手腕和肩膀，在追至街口时将张某按倒在地砍断张某的手腕，又砍向头部数刀。随后王某被执勤的警察抓获。

经法医鉴定，张某头部被砍6刀，右手手腕被砍掉，身上共有刀伤15处，最终失血过多死亡。警方又应王某的家属要求为王某做了精神鉴定，鉴定结果显示王某处于精神分裂发病期，能够认清自己的行为，并做出了杀人计划，具备承担限定刑事责任的能力。

讯问王某杀害张某的原因时，张某在村民大会上嘲笑王某是"傻子"，让王某的孩子觉得有一个"傻子"爸爸丢人。王某才心生恨意。制订了杀人计划，故意砍向张某的要害部位导致张某死亡。因为案发后，被害人王某与被告人张某亲属自行达成了民事赔偿协议，王某亲属代其赔偿给被害人张某家属10万元。因而法院没有判决王某的附带民事责任。

法院审理后认为被告人王某处在发病期，对案件具有限定刑事责任能力，依法可以从轻处罚，而且王某认罪态度良好，获得了缓刑处理。王某的家人也服从了一审判决，王某杀人案就此落幕。

王某的案件可以给我们一些启发，如何界定精神类犯罪，对精神类犯罪的量刑处理等。精神病人在发病时期不具备正常的辨识、推理能力，我们应当如何看待精神失常犯罪呢？首先精神失常不同于精神病人，精神病人是指各种有害因素所致的大脑功能紊乱，或是由于心理活动障碍，致使患者歪曲地反映客观现实，丧失社会适应能力，伤害自身和扰乱社会秩序的人。

影响判断是非能力的精神病人犯罪不负刑事责任。精神失常不影响判断是非的能力，应该负刑事责任。精神病人犯罪不负刑事责任或只负限定刑事责任，其监护人应当负民事赔偿责任。

精神失常应当负刑事责任，构成犯罪的应逮捕，并接受法院的审判，但是可以对其精神失常的程度做鉴定，然后酌情量刑。对于精神病人，虽然犯罪不负刑事责任，但考虑其社会危害性，应当送精神病院治疗。而精神失常并非一定要在精神病院进行治疗。

通常，精神失常并不能作为逃避刑罚的借口，相关部门要完善对精神病人犯罪的立法司法程序，正确看待精神失常此类精神类犯罪行为，从公平公正出发，真正做到有法可依，有法必依，执法必严，违法必究。

【犯罪解密】

精神失常作为一种辩护理由已经开始发挥作用，但是要正确看待精神失常犯罪，对于精神失常犯罪的界定要严谨，还要专门针对精神病人犯罪制定量刑标准，不能让"精神失常"成为逃脱法律制裁的借口，遵纪守法是每个公民应尽的义务，不能逃避。

轻生是人生最大的罪恶

"轻生""自杀"这样的字眼经常出现在媒体上，甚至曝光的频率非常频繁。涉及的人群也很广泛，有富裕的商人、普通的公司职员，甚至还有在校的学生。那么，是什么导致了轻生事件的不断发生呢？轻生又带来了怎样的危害呢？

提到自杀，我们不由得会想起自杀的少年维特，虽然维特只是小说《少年维特的烦恼》中的人物，但是却带给世人很多反思。自杀到底是一种解脱，还是一种罪恶？这本小说影响非常广泛，还出现了一种效应，也就是维特效应。

小说讲述的是少年维特在进入社会之后，受到的磨难和挫折，贵族的歧视，职场的不顺利还有爱情的绝望，深刻描写了维特心里的挣扎和迷茫，维特的不幸引发了极大的共鸣。今天，许多人都有维特一样的烦恼，很容易和维特一样做出相同的选择，轻易地结束自己的生命。殊不知，轻生是人生最大的罪恶！科学家把这种受到别人用自杀解除痛苦的启示，自己也效仿用自杀的行为来解脱的行为称为"维特效应"。

心理学家发现，每当一例轰动性的自杀消息在地区范围内报道之后，在很短的时间内，该地区的自杀率就会大幅度提高。因为该地区那些命运类似的人就会受到"启发"，认为自杀可以消除痛苦，于是效仿前者做出不正确的选择寻求解脱。这就好比受到死神的"召唤"一般，实际上是心理暗示导致的惨剧。

此外，电视报道自杀事件能够导致青少年自杀率上升，而且涉及的媒体越多，报道的内容越详细，导致自杀率上升幅度也越大。媒体报道使社会上自杀或企图自杀者增加已经被证实过很多次，最为典型的是：在1986年，日本女歌星冈田有希子跳楼自杀，日本多家媒体报道，还在国际新闻中出现，报道中详细地讲明了冈田有希子的不幸遭遇，结果导致连续几个月内数十名青少年效仿而自杀身亡，其中青年女学生居多。

实际上，自杀是一种心理传染病。美国"自杀学之父"埃德温史纳曾估计，每一人自杀死亡，至少会影响6个自杀者的亲友。这种感染性极强的自杀行为就好像一场"瘟疫"，被传染者同样会选择极端的方式结束生命。据统计，全世界每8分钟就有一个人死于自杀，但在这些自杀事件中，只有被大范围报道过的事件才会导致维特效应。

自杀是受精神或情绪的困扰厉害到难以控制自己而彻底"精神崩溃"的表现。它一般始于心理挫折，发生于正在摆脱抑郁的心理冲突的过程中。自杀的潜伏期很长，可能短短几天但是也可能是几年。导致自杀的因素主要来自两个方面：一方面是压力过大，我们身处的社会是纷繁复杂的，每个人必然都需要面对种种压力；另一方面是来自外界的环境。现代社会中，西方人把人际关系的冷漠作为宗教里面的第八宗罪。

【案例分析】

2008年10月2日,被誉为韩国"国民天后"的女星崔真实在卧室洗手间内自杀身亡,震惊全世界。根据崔真实身边的好友提供的消息,崔真实是因为网上流传自己曾借高利贷给安在焕,而逼死他的传闻一直深感压力,崔真实在自杀前曾经和好友一起喝酒,凌晨左右才醉酒回家,并向母亲抱怨说"明明没有借高利贷给安在焕,为什么人们都说是我逼死安在焕的?人们太过分了。"之后就走进卫生间并锁上了门。虽然崔真实的妈妈当时就敲门询问,不过崔真实表示自己没有事并让妈妈先去睡觉。

然而在凌晨4时左右,崔真实的妈妈在去卫生间时发现了崔真实已经身亡。这样的悲剧并没有结束,在崔真实自缢身亡后24小时内,两名韩国妇女分别以同样方式在家中浴室自杀身亡。在她死后的第二天,韩国变性艺人张彩媛在自家洗手间内上吊身亡,其在自杀前曾表示"可以理解崔真实的心情"。

由于崔真实的影响力,有很多和她经历相似的人模仿自缢。而崔真实的弟弟,在姐姐自杀一年多后,也选择了自杀,很大程度上就是受到了姐姐自杀的"传染"。

我们可以从韩国公布的一组数据中找到一些对"模仿自杀事件"的疑惑。据韩国媒体报道,数据显示,自崔真实自杀的10月2日以来,"效仿自杀事例"显著增加,而当年自杀的人数也比往年大幅增加。据统计,从崔真实自杀的那天以来,10月的自杀者为1793人,比9月的1083人增加710人(65.6%)。

此外,当年韩国境内的自杀人数是历年来人数最多的一年,而且情节恶劣,对韩国人民造成了巨大的心理阴影。崔真实的自杀事件只是韩国出现的明星自杀事件中的一件,但是却带来了十分恶劣的影响。

自杀是一种艰难的选择,每一起自杀事件的发生,都可能会对周围其他的人产生一定的心理暗示,引起效仿。自杀对亲朋好友造成的心理阴影可能会持续很长的时间。自杀作为解决问题的方法在一定程度上会给周围人一种心理暗示,造成自杀行为的效仿,从而使自杀像传染病一样在自杀者的周围传播。

一般情况下,有意图自杀的人通常是充满心理矛盾的,一方面因为各种压力想自杀；另一方面又眷恋亲人想要活下去。但是大多考虑自杀的人在他们的日常表现中我们会发现一些蛛丝马迹。比如有意自杀的人在某个时候会显现出厌世的情绪，反叛行为明显，情绪喜怒无常。

有关专家在对自杀者进行的研究中发现，自杀行为是会传染的，尤其是在亲友与周边地区之间传染。而且这种传染性会随着媒体或者其他的传播途径传染得更广泛。这是自杀的一个特性：自杀行为的集聚性。自杀是一种极端的解决问题的方式，会给周围人强烈的心理暗示，在以后遇到类似问题的时候会在潜意识里对自杀进行效仿。

从对自杀的现实情况分析，我们发现导致自杀有如下一些心理因素的影响：

1. 厌世感。这其实是对社会压力的一种抵触。每个人在生活中都会遇到各种挫折，但是自杀者容易屈服于外界压力，在受到不公正的待遇时，无力抗争，失去工作或生活的乐趣，认为自己"多余"而选择自杀。

2. 罪孽感。也可以称为愧疚感，由于之前对于某些人做过不对的事情而无法原谅，这种情绪前期以抑郁的形式出现，这种自杀倾向的潜伏期很长。或者是曾经触犯法律，为逃脱制裁而自杀。

3. 冲动感。这是一种冲动自杀，在生活中难免争吵或者不公平，但是由于觉得"吃亏"，一时感情冲动丧失理智而自杀。

4. 失落感。自尊心人人皆有，但是极端的自尊心也可能驱使自杀行为。当然，这种情况比较极端，主要与当事人的心理特性有关。

5. 从众感。这是一种盲目的自杀，一般发生在集体自杀中。这种情形在日本等国比较常见，厌世的人聚集到一起，产生了共鸣，从而集体赴约自杀，显示对社会的一种抗争。

【犯罪解密】

人类社会的进步伴随的是社会压力的加大，但是绝不可通过极端的方式来解决，不仅失去了生命还解决不了问题，还会给家人亲友带来不可估量的心理阴影。我们要重视人们的心理健康，注意挫折教育，一个对生活充满热情的人，不会轻生，一个懂得发泄情绪的人不会轻生。

第八章 家庭侵犯性暴力
——让家庭暴力无处藏身

> 家庭是温馨的港湾，但也是暴力犯罪最好的挡风板。不少家庭都笼罩在家庭暴力的阴影之中。是什么导致了亲人之间的暴力行为？这种十分隐蔽的家庭犯罪背后又有什么心理在作祟？

家庭暴力就在我们身边

2011年8月底，疯狂英语创始人李阳的妻子李金（Kim）在微博上公开曝光：李阳对她实施家庭暴力，并公布了照片为证。一时间，引发社会的普遍关注和热议。近年来，家庭暴力事件引起的惨剧渐渐地走进了人们的视线，大家才惊觉家庭暴力就是潜伏在身边的魔鬼。那么，家庭暴力到底是一个什么概念，我们又该对家庭暴力持有怎样的态度呢？

家庭暴力简称"家暴"，是指发生在家庭成员之间的，以殴打、捆绑、禁闭、残害或者其他手段对家庭成员从身体、精神、性等方面进行伤害和摧残的行为。家庭暴力一般发生在有血缘、婚姻、收养关系生活在一起的家庭成员间。比如，丈夫对妻子，父母对子女或是收养关系中的父母对子女等。

在家暴事件中，受害者大部分是妇女和儿童，也有的老年人和残疾人会成为家庭暴力的对象。家庭暴力是直接作用于受害者的身体，通过身体上的伤害造成了精神和心灵上的阴影，损害身体健康和作为人的尊严。家庭暴力并不是我们想象中简单的家庭纠纷，严重时家庭暴力会导致死亡、重伤等无法估量的后果。

家庭暴力并不是仅仅存在于中国，根据一份数据显示，美国家暴受害妇女超过了强奸、抢劫及车祸受害妇女的总和。世界范围内至少有三分之一的妇女在她的一生中遭受过暴力、性暴力或虐待，而大多数施暴者是她的家庭成员。

研究发现，家暴的发生一般呈循环性，其过程主要表现为：

第一，紧张状态阶段：在双方意见不合时出现的激烈语言攻击伴随着对控制受害者的交际关系、金钱、人身自由等状态。

第二，暴力阶段：紧张的状态得不到控制而爆发出现攻击身体的行为。数据显示，在暴力阶段一般都具有隐秘性，暴力发生时常常不为人知。

第三，亲密阶段：家庭暴力一个显著的特点就是具有反复性。在美国女子监狱公布的一份数据中我们发现每一位受害者的身体都曾经遭遇过不同恢复期的损伤，主要是挫擦伤和撕裂伤。家暴之所以会出现反复性是在攻击之后施暴者对自己的行为感到愧疚，使受害者相信不会再出现类似事件，但是事实上，每一次的反复都会比上一次严重，无数的案例都揭示了这一点。

【案例分析】

苏小姐是一个上海姑娘，独身到北京工作，几年下来也算小有成绩。经他人介绍与独生子程某相识，苏小姐认为程某老实可靠，而且家境殷实，两个人就确定了恋爱关系。经过一年多的相处、相爱，两个人终于走进了婚姻的殿堂，依法进行了结婚登记，并生育一女儿。

婚后初期，程某对苏小姐体贴入微、百般呵护，小两口和和睦睦，日子过得甜甜蜜蜜。随着女儿的问世，程某好像舞台变脸一样，开始限制苏小姐，要求她辞掉工作，在家看孩子，不仅如此，常常夜不归宿，在外面和朋友花天酒地，喝得醉醺醺回家后就和苏小姐争吵，而且争吵的理由千奇百怪。

起初，程某只是为琐事争吵，但是慢慢的在争吵过程中程某开始动手了，有时是打一巴掌，有时是踢一脚，但是有一次在推搡中将苏小姐推到了桌角上导致了苏小姐的昏迷。苏小姐的家人从上海赶来和程某的家人一起面谈了一次，程某的家人认为只是夫妻小打小闹而已，而苏小姐的家人不接受这个说法，但是无奈，小孩子需要爸爸，于是在双方家长的主持下，程某向苏某写下保证书：保证不在外面花天酒地、借酒装疯，不再打苏小姐。

此后一年多的时间里,程某对苏小姐的言行有所收敛,表面上还算过得去。但是好景不长,一天晚上的11点多钟,程某在外喝酒歪歪倒倒回家后,冲进房间将苏小姐从床上拖起,并施以拳脚,致苏某身上青紫多处出现,苏某遂后报警,公安机关以家庭纠纷为由口头教育了程某。次日,苏小姐回娘家居住。

几天之后,苏小姐早上出门时,中途遭程某拦截殴打,致全身上下多处受伤,从头面部到下肢,青紫面积分布较广,经报警才得以制止。苏小姐在无法忍受的情况下,遂诉至法院,以程某对其实施家庭暴力为由要求与程某离婚,并赔偿其损失10万元。但是在诉讼中,程某拒不承认对苏小姐实施了家庭暴力。

苏小姐承受家庭暴力长达3年之后才选择了离婚,但是这3年的家暴经历对苏小姐的精神和心灵伤害是无法用金钱弥补的。我们不难发现家暴的产生是有多方面的原因的。从调查分析情况来看,归纳起来,主要体现在:

1. 由观念错位、贪恋婚外情导致家庭暴力。随着改革开放的脚步,人们的思想和文化在碰撞的过程中也产生了很多弊端,比如人们的道德观念特别是婚姻道德观念发生了错位。一些数据显示一些男性在生活条件殷实之后就包养"二奶"甚至非法同居,生儿育女。以各种借口逼迫妻子离婚,把妻子赶出家门,妻子稍有反抗,则会招致家庭暴力,调查中,由婚外情引起的家庭暴力占家庭暴力事件总数的30%。

2. 一些男性性格扭曲、品行不端直接引发家庭暴力。这些男性性格扭曲,行为也就扭曲了,常常无端的就对妻子拳打脚踢。妻子若欲提出离婚,就会招致更多的毒打。而妻子常常忍气吞声,不敢告发。此类情况占家暴事件总数的22.5%。

3. 严重的大男子主义思想作祟引发家庭暴力。一些男性大男子主义思想根深蒂固,常常因一点点生活小事,对妻子大打出手,以此来满足自己"男子汉大丈夫"的自尊心。这种情况占23%。

4. 历史原因和社会原因。从历史发展来看,长期以来的男权统治地位和父权文化观念导致的"男尊女卑"思想仍然存在;从社会角度来看,一是妇女的地位存在事实上的不平等,二是社会上多数人认为"家庭暴力是家庭内部的事"。与男性相比,女性的收入水平偏低,没有独立的经济能力造成了经济上依赖丈夫的情况,因而受到不公平的待遇。特别是贫穷地区生活条件差,妇女的文化水平不高，面对家庭暴力时，常常会选择隐忍。

5. 社会对家庭暴力问题重视不够。社会上对家庭暴力事件的宣传不够到位，没有家庭暴力这方面的教育，人们都没有意识到家庭暴力是违法行为。

6. 没有完善的针对家暴的配套法律法规和预防家庭暴力的措施。缺乏立法监督，也缺乏执法力度。明确了家庭暴力的产生原因，我们就能够从根本上解救这些正在被家庭暴力苦苦折磨的人们，运用法律的手段捍卫自身的合法权益，学会对家庭暴力说"不"。

【犯罪解密】

要正确理解家庭暴力与犯罪的关系，有人认为如果动机目的合理，家庭暴力就不构成犯罪，这是一种误解。事实上，我们反对家庭暴力就是因为它侵害了受害者的生命安全、人身自由和人格尊严。

什么是冷暴力

随着物质生活质量不断提高，人们享受到了充分的便利，但随之而来的是精神的匮乏。尤其是手机、网络等技术的兴起，人与人之间的情感沟通反而容易出现问题。具体表现为，彼此的关系日趋冷漠，即使是邻里关系也可能没有说过话，对金钱利益的追逐使得人际关系越来越淡。尤其在家庭这个社会单位里，关系的淡薄使很多人经受了冷暴力的困扰。

冷暴力是指不是通过攻击、殴打等暴力行为解决问题，而是表现为用语言嘲讽、轻视或者是态度上刻意忽视、冷漠、疏远等，致使他人受到精神上和心理上的侵犯和伤害。而冷暴力表现在家庭中主要是隐藏在家庭暴力中。据统计，八成的家庭暴力受害者都表示曾经受到过冷暴力的伤害。

所谓"家庭冷暴力"，是指夫妻双方产生矛盾时，态度冷漠、没有语言交流、停止或敷衍性性生活等非正式暴力行为。家庭冷暴力在本质上是一种精神虐待，这也是一种家庭暴力。不同于以肉体伤害为主的暴力行为，家庭冷暴力主要是通过暗示威胁、语言攻击、经济限制等方式，达到精神上折磨对方的目的，最终使某一方或双方都"精神崩溃"，导致离婚，严重时会出现犯罪行为。

与家庭暴力主要是某一方是受害者不同，家庭冷暴力的受害者是全部的家庭成员，除了夫妻是直接受害者之外，对老人和小孩的心理影响也是巨大的，这种隐患将会影响小孩子未来的健康成长。而且父母的行为潜移默化地影响了孩子的性格和行为。

一项社会调查表明：在发生矛盾的家庭中有88％会出现夫妻双方互不理睬的现象，30％多出现负气使劲关门离家而去或摔东西的行为，48％的家庭会出现互相辱骂的现象，还有20％左右的家庭中，丈夫会威胁并殴打妻子。

家庭冷暴力的危害是十分严重的，虽然没有诉诸武力，但是精神上的折磨和摧残使婚姻关系长期处在不正常的状态，这在某种程度上比肉体上的痛苦更难以接受。大多数处于家庭冷暴力中的受害者经常表现出孤独感、孤立感，情感上十分脆弱，情绪波动大，这样的心理活动会导致他们的精神崩溃而做出无法控制的行为。

冷暴力多发生于"高知"家庭，即受教育水平较高的知识分子家庭。专家分析，这些家庭的家庭成员文化素养比较高，因而吵架辱骂和殴打这样的暴力行为不会出现，但知识分子自尊心强，不善于宣泄和表达，对感情和精神的要求却比一般人更加细致，"冷暴力"所造成的精神伤害也就更加突出。在现实生活中因家庭冷暴力而导致的犯罪事件绝不稀奇。

【案例分析】

2005年6月3号的下午，美国加州的社区心理救助站来了一位特殊的"病人"，这个"病人"是一名饱受家庭冷暴力长达7年的中年妇女。她叫米娅，在她去寻求别人帮助的时候，米娅的精神已经开始出现了恍惚，而且沉默不说话，身体极度消瘦。救护站的人员先把她带到医院做了检查，检查后发现米娅出现了严重的大脑老化，除了记忆力下降之外，还出现了轻微的心肌炎。

这样的结果让米娅的父母非常震惊，根据米娅父母的说法，米娅是一家大型服装公司的设计师，原本的她性格开朗而且很强势，一直都比较快乐。然而米娅的幸福生活截止到7年前，在米娅嫁给当时公司的老板瑞恩之后。

米娅和瑞恩在公司里认识，因为米娅的乐观和才华使瑞恩非常欣赏，在恋爱2年后米娅和瑞恩就结婚了，婚后米娅被要求辞去工作，米娅欣然接受了，但是这是米娅悲惨生活的开始。米娅辞职之后，每日在家无事可做，朋友们都要上班，米娅和邻居也不熟悉。

米娅终日无聊，而瑞恩却每天都很忙，因为公司的业务，常常要出差好久不回家，米娅向瑞恩抱怨没有得到关心，瑞恩起初也会讨论这个问题，但是到后来，瑞恩就表现得不耐烦，瑞恩说："这个问题没有讨论的必要，你在家里怎样打发时间是你自己的事。"于是，米娅决定继续设计衣服，但是米娅迫切地希望自己的设计能被制造出来而不仅仅是图纸，所以米娅跑到公司跟瑞恩讨论设计投产的问题，但是被瑞恩赶回了家，并且把图纸都扔掉了，瑞恩说："我只是希望你在家里就好。"

于是米娅又一次被孤立在家里。这样的孤单没有就此结束，瑞恩开始非常忙碌，每天回家都很晚，有时米娅会闻到其他的香水味道，在面对米娅的质问时，瑞恩只是说公司贸易的需要就不再开口了。米娅认为瑞恩背叛了她，就暗中跟踪瑞恩但是被发现了，瑞恩非常生气地把米娅锁在了家里。限制米娅的去处，不让米娅工作，也没有钱，而且还聘请了保姆来"照看"米娅。米娅曾向朋友倾诉，但是父母朋友都觉得米娅的生活很好，所以米娅就放弃了，米娅开始变得不说话，因而造成了严重的后果。瑞恩也因为非法监禁被加州警方调查。

米娅的遭遇就是家庭冷暴力导致的，虽然在别人的眼中，米娅过得非常幸福，但是米娅却长期忍受着冷暴力的折磨。家庭婚姻专家指出："冷暴力对受害者的伤害比其他的显性暴力更大，严重时会导致受害者产生精神疾病。但是由于隐秘性高，法律制裁的难度大，目前还没有法律对冷暴力做出明确的界定。"

家庭暴力可以由法律介入解决问题，那么"冷暴力"呢？因为冷暴力的隐晦性，靠法律强制介入并不实际，对抗"冷暴力"，我们需要更多的是自身的心理建设。

1. 平静。当你发现你的家庭出现冷暴力倾向时，要平静下来，任何时候都不要大吵大闹，你一定要保持冷静，这样才能有足够的心情来分析你们之间的矛盾所在。

2. 分析。你可能需要一张纸和一支笔来记录在生活中可能会发生的矛盾，然后找出与自己无关的因素，然后寻找是什么原因导致了冷暴力。

3. 交谈。人与人相处沟通非常重要，而交谈是打破冷暴力的利器。摒除外人，然后开诚布公的谈各自的想法，理解对方的思考模式和心理波动就不会再出现因为不理解而出现的误会了。

【犯罪解密】

目前针对冷暴力犯罪，《婚姻法》中并没有明确界定，但是却规定了家庭暴力的内容，冷暴力是家庭暴力的一种，我们不仅要关注冷暴力事件，还要学会拿起法律的武器维护自己的合法权益，不要因为"家丑不可外扬"使自己陷入冷暴力的旋涡之中。

你是施暴者还是受害者

随着新媒体以及网络的普及，之前一直潜伏在地下的家庭暴力逐渐浮出水面，成为人们日益关注的社会问题。对家庭暴力进行深入的了解，可以发现它绝不是"家庭内部事件"这么简单。那么，在家庭暴力事件中，谁是施暴者谁又是受害者呢？

首先明确一点：哪些人容易成为施暴者？通过调查发现，在世界范围内的家庭暴力事件中，虐待妻子和孩子的施暴者超过半数是"三高"人士。所谓"三高"人士，就是指文化程度高、职业层次高、社会地位高的人士。这些人有国家公务员、医生、科技工作者、高级主管或白领。那么为什么这些人比较容易成为施暴者呢？

家庭暴力的施暴者往往存在性格缺陷，极度爱面子，自尊心强，或是因为成长经历中存在自卑感，这些极端的思想在遭受到精神刺激时或者承受挫折时就会爆发出来，可能会出现攻击行为，也有可能出现冷暴力，家庭暴力成为他们发泄的途径。

美国一家心理咨询服务中心曾经做过一项调查，在虐待妻子的男性中都存在心理疾病，偏执、自大、焦虑、怀疑等情绪都是被扩大化的，有些人甚至出现了狂躁症的倾向。而另一份数据显示，在施暴者中接受过大专以上教育的人占到了64％，其中5％是硕士、博士和科学研究学者。

高智商人群的暴力倾向是怎样形成的呢？除了性格缺陷之外，巨大的生活压力也是一个导火索。当下的时代生活节奏快，这些"三高"人士尤其是男性承受的精神压力比较大，这些人的心理普遍脆弱，在没有意识到以前，家庭暴力已经成为发泄的途径了。另外，女性和家庭对丈夫的要求过高也是一种原因，一些女性朋友认为另一半要对自己关爱备至，长期的不公平很可能伤害了男性自尊而产生暴力行为。

心理学家经过深入研究发现，那些有家庭暴力倾向的知识分子，其个性特征可以划分为以下五种情况：

第一，怀疑型。这是施暴者的一种普遍心理，这种怀疑心理是感觉到被背叛因而限制对方，若对方反抗就会招来暴力。

第二，暴力型。这类施暴者本身的脾气比较大，用暴力解决问题是一种行为习惯，在遇到不顺心的事情时就会将情绪发泄在家庭暴力中。

第三，专制型。这类施暴者是大男子主义的典型代表，一切以自己为中心，妻子必须绝对服从，当妻子或家人有不同意见时就会有暴力行为。

第四，依赖波动型。这类施暴者的性格较为内向懦弱，但又爱"面子"，与社会环境适应不良，就依靠家庭暴力挽回"面子"。

第五，挚爱冲动型。这类施暴者就是"因爱成恨"的代表，平时是模范夫妻，但性格暴烈，一旦不合就大打出手，实施暴力。而这类家庭暴力的反复性十分凸显，原因就在于虽然施暴者在家庭暴力时没有理智，但冷静后会主动承认错误，受害人总是心软答应。

家庭暴力绝不仅仅是一方面的问题，那么什么样的人容易成为受害者呢？调查发现，承受家庭暴力的家庭有57.3％，但是诉诸法律或者是妥善解决的却只有10％不到。这样巨大的反差让我们明白：家庭暴力的构成除了有暴力因素，还有被暴力因素。而被暴力因素的关键就在于受害者。受害者在心理和生理上的屈服软弱为施暴者提供了暴力的"温床"，因为受害者选择忍让而导致的家庭惨剧非常之多。

【案例分析】

2007年年底，中国广西的一家律师事务所接到了一件特殊的代理案件，被告人是一位年逾60的老人，而原告就是这位老人的妻子，袁某。本该享受天伦之乐的两位老人怎么会对簿公堂呢？通过律师的调查发现，原来这位袁婆婆已经遭受了丈夫的虐待长达40年了。

袁某出生在广西藤县，这个地区多是山地，因而当地的经济条件很差，在袁某很小的时候就定下了娃娃亲，也就是现在的丈夫。在袁某19岁的时候两个人就顺理成章地结婚了，刚结婚的那几年两个人相濡以沫，日子虽然贫困但勉强过得去，后来他们有了两个孩子，为了供孩子上学，丈夫决定外出打工挣钱。

于是，全家人就搬到了县城里。但是原本该过上好日子的袁某却迎来了人生的地狱。袁某的丈夫在搬到县城之后，虽然挣钱很多，但也染上了爱喝酒的毛病，袁某只要一有微词就会招来打骂。最初丈夫只是打两下，但是后来就一发不可收拾，多次将袁某打成重伤，造成了袁某的左腿骨折并落下了残疾。

有人劝说袁某离婚，但是袁某认为这是"丢人"的事，以后抬不起头来，不愿意离婚，而且还教育子女说"男人们都是这样的"，就这样袁某一直隐忍了40年之久，而在袁某57岁的这一年，子女实在不能忍受母亲再受到家庭暴力，决定通过诉讼离婚。

律师接触了袁某的丈夫，丈夫不同意离婚，而且认为"家事不用别人来管"，律师告诉他，他这样做是违法的，老人却一脸茫然。通过沟通，讲解有关妇女维权的知识，老人才渐渐意识到家庭暴力是违法的。通过法院和有关单位的调解，老人同意离婚，在法庭上，袁某的丈夫承认了自己的错误，意识到女人不是附属品。最后两位老人在法院的调解下离婚。

受害者一般集中于文化程度低，经济不发达地区，容易成为受害者的就是"三低"人群——文化程度低、收入低、社会地位低。在不发达地区男权思想仍然根深蒂固，这就造成了受害者隐忍的性格，在受害人看来这并不是家庭暴力，只是普通的家庭纠纷，对家庭暴力的认识不清导致的惨剧数不胜数。

虽然在发展的浪潮中女性的社会地位有所提升，社会也提倡男女平等，但是女性地位仍然处在男性之下也是事实。而最重要的就是经济自主，一般的女性在组成家庭之后往往会选择辞掉工作在家，这就相当于放弃了"平等"地位，没有经济自主，凡是金钱问题都是依靠男性，导致了男性的大男子主义专制行为。

那么施暴者的性别是绝对的吗？很多人认为家庭暴力的施暴者都是男性，其实不然，在家庭暴力中施暴者和受害者的性别不是固定的，根据德国的专家公布的一项关于家庭暴力的调查结果发现，德国家庭中有近50％的比例是妻子向丈夫施暴，这一调查结果引起了社会各界的重视。这一现象和德国的国情有关，但是世界各地都有妻子对丈夫实施暴力的案例。一般情况下，妻子向丈夫大打出手的家庭暴力比较少，这样的暴力行为一般出现在虐待儿童或者虐待老人中。然而，没有身体攻击行为不代表没有精神折磨，据资料显示，全世界80％的家庭都曾经有过家庭冷暴力，而冷暴力的实施者多半为女性。

【犯罪解密】

无论是施暴者还是受害者都是家庭暴力的构成因素，要正视家庭暴力带来的危害，受害者在意识到家庭暴力的恐惧时一定要向有关部门求助，而完善家庭暴力的法律法规使遭受家庭暴力的受害者有"庇护所"也是势在必行的事。

更年期——暴力高发区

近年来，暴力犯罪的案例不断增加，公布的权威调查发现中老年人的精神暴力非常突出，据资料显示，55％的家庭破裂和80％的自杀者源于隐性的心灵施暴，而中老年的精神暴力占很大的比例。而原因就是由于中年人步入更年期之后，生理和心理会发生极大的变化，容易产生暴力行为，我们称为"更年期暴力"。

所谓"更年期暴力"就是指从手势、语言到肢体冲突的粗暴行为，社会中普遍存在更年期女性粗暴表达的形态。一项调查研究发现，自虐行为在女性中并不罕见，尤其是更年期女性，其表现形式多种多样，恶意诋毁自己，到绝食、割腕等自伤行为，甚至会出现自杀行为。

更年期是人生命中的一个自然现象，对于女性来说，更年期出现在45—55岁，是指卵巢功能从旺盛状态逐渐衰退到完全消失的一个过渡时期。对于男性来说，是指50—60岁这一阶段。在更年期，女性会出现一系列的生理和心理方面的变化。多数妇女能够平稳地度过更年期，但也有少数妇女由于更年期生理与心理变化较大，容易形成心理疾病并产生暴力行为。

美国随机调查的数据表明，每18秒就有一个女性挨打，但每12秒就有一个男性挨打。在家庭暴力案件的调查中发现，在正处于更年期的女性家庭中，一般女性先动手的较多，这样的家庭暴力往往是女性在精神上的暴力使男性无法忍受最后用身体暴力来发泄。

众所周知，处于更年期的中老年人心理波动变化大，因而很容易暴怒或悲伤。通常，更年期的心理特征有：情绪不够稳定，易激动，易怒，易紧张焦虑；心理敏感性增强，感觉易敏感；注意力不够集中，不易集中精神，不易专心做事，容易出现幻听现象；记忆力减弱，容易忘事，且记忆力能够维持的周期变短。

据调查，女性暴力跟男性有着极大区别。男性的暴力行为心理扭曲成分占很大部分，而且暴力的对象是对外的，而女性的暴力却更多地指向自己和孩子。

弗洛伊德曾经指出人性有两种本能，一种是生的本能，是求生的力量；另一种是死的本能，也就是攻击本能。攻击的本能可能指向外部，造成他人的人身伤害，也可能指向内部，造成自残或者自杀。女性的暴力相较于男性更具有情绪性和隐秘性，深究女性暴力的原因会发现在背后隐藏着更多的感情缺陷和深层心理原因。

一方面，社会给予了男性更多的发泄不满情绪的权利，而对于女性，社会却没有足够的关爱，社会上对于女性的定位都是端庄贤淑，一旦出现反叛行为就会被世人诟病，因而社会期待导致女性只能压抑自己的情绪，而女性本身的性别特点就容易焦虑、沮丧，这些情绪得不到释放，就只能把矛头指向家庭。

另一方面，现在的"一胎化"也给女性带来了压力。社会在提倡男女地位平等的时候却没有给女性平等的权益平等，女性接受的教育程度越高，社会要求也越高，而家庭独生女性除了要承受经济压力之外，还要承担来自家庭的压力，因而比较容易暴怒。而在更年期，由于心理敏感，将这些压力带来的焦虑、烦躁等无限放大，当家庭不理解时，矛盾激化就会出现暴力行为。更年期的暴力案件的发生近年来也是只多不少。

【案例分析】

2006年7月3日，浙江省发生了一起少年弑母的人间惨剧。这位少年姓马，其母亲姓郑，这起人间惨剧引起了人们的广泛关注。而马某周围的邻居、亲人没有一个相信他会做出这样的事情。在众人的眼中，马某是一个乖小孩，学习成绩优异，非常有礼貌，只是性格孤僻了些，不太爱说话而已。这样一个才16岁的少年怎么会做出这样残忍的事情呢？警方将马某拘留之后进行了审问，马某起初非常沉默，一句话都不说，后来突然情绪激动大声哭着说，"她不是我妈，我没这样的妈"。警方随即对马某的家庭环境做了调查，调查的结果却让人们同情这位沉默的少年。

马某的母亲郑某，46岁，无业，无固定的经济来源，独自带着马某生活，马某的父亲在马某7岁时去世，这更加重了这个家庭的经济负担，而马某的母亲在40岁的时候就失业了，以接裁缝的活来维持生计。由于郑某在30岁的时候才有了马某，因而望子成龙的她对马某非常严格，她认为慈母多败儿，因而无论是生活还是学习上都是严厉的。

但是这种严厉随着年龄的增长也增长，由最初的限制出门和作业到儿子的电话都要接听，做任何事都要报告这样的程度。马某没有办法，只是和母亲冷战，但是儿子的沉默加重了郑某的不满，郑某开始打骂孩子，打完之后便出门打麻将，也不再努力工作了，还经常和牌友吵架。在一次打骂儿子的时候，郑某提到了父亲，并且言辞过分，刺激了这位少年的心，这种长期压抑的情绪爆发了出来，然后发生了弑母的惨剧。根据邻居的取证，警方确认郑某有过家庭暴力行为，因而在对马某提起公诉时，在上交的材料中提到了这一点。

马某的母亲就是典型的更年期暴力，长期的生活压力和没有人陪伴的孤独感在郑某更年期的时候被扩大化，出现了打骂孩子的暴力行为，在身体暴力和精神暴力双重作用下，马某的心理也发生了严重的扭曲，所以才会没有理智的将死亡的手伸向了母亲。我们可以看到更年期暴力的危害性是极大的。

面对更年期这个暴力的高发阶段，我们要先从处理愤怒情绪入手才能避免更年期暴力，让家庭侵犯性的暴力无处藏身。那么怎样处理情绪呢？

1. 找到无伤的发泄方法。无伤发泄就是不通过伤害行为释放不满的情绪。这样可以缓解激动和愤怒。

2. 谈论自己的情绪和感受。大部分的更年期暴力的产生都会有很长一段时间的不满情绪潜伏期，因而家庭的沟通很重要，在沟通时切忌不要出现语言或身体攻击，不然问题不仅得不到解决还会加重。

此外，要寻找心理医生的帮助：更年期并不可怕，它是一个正常的人生阶段，但是更年期带来的心理变化却不容忽视，在出现暴力冲动时就要及时进行心理咨询，这样一来就会减少因为更年期带来的暴力问题。

【犯罪解密】

正确认识更年期暴力，不采取逃避的态度，才能妥善解决生活中的问题。作为家庭成员，要对更年期的人，尤其是女性的心理波动有所了解，当她们出现暴力倾向时，需要家庭成员的原谅和帮助，使其健康地度过更年期，减少犯罪的可能。

不要忽视情感障碍

伴随着人们生活压力、就业压力和工作压力等压力的增多，人们不仅在生理上处于亚健康状态，心理上也处于亚健康状态，常常会因为心理承受力差导致心理疾病的产生。情感障碍也是不能忽视的心理疾病的一种。

所谓"情感障碍"，在国外也被称为"心境障碍"，主要表现为情感高涨（躁狂）或低落（抑郁），或两者交替出现。而严重的情感障碍被称为情感性精神病。

一般的情感障碍涉及情绪和心境这两个方面。在医学中，情感和情绪常常被用作同义词，是指个体对客观事物的态度和与态度相应的内心体验。而心境是指一种较微弱而持续的情绪状态。情感障碍是一种精神障碍，表现为情感高涨、语言增多、精力旺盛，这种是躁狂状态，而表现为情感低落、沮丧、精力下降，这是抑郁状态，严重时会出现幻觉和妄想症。

当然，情感障碍也有特殊状态，即躁郁症，在医学上躁郁症又被称为双相情感障碍，这是一种兼有躁狂症和抑郁症的精神疾病，一般在临床医学上，单纯的躁狂症极为少见，因而对于躁狂症发作的病例就视为双相情感障碍。

情感障碍带来的危害是巨大的。情感障碍的基本表现就是情绪的极度不稳定，如果不及时治疗会造成长期的反复发作，导致病情加重，出现抑郁症、妄想症等情况，情感障碍会演化成反复化、慢性化的精神疾病。不仅会使患者的生理健康受到威胁，还会导致人格改变影响正常的社会功能。

病人抑郁时会极度悲观厌世出现自杀行为，激动时由于情绪极度烦躁，无法控制会出现暴力行为。而且由于病前的人格改变和疾病症状的影响，患者会出现酒精依赖和药物依赖等情况，这会使病情加重。在病情发作时，患者的工作、学习、社会交往都会出现问题，有时会出现胡乱伤人的情况，因此情感障碍一旦出现就要及时治疗，避免发生不良的后果。

在生活中，情感障碍的患者有很多，但是由于对情感障碍此类精神类疾病没有系统的了解，只是当作一般疾病来治疗必然会延误治疗时机耽误病情。在情感障碍、精神错乱的同时产生心理扭曲，然后在扭曲的心理驱使下，犯下不可饶恕的过错，这样的案例也有很多。

【案例分析】

2006年的春节，各家都处在欢天喜地过大年的气氛中，但是在江苏省的栖霞区却发生了一起丈夫杀害前妻的案件。警方在介入调查时，发现凶手有精神分裂的倾向，于是带凶手张某在医院进行了精神鉴定，鉴定结果表明张某患有严重的情感障碍，已经出现幻觉、妄想和严重的攻击行为。

警方调查了邻居后了解到，张某年少时曾经因为抢劫而服刑过两年，之后又因为吸毒在戒毒所过了三年的戒毒生活。张某在吸毒之后其妻子就和张某离婚了，而张某的孩子随姑姑搬到城里生活，母亲又改嫁了。

张某在出狱后就找过前妻要扶养费，并找到妹妹想要回儿子，但是这两个要求都没有得到满足，张某在得不到满足时曾经要挟过前妻，并有暴力行为，后来前妻答应给张某3万元的扶养费，此事才算了结。

之后，张某又花钱"买"了一个妻子，但是张某十分暴力，常常对妻子拳打脚踢，后来现任妻子就逃跑了。这时张某开始经常对周围的人出现攻击行为，常常大哭大笑，吓坏邻居家的孩子，而且经常打破邻居家的窗户、门，见到想要的东西就抢，村委会派来调解的人也被殴打，不少邻居都搬走了。

从2005年开始，张某又开始找前妻要钱，稍有言辞不对就拳脚相加，还将前妻的孩子绑架做要挟，前妻再次妥协，然后找到警方，警方以绑架未遂的罪名逮捕了张某并处以了8个月的监禁，2006年，张某再次出狱，但是出狱后的张某死性不改，还是一直找前妻的麻烦。这次张某不再要钱，只是一见到前妻就殴打，周围人的劝阻张某根本就不听。在春节时，张某又来找麻烦，恰好前妻的丈夫外出打工回家，于是两个人就厮打起来，张某的前妻在劝阻时，被张某掐住脖子窒息死亡。

在杀人之后，张某被警方逮捕，然后就出现抑郁，对于警方的讯问也没有反应，只是躲在角落。警方请来医生对其进行检查，医生认定是情感障碍。因为情感障碍属于精神类疾病，因而在量刑中需要考虑这个因素。

情感障碍的发病期较之其他的精神疾病要早，而且是长期反复的过程。情感障碍多在45岁之前发病，15—19岁是首发的高峰期。在这个高峰期，躁狂多发病在青年期，而且发病很快，在几天之内就可以发展到疾病状态，而抑郁发作起来比较缓慢，躁狂和抑郁的发作没有固定的顺序，可能连续几次躁狂发作后出现一次抑郁，也可能数次抑郁后出现躁狂的发作，躁狂和抑郁是混合存在的。

概括起来，精神障碍发病因素主要有两个。一个是生物学因素，主要是家庭遗传。遗传因素是最重要的因素，却不是唯一的因素，一般在医学上认为是多基因相互作用提高了精神障碍的可能性。即使是双生胎，同时发病的可能性也不超过50%，一般正常人的终生患病率约1%，而精神障碍患者家属的终生患病率也只有10%左右。

另一个是心理社会因素。心理成长不健全也是一种诱发因素，一般情感障碍的患者都有人格障碍或具有这种倾向。而某些人格障碍与特定的精神障碍有密切联系。人格障碍本身就是一种精神障碍。人格不健全者更容易患情感障碍。社会环境也会对患者的心理和情绪造成影响。

对于情感障碍，我们还需要注意的是，情感障碍和精神分裂不同，虽然精神分裂症的患者也会出现言语、动作增多的倾向，但是情绪上并没有情感障碍患者那样的多变性，精神分裂的患者往往情感、思维和动作不协调，而且缺乏主动性，虽然有冲动行为但大部分时间是退缩、孤僻的。

因此在应对情感障碍时，要区分方法，针对不同的表现要有不同的应对方法。情感障碍在躁狂症发作时，情感高涨，活动增多，称为协调性精神运动性兴奋；在抑郁发作时，情绪低落，思维迟缓，活动减少等，称为协调性精神运动性抑制。

大部分情感障碍的患者即使是最严重的形式，经过恰当的治疗也能从情绪的波动和其他相关症状中恢复到情感的持续稳定。由于情感障碍是一种周期性复发性疾病，因此要采取长期的预防性治疗，也就是药物治疗联合心理治疗，这是应对情感障碍的最佳方案。

【犯罪解密】

情感障碍也是精神类疾病的一种，绝不能忽视情感障碍患者的情绪波动，一定要做到早发现早治疗，尤其是对处在高发期的青少年，家长要注意他们的心理变化，及时沟通，不要在酿成灾祸后再追悔莫及。

观念差异也会导致家暴

家庭暴力已经成为一个世界问题，有资料显示：全球有56%的女性曾经受到过家庭暴力或冷暴力，有34%的儿童在成长中受到来自父母的家庭暴力。导致家庭暴力的原因很多，观念不同造成的家庭暴力占有很大比例，在对家庭暴力进行研究调查的过程中发现，有3成的家庭暴力是因为观念不统一。

那么，观念不统一主要包括哪些具体情况呢？首先，婚姻观念不同。随着人们素质的普遍提高，对于婚姻的理解也有所改善，但是居高不下的离婚率还是说明了一些现实问题。封建传统思想仍然对人们有深远的影响，夫权思想和父权思想在大多数家庭中还是存在的，男性地位比女性地位高导致在家庭单位中，丈夫、父亲是主宰，而大部分人认为男性占据主导地位是理所当然的事情，不少女性也是这样认为。原因是男性是家庭的经济支柱、劳力支柱，按照多劳多得的思想，男性是主导无可厚非。

这样的情况在不发达地区尤为明显。而在发达地区，女性接受教育的程度提高，思想素养也提升，女性在经济自主的基础上提升自身素质，因而要求更多的女性平等和权利，人们普遍认为"女人能顶半边天"，所以要"屈服"于男性领导，女性的"自尊"不允许。男性普遍认为婚姻的状态是"男主外，女主内"，而婚姻的目的是为了下一代，而女性则认为婚姻是平等的，要拥有同样的工作、社交的权利，婚姻的目的是陪伴。

其次，教育观念的不同。有权威数据曾经公布，全球范围内因为教育问题导致的家庭暴力事件约占总数的60%，这样高的比例说明世界范围内都存在教育理念不同的问题。有资料显示，在任何国家的幸福家庭中，夫妻双方对孩子的教育方法都十分一致，家庭成员之间的关系融洽，从未因为对孩子的教育分歧而发生争吵。

再次，心理观念不同。心理观念的不同是男性和女性在先天上的区别。男性在成长过程中由于雄性激素的影响，男性较之女性理智，不善表达情绪，在婚姻关系中，男性更关注女性的外在，而女性则比较关注男性的内心世界。男性的精力旺盛，对于新奇事物有兴趣，而女性却比较固执，尤其是对于感情。男性解决问题表现为速战速决，不会隐晦曲折，而女性表达感情较含蓄，善用间接的方式。经调查发现，女性的戒备心是男性的3倍，因而在婚姻关系中，女性多表现得敏感多疑。最重要的一点，女性的自尊一般比男性要强，女性的特质导致女性的虚荣心也很强。

最后，国际观念的不同。随着政治、经济、文化的全球化，国际交往增多，跨国婚姻也增多起来，但是跨国婚姻中，除了有前面提到的观念不同的问题之外，还会出现国际文化不同的影响。因为受到的文化教育方式不同，对男女关系、亲友关系、家庭成员之间的关系和对孩子的教育观念都不相同。

美国一项全国性的调查显示，大部分美国人认为成功的婚姻是基于共同爱好、宗教信仰、忠诚还有和谐的性关系之上的，而在东方国家81.7%的女性却认为孩子是婚姻成功的黏合剂。这样巨大观念差异导致了婚姻关系的不稳定。虽然跨国婚姻在逐年增多，但是跨国婚姻的离婚案件也在增多，而且因为各种原因，取证困难，手续复杂，跨国婚姻易结不易解。前不久刚刚结束的一起案件就说明了这一点。

【案例分析】

2011年9月4日，疯狂英语创始人李阳的妻子再次在微博上曝光了李阳家暴的照片，此前在8月底李阳的妻子李金已经公布过一组照片，并引起网友们的疯狂转载。随后李金要求和李阳离婚。2013年2月3日，李阳和李金的离婚案件在北京朝阳法院开庭审理，这件离婚案历经一年多，在这之中，法院对双方进行调解，但未成功。

李金要求离婚，诉讼请求由自己抚养三个女儿，分割夫妻共同财产。李阳虽然同意离婚，但仍希望获得法院调解。律师分析："不同于一般的离婚案件，家庭涉暴案件会打破财产平分原则，因家庭涉暴的离婚案件，受害者最高可分割80%的共同财产。"李阳家暴已成既定事实，离婚对他造成的"损失"是致命的，"如果离婚，可以说，李阳这些年是在为他老婆打工，李阳终于认识到事情的严重性了。"据李金的律师称，李阳的财产大都用来投资房产，但基本都在李阳妹妹的名下。在案件审理前，李阳曾经发微博表示了歉意，但是在庭审结束后，李阳再现疯狂本色，就抚养孩子、财产等问题，李阳和妻子发生了激烈对峙。

据知情人士透露，李金曾经在1999年到2011年间为李阳的疯狂英语编写了大量的教材，并参与了学生的培训工作。李阳说他和李金离婚的主要原因是"个性、文化的差异难以超越"。两个人在对彼此的生活方式，以及对孩子的教育问题上分歧很大，经常激烈地对峙，在李金曝光李阳家庭暴力之前李金就已经被李阳殴打多次。李金称"家庭暴力在美国是一个非常严重的违法行为，李阳这样做已经触犯了法律。"李金说之所以将这件事情公布出来是想引起人们对于家庭恶性事件的注意，并呼吁中国女性要捍卫自己的权利。

李金在庭审结束后表示不会阻止李阳探望女儿，"如果他想看我可以找人接送女儿。"李金还说"离婚不是件快乐的事情"，并承认昨晚一夜没睡好，希望未来每天都能睡得很好。

李金和李阳的跨国婚姻就此破裂，我们可以看到离婚最根本的原因是观念不同引起了家庭暴力，对于社会公众人物，我们往往会投入极大的关注，但是还有很多默默忍受家庭暴力的妇女、儿童无法得到法律的有效保障。观念不同导致的家庭暴力往往涉及多个方面，而且极难化解，因而此类家暴事件往往是悲剧收场。

应对观念不同的婚姻状态，主要就是依靠沟通，可以双方直接交流也可通过第三方的介入间接交流，但是目的都是让对方了解彼此的心理状态以寻求最佳的解决办法，观念不同就拳脚相加是万万要不得的。

【犯罪解密】

观念不同导致的婚姻悲剧非常多，面对观念的差异，家庭成员要及时沟通，沟通是人与人之间的心灵桥梁，无论是心理观念还是教育观念都可以通过交流得到解决，家庭暴力绝不是解决问题的药方，反而会加重问题的恶化程度，最终到无法解决的地步，前车之鉴甚多，保卫家庭需要共同的努力。

顾念亲情？还是报警？

许多人都曾听说或者目睹过家庭暴力的可怕，既对家庭暴力的实施者唾弃不已，又对执迷不悟的受害者痛恨失望。大部分恶性家庭暴力案件的最初都是受害人心软，认为"家和万事兴"，自己委曲求全，这样的牺牲反而使家庭暴力更加严重，而报警之后，虽然有警方的保护，但碍于亲情又害怕丈夫、亲人被判刑而左右为难，面对家庭暴力是顾念亲情还是运用司法手段呢？

虽然越来越多的家庭暴力案件随着人们的普遍关注而得到妥善的解决，但是有数据表明，通过司法途径解决的家庭暴力只有20%，其他的有的是被家人、亲友劝说，但是往往收效甚微，还有很大一部分的受害者选择了默默忍受。为什么会形成这种现象呢？原因是多方面的。

首先，社会观念因素的影响。比如，社会舆论导向为家庭暴力铺垫了温床。在当今社会，传媒有着引导大众的责任，但是很多的影视作品、书刊等都在有意无意地宣扬作为一个好女性的标准，就是要顺从丈夫、服务家庭。人们能够接收到一种讯息是：女性最大的成功不在于事业，而在把家庭打理得井井有条，努力维持一个家庭的完整。通过这样的方式将传统的习俗观念输入人们的思想之中，成为判断一个女性是否优秀的标准。社会没有将女性放在一个独立、平等的位置上，因而造成性别歧视的家庭暴力。

此外，社会防控乏力也导致了家暴频发。家庭暴力并不是一般的治安问题，还涉及感情因素，因而司法介入非常困难。一般家庭暴力的案件都会通过妇女联合会解决，但是解决的方式仍然是教育为主，如果教育不通，只能教会受害者一些基本的自保方法，如向110报警或者向村委会求助等，但是有些妇女报了警，找了家庭暴力求助站，但是只能得到一时的保护，有时反而报警会带来更多的暴力伤害。又因为不够量刑的条件，派出所只能口头教育，没有其他的方法。

其次，文化因素也是受害者对家庭暴力一忍再忍的原因之一。尽管宪法、法律都有男女平等的规定，但是法律上的"平等"并不等于现实中的平等。"重男轻女""男尊女卑"的观念仍然在大部分地区存在，有些男性依仗自己的身体优势，强迫女性服从。特别是农村地区普遍认为"家庭暴力"不是违法行为而是"家务事"。不少农村妇女也认为家庭丑事不宜公开，因而委曲求全，这样就更纵容了丈夫的暴力行为。

再次，经济因素决定了在家庭暴力中受害者的家庭地位。随着社会主义市场经济的发展，经济发展迅速，但是我国的经济水平相较于发达国家还是有很大差距，而且发展不平衡，在落后地区由于经济水平的限制使得女性对男性的经济从属关系仍然存在，这就使女性处在了不平等的位置上。

最后，法律因素在司法实践中并没有起到最佳的效果。虽然我国法律对有关家庭暴力的规定，在维护妇女人身权利、制止家庭暴力方面发挥了重要作用，但是目前的法律法规还仍有不足，我国尚未有专门的反对家庭暴力的法律法规，在司法实践中,虽然《宪法》《刑法》《婚姻法》《妇女权益保障法》《未成年人保护法》等法律法规关于惩处侵害妇女、儿童人身权利的家庭暴力行为都有禁止性规定,但缺乏明确的认定和具体的制裁办法,可操作性不强。

原因主要在家暴行为本身具有隐蔽性,难以收集证据;取证困难,邻里之间碍于面子,不愿给自己找麻烦,通常不会上庭作证;以偷拍、偷录等方式取得的证据资料的合法性存在争议。在案件审理中有些法院认可偷拍、偷录的资料但是有些则不承认。这种认知上的困难使家庭暴力案件的审理困难重重。

以上这种种原因造成了受害者一味忍耐,而造成终生伤害。在大多数已婚人士中,"凑合"俨然已经成为回避家庭暴力的一种托词,但是也有很多长期经受家庭暴力的受害者运用法律手段成功解脱的事例。

【案例分析】

2007年,新沂市某镇发生了一件震惊的事,47岁的中年妇女孙某和她49岁的丈夫郑某离婚了。这个消息在小村落炸开了锅,很多当地妇女非常震惊,因为这是这个村子里第一件因为家庭暴力而离婚的案件。

一名孙某的邻居说:"我一直劝她再忍忍,都忍了这么多年了,还差这么几年嘛,这传出去多不好,都老了就凑合着过呗,他再有力气也是老了。"但是孙某的女儿却非常高兴,她说父亲打骂母亲快有15年了,从很小的时候父亲就对母亲拳脚相加,严重时会连女儿一起打,而她的弟弟就在一旁看着。原来郑某非常的重男轻女,孙某第一个孩子是个女儿就为她招来了无妄之灾,从女儿3个月时就开始大打小打不断,直到儿子出世,但是在儿子5岁时,因为教育问题郑某又开始拳脚相加。面对丈夫的拳头,孙某只是哭泣和忍受,她曾经向姐姐哭诉,但是却没有得到安慰反而是被骂了一通,于是孙某就绝望地忍受了丈夫一次次的毒打。

后来当地的妇女联合会开展了一次"百万妇女学法律、家庭平安创和谐"的活动,孙某在女儿的帮助下,了解了《婚姻法》和《中华人民共和国妇女权益保障法》,她才觉醒,并鼓起勇气,将其丈夫告上法庭。孙某的女儿一直留有母亲被家暴的照片和视频,还有周围邻居的指认,孙某的证据充分,最后法院判处离婚，并判其丈夫当庭支付给她1万元的经济补偿金。

在法庭上，郑某不理解孙某的行为，并对孙某恶语相向，还认为警方"管得太宽了"，当法官宣读了结果时，丈夫郑某才感觉到悔悟，而孙某则抓紧了警察的手，感谢给了她重生。郑某虽然不用承担刑事责任但是还有相应的民事处罚。丈夫对孙某既充满了悔悟又有惊讶。

"以夫为纲，以父为纲"这样的观念在农村十分固化，平等的婚姻关系在这里根本无法实现，丈夫总是将打老婆视为天经地义的事，而有些妇女在封建思想影响下，失去了独立人格，一旦被丈夫殴打，就委曲求全，这样才使家庭暴力反复而得不到解决。

虽然家庭暴力的法律法规正在完善中，但是大部分受害人并不愿意通过司法途径解决，这就需要社会投入更大的关注，针对妇女、儿童、老人的福利机构要肩负起社会责任来，国家的执法机关也要给予法律支持，寻求最佳的解决家庭暴力的方案。最关键还是要加大教育的力度，让人们明白家庭暴力的危害性。

【犯罪解密】

和谐的家庭关系是需要双方共同维护的，不是哪一方牺牲自己就能维持和谐的状态，家庭暴力是恶性行为，不能一味忍让，要寻求法律的帮助，亲情固然重要但是没有什么比生命更重要的，与其深受折磨倒不如结束让人悲痛的婚姻关系，固守观念只会害了家庭。

第九章　儿童受害风险
——别粗心，看好你的孩子

> 儿童作为弱势群体，尤其容易成为犯罪分子的迫害对象。随着网络的普及，不少儿童也开始上网，然而各种社交网站陷阱也悄然而生，如何避免儿童受到罪犯的威逼利诱，如何避免他们被教唆成罪犯，这些都是全球社会的关注焦点。

网络陷阱知多少

　　网络陷阱，顾名思义就是指在互联网上面的骗局。我们经常会在报纸电视上看到利用网络犯罪的案例，可是很多人不知道这些陷阱是如何构成和实现犯罪行为的。其实犯罪分子是有针对性的，他们一般选择好下手的人群，而少年儿童就是最容易被迫害的群体。

　　身处网络时代，上网接受各种信息已经成为孩子学习的重要途径。然而，面对良莠不齐的资讯，孩子的鉴别能力弱，据有关专家调查，在网上非学术性信息中，47%与色情有关，60%的青少年学生接触过网络上的黄色信息，并有部分学生迷恋黄色网站。近年来，青少年儿童因受网络信息垃圾的毒害而身心受损甚至导致违法犯罪的事件屡见报端，引起全社会的重视和担忧，不良的网络信息无疑变成了少年儿童犯罪的隐性杀手。

　　少年儿童作为犯罪主体，这种犯罪被称为"青少年犯罪"。虽然青少年犯罪在我国尚不存在严格意义上的法律概念，而是犯罪学研究中及现实生活中经常使用的概念。青少年犯罪，一般是指青少年这一特殊主体实施的犯罪，也就是说犯罪主体不是成年人而是少年儿童。同时还指主体由儿童向成年过渡这个特定阶段（一般指进入青春期至青春期结束，一般为14—25周岁），由于主客观原因而实施的各种犯罪的通称。这就明确地告诉我们，必须充分重视青少年犯罪问题，而这种犯罪行为的严重与否和他们接受的信息量的多少直接相关。

选择在互联网上对少年儿童进行犯罪诱导是有原因的，因为儿童没有成熟的辨别是非的观念，很容易被诱惑，同时他们有极强的好奇心，会更加关注丰富的网络世界。这样，就给犯罪分子很好的犯罪机会。

【案例分析】

两年前，汤姆开始沉浸在网络里，每天放学跑去网吧上网，导致学习成绩陡然下降。因为成绩太差又实在不愿意再上学，汤姆初中没毕业就退学了。父母担心儿子整天沉迷于网吧，最后学坏，所以汤姆的妈妈让他在家看管比萨店，来避免孩子总是跑去上网，可是汤姆却把比萨店的钱拿去上网。爸妈没有办法管教，只能断了汤姆的零花钱，以为这样就可以制止孩子上网了。可是汤姆却想到了偷钱来打游戏。

2008年9月上旬，汤姆偷了爸爸300多美元在网吧待了一个星期。爸妈在网吧找到汤姆以后，狠狠地打了汤姆一顿。可是这样的打骂对汤姆来说已经起不到任何作用。父母把汤姆锁在家里，可是仅仅几天后，上网的欲望又像虫子一样噬咬着他的心。此时，汤姆脑子里想起爸爸月初给祖母生活费时说的一番话，爸爸说祖父那儿有500多美元，当时听了也没太注意，后来就想去偷祖父的钱。

10月15日中午，汤姆借故想看看祖父，就去祖父家住了一晚。晚上，看祖父母都已经睡了，汤姆就去偷祖父那500美元，可是由于害怕把祖母吵醒影响自己的行动，完全被网瘾控制住的汤姆想也没想就去厨房拿了菜刀，把睡梦中的祖母砍死在了血泊中。这些响声惊动了祖父，可是疯了一样的汤姆不顾一切地又将菜刀砍向了祖父。受伤的祖父逃出家门才保住一命。

汤姆最后翻箱倒柜也没有找到那500美元，只在祖母兜里找到了一美元。事后，祖父说那是祖母为孙子准备的早点钱。汤姆捏着一美元在家附近的一个洞里躲了起来。想到祖母平时的疼爱，和自己拿刀砍向她的一幕，悔恨的泪水终于流下来了，最后汤姆在父母的陪同下去投案自首了。

像汤姆一样的孩子有很多，都是因为网络的诱惑最后走上犯罪的道路。由于他们年幼没有足够的自制力，抵挡不住游戏诱惑，很容易产生违法犯罪念头，为达目的铤而走险。这是当今青少年儿童犯罪的最大因素。

诱导青少年儿童犯罪，就是因为他们的价值观世界观都没有成熟，容易被误导和教唆。丰富多彩的互联网极大地丰富了青少年儿童的精神世界，网络给了儿童一个新奇多彩的世界，他们会看到很多不同于周围环境的信息。同时形形色色的思潮、观念也充斥其间，给青少年的思想成长带来了一定的负面影响。很多不利于儿童观看的内容也没有节制地映入他们的眼帘。孩子是单纯的，没有太多分辨是非的能力，因此最容易走上犯罪的道路。

那么，少年儿童网络犯罪的原因究竟有哪些呢？

1. 网瘾，孩子自制力差，心理控制力弱。孩子的心理没有成熟，所以没有足够的自制力，一旦接触电脑就很容易成瘾，这是儿童网络犯罪的主要原因。这类人群是犯罪分子的目标人群，孩子的天性导致他们心理的控制力差，面对网络上的"糖衣炮弹"不能把控。

2. 网络诱惑多，孩子难以控制。新奇的网络世界极大地满足了孩子的好奇心，这时候很多不良信息也趁机进入孩子的世界。他们分不清是非，就会被错误信息误导。好奇心强是很多儿童的天性，他们对整个世界都充满好奇和探险的新鲜感，这就深深地吸引犯罪分子作案。

学者分析过，一些网络犯罪活动、暴力活动，使那些精神空虚者利用网络达到他不可告人的目的。这些人的目的很简单，就是针对青少年儿童而来。凭借网络的新鲜刺激和孩子们的极低的抵抗力，来挖下"网络陷阱"诱惑他们犯罪。这些对青少年必将产生巨大影响。总而言之，网络就像一柄"双刃剑"，悬在青少年的生活中，稍不留意就会导致青少年儿童的犯罪。

【犯罪解密】

少年儿童是弱势群体，可是网络却来势汹汹，这样的鲜明对比告诉我们这一态势的严重性。网络的高效、快速、方便、独特的交流方式与当代青少年偏于好奇、乐于幻想、追求独立的要求相吻合。从而引发很多儿童犯罪。网络的陷阱层出不穷，孩子分辨不出，那么我们就要帮助并保护他们不被网络陷阱套住。只有家长教会孩子正确看待互联网，孩子才会在互联网时代学到东西，又不会掉入网络的"陷阱"。

打破犯罪分子的恐吓

在文学作品、影视作品和新闻报道中，总能看到恐吓案件的发生，那么这是一种什么样的犯罪行为呢？犯罪分子的恐吓会对人们的生活造成怎样的危害呢？也许当下这一刻就有人受到了犯罪分子的威胁和恐吓，我们又该怎样保护社会中的弱者——儿童呢？

许多人都曾经有过被人恐吓或者威胁的经历，来自家庭或者是工作中，然而这些威胁和恐吓大部分是精神层面。但是，犯罪分子的恐吓却不是心理上的威胁，而是赤裸裸的敲诈和勒索，一旦当事人没有就范，犯罪分子往往会采取暴力行为进行报复。

在司法解释中，恐吓勒索罪是刑事犯罪分子以暴力为采取恐吓威胁手段，向受害者勒索钱财的一种犯罪方式。根据《中华人民共和国刑法》第二百七十四条：敲诈勒索公私财物，处三年以下有期徒刑、拘役或者管制，情节严重的，处三年以上十年以下有期徒刑。

恐吓勒索案件的作案手段具有暴力性，作案方法具有智能性，作案过程具有连续性和变化性的特点，因此恐吓勒索案件虽然并不是重大的刑事案件，但是其社会危害性却是巨大的。近年来，恐吓勒索已经不再仅仅局限于恐吓书信和短信等方式，罪犯们开始采取直接和被害人接触进行勒索，增加了被害人的财产和人身安全的危险系数。

青少年儿童很容易成为威胁恐吓的目标或者本身就成为犯罪行为人。根据一份美国儿童局的调查，发现在12—16岁阶段的学生几乎有80%曾经受到过恐吓和勒索，而在16—24岁的阶段的学生中有40%曾经勒索过低年级的学生。那么，什么样的人容易成为恐吓勒索的目标呢？

首先，平时生活大手大脚，没有养成良好的生活习惯，常常"炫耀"自己的钱财的人。这类人有一种"露富"心理，巴不得让别人知道自己非常有钱，往往会被犯罪分子盯上。

其次，独自外出的人。现在的人们都比较独来独往，外出、上学、放学都不会结伴而行，外出做什么也不通知父母亲人，随意的逗留在外。而且有的人喜欢"抄小路"走偏僻的地方，殊不知那也是犯罪分子最常出没的地点。

还有身上携带财物过多的人。现在人们出行无论是大人还是小孩都会携带一些现金以防万一，但是这些现金却成了犯罪分子盯上你的"诱饵"。

生活中，许多人缺乏自我保护意识，尤其是青少年对于陌生人没有足够的防备，因而非常容易就被犯罪分子恐吓威胁。青少年被恐吓勒索的案件已经成为社会和家长普遍关注的事情，这样的勒索案件已经不再稀奇。

【案例分析】

2011年7月8日，石家庄市的民警得到线索称在一所中学附近有人恐吓勒索学生的钱财。这一线索引起了警方的高度重视。警方迅速部署，通过摸排、蹲守等方式将涉案犯罪嫌疑人王某和安某抓获，后被石家庄检察院批准逮捕。

经过警方的调查，从2011年3月到7月，王某和安某共犯案超过50起，勒索的对象大都是小学或是初中的学生，勒索的财物价值超过2万元，包括手机、游戏机、自行车、现金等。

据一名警察回忆，在逮捕王某和安某的当日，他们在一个离学校不远的小巷子里堵住了一名初中学生并向其索要财物，王某称，如果不交出财物就要挨打，并且随身拿出水果刀威胁该学生，这个学生非常害怕就要拿钱，警方看王某放松了警惕然后迅速出击将其抓获。

警察在审讯王某和他的同伙安某时惊愕地发现他们也不过是刚刚成年的孩子而已。据王某说，他们都是从农村来的，跟随父母在城里打工，两个人早就辍学了。父母忙于打工对孩子疏于管教，而王某和安某进入城市之后染上了不少恶习，抽烟、上网、酗酒每一项都要钱，但是王某和安某并没有经济来源，于是他们就把心思打到了学生身上。

起初，王某和安某只是口头上恐吓学生，而且也只是要一点钱，但是后来慢慢地就演变成随身携带着水果刀等工具威胁，勒索的东西也不再仅仅是现金。他们把抢来的手机、游戏机等廉价地卖给二手商家，然后把钱平分继续每天抢劫勒索，金钱的诱惑让他们越走越远。

根据受害人的回忆，王某和安某曾经在一个小区的车棚中一次性抢劫了5名学生，有的学生交出手机后，还因为手机不值钱遭到过王某的打骂。

因为王某已经成年，而安某还没有成年，而且犯案情节并不是十分严重，因此警方在将王某移交法院之后，向法院提交了减轻处罚的申请。法院考虑了犯案程度和犯罪嫌疑人的年龄之后也做出了减刑处罚。警方联系了王某和安某的家长，并对他们进行了教育，王某和安某的家长也表示以后会好好管教孩子。

王某和安某没有意识到自己的行为已经触犯了国家法律。而被恐吓的学生更是没有保护自己的观念，独自在偏僻的巷子中，给了犯罪分子可乘之机，而在被抢夺财物之后也没有及时报警而是选择了蒙头吃亏，殊不知这更助长了勒索犯罪的气焰，也提高了自身的安全风险。

面对青少年遭遇恐吓、勒索、抢劫的种种可能，青少年要如何做才能避免成为犯罪分子的俎下之肉呢？

1. 不要对恐吓、勒索忍气吞声。不少中小学生在被恐吓之后，除了乖乖地交出财物之外没有任何反抗，甚至连家长老师都不告知，认为犯罪分子这一次"得手"之后就不会再找麻烦了。但事实上却正好相反，犯罪分子一旦尝到了"甜头"就会有第二次的恐吓。面对犯罪分子的恐吓，正确的做法是及时通知家长和老师寻求帮助，阻止这样的恐吓行为。

2. 不可"作壁上观"。有的同学在看到别的学生受到恐吓时，不是选择告知老师而是规劝其赶紧给钱了事。这样的做法既坑害了被恐吓的同学又助长了犯罪分子的嚣张气焰。

3. 假意服从，寻找机会。在遇到恐吓勒索时一定要先镇定下来，假装同意他们的要求避免受到暴力伤害，如果对方的人数和力量都偏低，就观察周围有没有行人及时呼救寻找机会逃脱。

4. 不去危险地带。学生的课余时间可多与同学、伙伴等做运动、玩游戏，少去或者不去网吧、游戏厅等人员比较复杂的场所。

在青少年成长的过程中会遇到各种各样的问题和威胁，我们一定要从容以对，不可以对犯罪行为一味姑息，要学会用法律的手段来护卫自己的合法权益。

【犯罪解密】

面对犯罪分子的恐吓、勒索、敲诈等犯罪行为，要有法律意识，不可做"冤大头"成为犯罪分子下手的目标，青少年要增强自我保护意识，避免成为犯罪分子恐吓的对象。

匪夷所思的虐童癖

随着社会的发展，传媒途径的多样化，很多隐藏着的社会黑暗面也渐渐地被人们得知，其中就有虐童事件。人们都觉得匪夷所思，怎么会有虐童这样的癖好？疯狂的虐童者残忍地折磨着国家的未来和希望，那么这样残忍的行为的背后到底隐藏着怎样的心理呢？我们又应该怎样制止虐童事件的发生呢？

要了解虐童癖首先我们就要知道，什么是虐童？美国的联邦法律中有明确的定义：任何行为或父母以及照管人非能力行为导致孩童的死亡、孩童身体和感情受伤、孩童受到性虐待或盘剥；任何行为或非能行为导致对孩童造成严重伤害的可能。国际上将儿童虐待分为了四种类型：躯体虐待、性虐待、精神虐待和各种形式的忽视。

香港大学曾经针对本校大学生做过一次躯体虐待的调查，结果显示近8.9%的学生在儿童时期有过严重的躯体虐待，施虐方主要来自家人，而13.2%的学生曾有轻微的躯体虐待，施虐方除了父母外还有教师和同学。结果还显示，男生受虐待的比例要比女生高很多。同时躯体虐待还有非接触性的，父母或教师对儿童的体罚，比如罚跪、罚站、不让吃饭等。

除了躯体虐待之外性虐待和精神虐待带给儿童的伤痛是巨大的，有时会是一生的阴影。令人发指的是在性虐待中并没有男女性别的差异，也就是说男孩儿跟女孩儿都有可能会被性虐待，儿童性虐待的施虐方通常是男性，大部分都是受害人较为熟悉的人。

儿童受到的精神虐待往往是家长和社会容易忽视的地方。在儿童时期，很多人都经历过被人羞辱、讽刺、责骂，也都有被家长或教师偷窥个人信件或日记的经历。而目睹暴力行为对儿童来说更是一种精神虐待，能够导致近期或者远期不同程度的行为、认知、情感和身体机能发生障碍。而儿童目睹暴力的场所大多数来自家庭、学校、校外的公共场所等。

那么，虐童癖的内心世界到底是怎样的呢？从心理层面来讲，每一个虐待儿童的人都可能也有相同的受虐经历。心理学认为，受虐的经历会让人形成一种施虐—受虐的关系模式。在年少时如果家庭关系是和谐的，那么孩子就会拥有一个和谐独立的人格，相反，如果家庭关系是分裂的，那么粗暴的行为就会导致孩子形成分裂的人格，在之后的成长中分裂的人格就会影响孩子的正常社会功能，如与人交流。虐童者内心的施虐和受虐关系冲突通过虐待儿童得到缓解，对于虐童癖的人而言，虐童是一种快感，而这种快感会强化他的施虐行为，久而久之就形成了恶性循环。

虐童案件的出现不仅沦丧了社会道德规范，更挑战了法律的权威，我们不止一次听到或看到虐童事件的发生，而最严重的莫过于教师虐童案件，不胜枚举的案件更加引起社会的广泛关注。

【案件分析】

2012年4月5日，家住北京市昌平区的陈某带着家人和一帮亲友，去附近的一家幼儿园"要说法"。一时间，惊动了周围的邻居。而这家幼儿园似乎早就听到风声，没有开门，不少的家长和孩子被拒在门外。陈某的亲属举着"不要让幼儿园成为人间地狱"的横幅堵在幼儿园门口，一时间现场非常混乱，造成了道路拥堵，交警及时赶到后，才控制了场面。陈某的母亲在幼儿园前边哭边向警察诉说事情的始末。

原来，陈某的儿子陈帅被这家幼儿园的老师打坏了。据陈帅的奶奶说，陈帅2011年9月进入这家幼儿园，因为陈某和妻子都很忙，所以一直是奶奶来接陈帅上下学的。而陈某的儿子陈帅，刚刚满5岁半，却遭到了老师的毒打。

起初，家人并不知道陈帅被打的事情，但是从2012年3月开始，陈帅就开始排斥去幼儿园，常常沉默着，在晚上睡觉时更是经常哭着大喊："别打我，我听话"之类的话。陈帅的奶奶看到孙子不开心，就带着他去玩儿，没有去幼儿园，陈帅玩儿得特别开心，回到家后一直笑嘻嘻的。但是第二天奶奶送他去幼儿园的时候，陈帅又开始哭闹不去了，老人心疼孩子就跟陈帅的父母商量不去了，但是陈帅的父母不同意，陈帅看着父母突然大哭起来嘴里喊着："我不去！她打我，我不去！我不去！"陈帅的母亲听出了端倪，就问儿子："谁打你了？"陈帅哭喊着说："老师打我，疼，我不去幼儿园……"

陈帅的母亲继续追问陈帅才知道原来陈帅的幼儿园老师竟然已经打陈帅超过3个月了。陈帅的母亲说："张老师都是背着人打的，在没有人的教室打孩子，基本没人看见过，我们跟幼儿园的园长反映这个事，园长却说没有这回事，但是孩子挨打却是真的。"陈某坚持要向幼儿园要个说法，因而就发生了围堵幼儿园的事。

警方在询问过之后，将张老师叫去询问，但是由于证据不足，而且没有相关的立案条例，因此只是拘禁了张老师半个月以作惩处。

陈帅被老师虐待却无法告诉家长，而家长知道自己的孩子被虐待之后也没有相关的法律保障而只好采取自己"私下"解决这一途径。从这个案件中我们可以看到，父母的虐待行为只是少数，而幼儿教师的虐童事件一直是社会关注的焦点，幼师虐童事件的屡次发生的原因是来自多方面的。

1. 幼师职业道德与素质低下，普遍是无证上岗，而且幼师的门槛低，待遇低，流动性大。

很多私立幼儿机构的教师大部分都没有教师从业资格，教师责任心差，认为幼教是一个"青春行业"，工作不了多久，因而流动性很大。

2. 收费低廉的民办幼儿机构大部分是无证上岗。这些民办的幼儿机构接收的幼儿学生大部分是外来务工子女，基本都是全托制，家长不能及时知道孩子的情况。

3. 法律治理偏失，虐童刑事处罚存在法律上的空白。

我国《未成年人保护法》规定："禁止虐待、遗弃未成年人。禁止溺婴和其他残害婴儿的行为。"但是在司法实践中，由于缺乏配套的监护体系，《未成年人保护法》并没有起到关键作用。而且我国的刑法中并没有"虐童罪"这一罪名，幼儿教师的虐童案件除非造成重伤或致死，否则一般的虐童案件属于自诉案件，难以对儿童形成有效的救济。

虐童事件的发生，很大一部分原因在于家长的忽视，家长应加强与幼儿园的联系，形成一种无形的监督，促使老师教学的进步；家长更需要的是教育自己的孩子有自我保护意识，要学会对老师的虐待行为说"不"。

【犯罪解密】

儿童是一个最容易受到侵害的群体，而家长的粗心大意往往是导致儿童被人虐待并且无人注意的原因之一。虐童案件时有发生，犯罪分子在扭曲的心理驱使下，将罪恶的手伸向了这个弱势的群体，因此，面对虐童事件绝不能忽视大意，要真正地关爱儿童的身心健康发展。

让儿童远离色情暴力

今天，网络已经深入个人生活的方方面面。但是近几年，网络造成的问题也越来越严重，在搜索信息时，稍有不慎就会出现色情广告或色情视频，而没有形成正确的是非观的儿童就成为网络色情暴力的受害者。

儿童色情暴力是什么？它的背后又隐藏着怎样的内心世界呢？儿童色情是指一切以儿童为对象的色情活动记录，包括照片、录像、电影或其他视觉表达方式等。在世界的各个国家，儿童色情都是非法的，是犯罪行为。《加拿大刑法》中有一条法律规定：任何文字或是视像表达方式，鼓吹或是赞同与未满18岁的人进行性行为都是违法行为。而儿童色情物品的生产和发布等都可判处监禁刑罚。

众所周知，社会生活是复杂多变的。有些人存在着精神或心理问题，比如，抑郁症、妄想症等。还有一些人是藏在暗处的魔鬼，比如患有恋童癖的人。恋童癖又可以叫作"恋童色情狂"，其特征是专以性发育未成熟的同性或异性儿童作为性行为的对象，以获取性的满足。恋童癖是一种性心理障碍，除了性心理、性生理发育不成熟或是性功能障碍会造成这种心理扭曲之外，酗酒、吸毒等也可能会成为诱发恋童癖的相关因素。恋童色情狂这种心理癖好是人们无法接受的，因而他们内心的魔鬼只能存在于暗处，不敢走到公众之中。

然而，网络却释放了这个魔鬼，网络之中不会公布出他们的个人信息，因而也就不用顾忌别人的眼光，他们在网络上找到了他们的"同类"，恋童癖色情狂通过一些社交网站引诱未成年人，一些人甚至通过网络摄像头现场娈童秀，这些未成年人有的是因为金钱的诱惑自愿表演的，而有的则是被胁迫的，这就涉及了暴力性虐待的内容。

据统计，网上色情业务的价值为每年25亿美元，而音乐下载业务仅为11亿美元。一位硅谷分析师说："儿童色情交易市场之大，普通人难以想象。"最近几年，国外发生的儿童色情暴力事件越来越难以控制，涉及的儿童年龄越来越小，色情录像也非常的露骨，恋童癖甚至自己拍摄色情图片和视频，严重的连自己的小孩都不放过，这样的情况让人发指。

在中国，儿童色情暴力也以各种形态和方式存在着，黑龙江省的一家报纸曾经指出，儿童在学校周围的小卖部或书摊上很容易就能购买到一些不健康的卡通漫画书，内容有涉及暴力和性等。这严重地影响了孩子的学习生活。

显然，儿童色情暴力在互联网上的传播，已经深深地影响到了人们尤其是未成年人的正常成长和生活。然而，儿童色情暴力案件却是屡禁不止，每一起都是沦丧道德底线的。其中，美国《纽约时报》曝光的贾斯汀·贝瑞的案件最为著名。

【案例分析】

贾斯汀·贝瑞出生在美国，他的父亲和母亲在他很小的时候就离婚了，所以贾斯汀和父母的感情都很淡薄，贾斯汀的父亲曾经因为虐待他而入狱。

在贾斯汀13岁的时候，网络交友非常流行，贾斯汀买了一个网络摄像头，希望能够找到同龄的女孩子，但是贾斯汀却被一个恋童癖盯上了。这个恋童癖告诉贾斯汀，有一个网站上可以列出一个愿望清单，在那里贾斯汀可以提出任何要求，比如玩具、CD等。这个恋童癖还帮助贾斯汀开了一个网络银行的账号，方便他要礼物。

但是这个恋童癖在介绍了很多同样的爱好者给贾斯汀之后，他们就开始对贾斯汀提出要求了，比如让贾斯汀脱掉衣服，贾斯汀说："他们让我在摄像头前脱衣服，然后几分钟就会给我汇50美元，我觉得在电脑面前脱衣服有什么关系？就答应了。"有了第一次的要求之后，网络那头的恋童癖爱好者就又提出了更高的要求，脱得越来越多，当然相应的给贾斯汀的钱也越来越多，他们就这样将贾斯汀逐渐的引诱至堕落。

贾斯汀被金钱迷惑了，他逐渐学会了在网络上出卖自己的身体赚钱，而那些买的人则通过网络直播或者是视频下载观看。贾斯汀也学会了给别人列愿望清单，恋童癖的爱好者就给贾斯汀提供高档的照相机和彩色摄像头等，久而久之，贾斯汀的电脑就成了一个色情场所。

贾斯汀在这个肮脏的成人世界迅速地成长起来，甚至能够和买家讨价还价，而他的父亲几乎就成为贾斯汀的经纪人，他的母亲却毫无所觉。贾斯汀用了5年成了这个色情世界里的"头牌"，他成立了自己的收费网站，根据会员的程度可以购买"私人秀"，而当贾斯汀18岁的时候，他就从一个"猎物"变成了一个"狩猎者"，他开始像当初引诱他的那个人一样去诱惑年纪小的孩子跟他一起表演。

贾斯汀19岁的时候终于认清了自己的错误，在《纽约时报》记者的劝说下，做了污点证人，向警方提供了1500个"客人"资料，人们第一次从一个受害者的角度看到这些网络儿童色情业背后的不堪内幕。

贾斯汀的案件虽然可怜可恨但是也敲响了儿童色情暴力的警钟，这种隐藏在黑暗中的色情暴力给儿童带来了巨大的威胁。据英国的儿童保护专家分析，1000个男人中至少有一个对儿童存在性兴趣，那么该怎样让儿童远离色情暴力呢？

1. 加大政府对网络的管理和监督力度。网络是一种虚拟的世界，对网络的监管要做到面面俱到十分困难，因而政府要积极运用科技手段，增设锁定程序，开发监视软件，对"色情""暴力"等字眼提供过滤功能等。

2. 完善法律法规，一旦出现，严厉惩处。儿童色情是犯罪行为，各个国家都要制定相关的专项法律来禁止儿童色情的发生。比如《未成年人在线保护法》，这是美国近年来颁布的关于儿童色情法律中的一部，这些法律的颁布有效地遏制了儿童色情的猖獗。

3. 关注对儿童的性教育。儿童在成长过程中，性心理的发育逐渐完善，对于两性关系的懵懂是儿童容易被引诱的原因之一。父母在教育孩子时，要肯定孩子性心理的正常性，教导孩子正确的性知识，不要一味回避这类问题，致使孩子"另辟蹊径"地知道相关知识。

我们在明确了如何让儿童远离色情暴力之后，就能找到行而有效的方法，让原本应该正常成长的未成年人拥有童年的欢乐，远离色情暴力带给他们的身体和心灵伤害。

【犯罪解密】

色情、暴力这样的字眼本就不属于青春的花季少男少女，但是网络、书刊等形式的色情暴力却无处不在，要让未成年人远离色情暴力就要从根本入手，加大网络管理力度，加强儿童的教育，让儿童色情暴力无所遁形。

第十章 酒精与药物滥用
——名副其实的犯罪帮凶

> 人的行为主要是靠大脑支配,然而一些精神类的药物却会影响大脑神经的正常运转机制,所以,一旦出现药物滥用或者是药物成瘾等状况,人类的行为模式就会发生转变,从而加剧犯罪风险。

没有受害人的犯罪

什么是无受害人犯罪呢?法律上是这样定义的:当行为人在某些犯罪结果面前承认时,会表明是自愿参与,并且行为人的行为不具有对他人的伤害或者危险,即这类行为并没有对法律所保护的法益造成侵害或者危险的犯罪。通俗地说就是,没有对别人直接构成法律所认为的伤害和犯罪的犯罪行为。这类犯罪通常包括性犯罪、赌博、吸食毒品、安乐死、自杀、堕胎、流浪、公开酗酒和高利贷等。这些看起来似乎不是犯罪,很多人会认为只是一种不良嗜好而已,可是法律却用了一个专门的定义——无受害人犯罪,来定义这类犯罪行为。

细数这些犯罪行为,似乎对别人构不成侵害和损失,但是它们不被法律容忍,自然有其道理。最简单的就是吸食毒品,这可以说是个人行为,可是在药物作用下则会使人产生非正常反应,导致很多犯罪动机和行为。再如酗酒,简单说就是酒鬼行为,可是太多案例表明,酗酒成瘾的人最后由于精神失控而伤害他人,乃至杀害他人,这种情形屡见不鲜。可以说,这些行为都存在极高的犯罪风险。

1965年,美国一位学者舒尔首先提出无受害人犯罪的概念,但他仅仅是提出一个描述性的概念,并没有实质性的意义。近年来,数据表明这种没有受害人的犯罪越来越多,也越来越严重。这就引起了法律和心理领域的共同关注。

无受害人犯罪最大的特征是,没有直接的受害者,但这并不代表不是严重的犯罪行为。相反,很多吸毒、酗酒成瘾的人往往会在伤害自己的同时害了别人。生活的压力会给很多心理素质不高的人带来巨大的抑郁,然后他们会想找个途径发泄。所以这些人在接受外部刺激后,最终走上成瘾直至犯罪的道路。

从某种意义上讲,没有受害人的犯罪对自身损害更大一些,然后引发对于周围人或环境的伤害。现实生活中,这样的案例不胜枚举。

【案例分析】

杰克是美国一所大学的研究生,大学学习非常刻苦,可是自从考上研究生以后就变得对自己非常放松,不仅不重视学习,还常常和同学们去夜店、酒吧。一个周一的晚上,杰克和同学约好去酒吧,正巧遭遇了女朋友提出分手,杰克借酒消愁。这时候酒吧一个酒保给杰克拿出一包"糖果",五颜六色很好看。酒保劝说杰克"伙计,挑一颗,有了这个你就啥烦恼都没有了"。杰克挑了一个红色的,吃了以后果然觉得兴奋不已,头摇个不停。那是自从分手以后杰克觉得最快乐的一个晚上,从那以后他就开始每次去酒吧都买糖果,开始是一颗一颗,后来就是成包的买了。

这样一个学期过去了,杰克的糖果瘾越来越严重,以至于有时候一颗根本不管用,就几颗几颗的一起吞下去。终于有一次,和朋友一起吃的时候,杰克吃了好几颗,不一会儿就因为食用过量摇头丸被送到了医院抢救。医生看到的时候,杰克不停地摇头,并且出现头晕、神志不清、呕吐的症状,这是典型的摇头丸中毒症状。

经过一系列的抢救,杰克最终没有活过来。急忙赶来的父母见了他最后一面,这时他的朋友们才说出了实话,说杰克一次性吃了十几颗摇头丸。于是,杰克的父母将他去的酒吧告上了法庭。

经过一段时间的调查取证和研究,最终法院判决:杰克是因为服用摇头丸中毒导致心力衰竭,抢救无效死亡。服用摇头丸是杰克死亡的主要原因。酒吧的酒保明知道摇头丸是毒品，服用毒品会对身体造成极其严重的伤害，却依然向杰克提供摇头丸。酒保的行为对杰克的死亡存在主观过错，应该承担相应的赔偿责任。

这就是无受害人的犯罪，杰克是主动接受的摇头丸，可是最终酒吧酒保还是承担了民事责任。这类无受害人的犯罪，是一种不同于刑法界定的犯罪，所以它的秘密性决定了司法机关侦查时候的方式和手段。

并不是无受害人犯罪就不用承担法律责任，只是有别于刑法其他犯罪。无受害人犯罪作为犯罪学中的特殊形态，从它的概念的界定和对比中可以看出它的危害也是极其重大的。

自20世纪50年代以来，随着被害人保护运动的兴起，以及被害人学在犯罪学领域逐渐受到重视，学术界开始出现一些无受害人犯罪的研究动向，这就表明无受害人犯罪越来越法律化，抛开传统观念的去定罪也是一个大趋势。舒尔最开始提出这个概念时也只是界定这些犯罪是"处于犯罪边缘的犯罪"。

现在学术界依然对无受害人犯罪存在很多研究和不同观点。主要是：

1. 法益侵害说。这类学说的学者认为没有受害人的犯罪是没有侵害法益或侵害法益犯罪的犯罪。这类说法只是指出了无受害人犯罪的犯罪根据，而没有分清这类犯罪和其他犯罪的本质区别。

2. 自愿行为说。这类学说支持者将无受害人犯罪认为是双方自愿的犯罪。混淆了被害人承诺的犯罪行为和无受害人犯罪之间的界限。并且具有外延上的不周延性。

3. 伦理被保护说。这类学者将无受害人犯罪视为侵害伦理秩序的犯罪。只是指出了国家规定的无受害人犯罪的犯罪依据，而没有指出其与别的犯罪的犯罪界限。所以说这种无受害人犯罪行为的定性依然是一个有待确定的问题。

确定无受害人犯罪的犯罪定性以后，我们再来研究我国对于无受害人犯罪的具体规定。我国刑法将犯罪人的行为和被害人的行为，按照是否双方都构成犯罪还是仅是单方构成犯罪来判定。这就表明无受害人犯罪是一种犯罪，但是要依据罪行来界定。

生活中很多无受害人犯罪作案的时候，行为是更加隐秘和不易察觉的。诸如酒精、毒品、安乐死、兴奋剂等一系列的无受害人犯罪行为，都是引发很多犯罪行为的直接原因。如何规避这类行为引发的犯罪是很多学者研究的话题,他们从心理和生理分析很多行为人的行为,还有犯罪动机。最后都逃不开一种原因:对生活压力的过度恐慌、无力承担和急于寻求发泄。这是很多吸毒、酗酒、寻求安乐死的人的共性。

【犯罪解密】

社会的进步同时带给很多人压力,于是人们会想要释放压力,排遣抑郁。以至于很多人想要靠酒精来麻痹自己,或者靠毒品、兴奋剂来制造一时的兴奋和快感。这些无受害人的犯罪行为最终会导致人们走向犯罪的深渊。其实只要抱有一颗平常心,豁达地看待生活中的不顺,不要钻牛角尖,不要计较太多,那么就不会沾染这些药物、酒精,远离它们,也就远离了无受害人的犯罪行为。

吸毒犯罪是一家

大麻是世界上最廉价、最普及的毒品。人们一旦沾染上它,就会产生大麻中毒性神经病,开始出现幻觉、妄想和不正常精神状态。一旦人们长期服用大麻等毒品,就会出现思维紊乱、记忆力减退、自我意识障碍、双重人格等。偶尔还会有呆滞,甚至是无故攻击性行为。这些行为在某个特定时刻就会导致犯罪,所以说吸毒和犯罪有时候只有一念之差,走向犯罪对于吸毒者来说轻而易举。

心理学家分析,当人们毒瘾达到一定程度以后,就会产生依赖,情绪也会异常激动或者萎靡。而且,每当毒瘾发作时,还会造成不同程度的犯罪。吸毒往往导致吸食者心理变态、人格扭曲、失去自尊、道德沦丧。这些属于无受害人犯罪的犯罪行为,会产生不可估量的后果。

一直以来毒品犯罪都在引起社会各界的广泛关注。在因吸毒而引发的诸多案件中,有一种特殊的情况值得注意,即罪犯将盗窃对象直接指向麻醉药品和精神药品。在世界各地,毒品价格昂贵,且司法机构加大了对贩毒的打击力度,所以致使海洛因等常见的毒品难以获取,而医院因为治病需要会储存很多麻醉药物,这就使医院所存的麻醉药品和精神药品成了盗窃的新目标。在上述诸类案件中，还存在一种十分恶劣的现象，即毒贩利用毒品控制吸毒青少年，胁迫他们四处作案。

更值得引起注意的是，很多名人明星也逃不开毒品的魔力，这类人拥有良好的经济实力，更容易购买毒品，同时他们社交广泛，经常出入一些高级场合。毒品这类昂贵的药物往往也是这些场合的常备品。明星们有很大的情况下是迫于压力或者工作需要而接触毒品。这样的机会明显多于普通人，一旦上瘾，轻则有损自己的公众形象，重则成瘾，导致犯罪。

【案例分析】

菲尔普斯是奥运会史上获得金牌最多的运动员。最辉煌的一次是在北京奥运会上，他夺得 8 块金牌，同时打破了 7 项世界纪录。这一度使菲尔普斯成为备受世界瞩目的人。可是走下领奖台，这样一位奥运会冠军和英雄却随即迈进了大麻的门槛。

英国当地时间 2009 年 2 月 1 日，《世界新闻报》披露了菲尔普斯在一个派对吸食大麻的照片，这引起了极大的轰动。照片上菲尔普斯反戴着帽子，正拿着大烟管贪婪且陶醉地吸食着大麻。

这张照片不禁让人联想，这一定不是菲尔普斯第一次吸食大麻。而后，《世界新闻报》还爆料说，2008 年 11 月 6 日，菲尔普斯应大学生邀请参加南卡罗来大学的聚会。在聚会上，菲尔普斯大声喧闹，疯狂酗酒。当有一个学生拿来水烟管给他的时候，他毫不犹豫就接过来了。

这一系列的报道引起了广泛的关注，所以菲尔普斯的经纪公司试图通过一系列条件来交换，希望《世界经济报》停止报道，可是没有如愿。

这时候菲尔普斯站出来向公众道歉，表示以后再不会沾染大麻等毒品了。可是大众心中奥运冠军的形象再也不复存在了。这还是次要的。菲尔普斯这种吸毒行为严重伤害了他的母亲。在一次电视节目中，菲尔普斯的母亲难过到流泪，这让菲尔普斯倍感内疚。于是他真的开始远离毒品，积极重新塑造自己的形象，最终获得了母亲的原谅，也开始挽回自己在大众心目中的形象。

菲尔普斯吸食大麻完全是自愿行为，也没有对别人造成实质的伤害。可是这种行为却伤害了大众对于这位奥运冠军的尊敬和爱戴，更严重的是，他直接伤害了自己的母亲。这种无受害人的犯罪行为，也是一种犯罪。所以，为了自己和家人乃至社会的安定，一定要远离毒品，远离毒品造成的犯罪行为。

提到毒品犯罪，我们不得不提出毒品的危害到底有哪些，这些危害又是怎么演变成犯罪的。首先是毒品的危害。

1. 吸毒成瘾是服用毒品后人的生理和心理发生某种变化的一个过程。有的专家将吸毒成瘾视为一种脑疾病。

2. 人吸毒后，毒品物质会迅速传送到人的脑部，并与人的某种受体物质结合，反复多次后，人体对毒品的耐受性提高，药物的作用逐渐减弱，吸毒者只能以更大的剂量连续不断地来抑制身体反应，满足生理渴求，从而愈陷愈深不能自拔。

3. 吸食毒品，使人在生理上形成奖赏性强化的后果，导致在心理上产生依赖性，即强烈的渴求感，也称为"想瘾"或"心瘾"。

4. 人一旦吸毒成瘾，生理依赖与心理依赖又互相强化，因心理依赖而加重生理依赖，生理依赖产生的戒断症状又反复加重了心理上的依赖。

这些身体心灵的危害，会导致犯罪。当毒品的需求达不到的时候，还有遇到过激反应的时候，吸食毒品的人无法像正常人一样控制自己的情绪。尤其一些未成年人，吸毒成瘾，为了得到更多的钱去购买毒品，轻微的是偷家里的钱，严重的会演变成盗窃、抢劫甚至杀人。所以很多法制报道会看到，未成年人犯罪很大部分和酒精、毒品分不开。

一位专家说过，吸毒、贩毒、制毒是一个整体的链条，从宏观上讲，将吸毒定为犯罪有利于缩小毒品的需求市场，从根源上切断毒品的供应链。他还说："采取法律手段严厉惩罚吸毒者，对没有尝试过毒品的人也会起到震慑作用，可减少毒品的市场。"显然，在用重典治毒的同时，还要给予吸毒者和容易尝试毒品的高危人群以人文关怀，将他们的注意力从毒品转移到正常的事务上来。这就是心理学需要做的工作，只有让那些吸毒的人从思想上摆脱毒品，才是治本的办法。

【犯罪解密】

世界的发展让人们接触了更多的知识，也开阔了眼界。随之而来的是刺激、压力和尝试的欲望无法达到满足。吸食毒品的人或多或少都是有着很大压力或者敢于尝鲜的人群。要想摆脱毒品的诱惑和控制，就要从心里明白毒品有百害而无一利，毒品不仅损害身体健康，还会直接导致犯罪。只有在思想上认清这一点，才能在面对诱惑的时候，理智选择拒绝一切毒品。没有毒品，就会减少很多犯罪。

犯罪催化剂——酒精与毒品

为什么说酒精和毒品是犯罪的催化剂呢？因为这二者都会使人成瘾，产生巨大的依赖。而这些依赖会造成神经的麻痹，情绪的消极和偏激，最后导致犯罪行为的发生。

众所周知，酒精能麻痹人的神经，使人暂时忘记痛苦，可能是一种从众的心理，认为可以借酒消愁，饮酒到酩酊大醉可以忘记很多不愉快和郁闷。事实上，就算再消愁也无济于事。可是很多人不敢面对这个事实，一味逃避。而毒品上瘾是因为会产生一种欣快感，使人变得兴奋和亢奋。尤其长期生活在压力之下的人，更加需要这种短暂的亢奋和愉悦。

依赖酒精和毒品的人认为，他们可以通过这种简单的物质就达到以往要通过很多努力才能取得的快乐，所以人就变得懒散，开始依赖毒品，还有毒品成瘾后若不继续用，会浑身难受，强烈的痉挛、疼痛，更加使人欲罢不能。酒精和毒品给人依赖感，一旦上瘾就很难自拔。

有专家分析说，在酒精和毒品影响之下的人，会做一些他们在清醒的理性思维和行为时不会做的事情。他们对自己的行为失去了控制力，因为他们失去了清晰思考和做出适当决定的能力。由于混乱的思维和模糊的判断力，一个受影响的人甚至会做违反自己价值观的事情。人们喝醉酒或是在毒品的高潮中常常会在性行为上跨越界线，这是他们在清醒时通常不会做的事情。

酒精、毒品成瘾最严重的后果就是会引发犯罪。而最开始人们总是抱着好奇的心态去接触，自信的认为自己可以驾驭它们。一旦陷进去以后就无法自拔，最终走上精神失控的犯罪道路。这样的事例有很多。

【案例分析】

约翰是一个开朗阳光的大男孩，高个子、浓眉毛，本来他的未来应该是在大学校园享受自由，以后去社会上闯出自己的一片天地。之前他的工作也真的还不错，可是因为吸食海洛因，约翰最终走进了监狱。从此以后，只能靠牢房里那扇高高的小窗子看到一丝阳光。

某个周末的一天，约翰去朋友家里玩。玩得兴起的时候，约翰看见几个朋友一起吸食海洛因，他知道这是毒品，是碰不得的。可是又想，自己就是尝一尝，不会上瘾，所以约翰接过了朋友递来的"香烟"。

事后约翰说：开始我就知道那是海洛因，是毒品。可是我出于好奇，就想着一次两次应该没事吧。抱着这样的侥幸，约翰最终还是上瘾了。

上瘾以后的约翰整个人都变得懒散了。不想工作，也不想出门。开始还会耐着性子去工作，为的就是拿钱买海洛因。可是慢慢到后来，索性不上班了。就靠以前的朋友借钱来吸毒。约翰妈妈看出儿子越来越瘦，觉得哪里不对。在家人的追问下，约翰坦白了自己吸毒的事情。妈妈难过得不行，一直在那里哭，爸爸只是皱着眉抽烟。过了很久，爸爸说："去戒了吧。"

就这样，约翰在父母的陪同下去了戒毒所。一个月以后约翰出来了。可是他不知道他的毒瘾并没有完全戒掉，所以出来的第三天就又开始吸毒了。复吸以后的约翰更加肆无忌惮，更加萎靡不振。后来因为聚众吸毒，约翰被警察带走强制戒毒5个月。

再次戒毒出来的约翰，有3个月没有再碰毒品。可是他的毒友们知道约翰出来以后，各种引诱和刺激，说他没有男人样，不爷们等，约翰禁不住激将，想着反正自己已经戒过两次，所以不怕再进去戒一次。约翰没有就此停止，最终因为一次聚众吸毒后杀人而被捕。

约翰走上犯罪道路过程很明显，就是因为海洛因的刺激。毒品改变了他的纯真本性，让他变得贪婪、懒散、消极、不辨是非。最终毒品变成了约翰犯罪的催化剂。

酒精、毒品和性的现实问题在青少年中尤为严重，他们在感情上不成熟，他们的判断力即使在清醒的情况下也是未加证实的。像约翰这样的年轻人，最容易因为威逼利诱和逞强好胜而接触酒精和毒品。最终走向无法自拔的境地。

许多国家明确将滥用毒品行为确定为行政违法行为，尽管从立法的层面解决了滥用毒品行为是否犯罪化的问题，但是围绕这一问题产生的理论争议并不会随着这部法律的出台而终止，相反，酒精、毒品引发犯罪的探究会越来越法律化。

对于是否适用刑法去禁止或者制裁在自愿的和彼此同意的基础上，成人之间在道德上越轨行为的问题，在犯罪学理论领域中始终是一个激烈争论的焦点。直到20世纪60年代，在西方犯罪学界和刑法学界认为刑法渗入私人生活和活动是非法的，这种法律思想才导致了无被害人的犯罪这个概念的产生。这个概念明确了吸毒酗酒等无受害人犯罪的犯罪行为的定义和定性。

那么，究竟有哪些观点可用来阐释酒精、毒品是犯罪催化剂的呢？

首先，主张滥用酒精、毒品行为作为犯罪的定论不只是针对那些接受酒精和毒品的个人，主要是要阻止这些个体继续滥用毒品行为的发生，既防止了其身心再次遭到摧残，又可以消除其给家庭和社会带来的负面影响，并威慑那些不稳定分子和初入此道的"菜鸟"，这就是所谓的威慑效应。

其次，通过直接打击滥用毒品和酒精者，找到背后的有组织的集团，然后可以直接捣毁它们。因为无被害人的犯罪与有组织的犯罪是紧密相连的，从经济学的逻辑上讲，这个理由是成立的。也就是说接触毒品和过量酒精的人都是被某个组织所吸收了，当滥用毒品行为的人减少时，毒品和酒精市场就会萎缩，价格下降会影响他们的直接收益。所以这些集团就会吸收不同的人来吸食，保证运转。这无疑就是在引发人们的犯罪行为。

滥用毒品者的动机是多种多样的，有一些人是自发地去接触，然后走上犯罪道路，有的则是被蛊惑，虽然大多数酒精、毒品上瘾的人都只是想通过这个过程来追求一种刺激，但是最后这些毒品也会演变成犯罪催化剂。上瘾者会迫于经济压力、心理压力而做出不同程度的犯罪行为。

【犯罪解密】

人生不如意十有八九，每个人都会遇到挫折困境。正确的做法就是学会面对困难并解决它。消极的人只会通过酗酒、吸毒来解决一时的郁闷。一旦上瘾，就会变得不理智，从而导致犯罪行为。我们要端正心态，远离朋友和陌生人的蛊惑，不逞强，不虚荣，不高估自己的抵抗诱惑能力。不要给酒精、毒品诱发自己犯罪的机会。珍爱生命，远离毒品。

可怕的"制幻"效应

初次听到"制幻"一词的人，第一反应就是"迷幻剂"。在不少影视作品中出现过"迷幻剂"的踪影，人们普遍认为"迷幻剂"就是一种能够让人出现幻觉的迷魂药。那么，真的存在"迷幻剂"这样的制剂吗？迷幻制剂又和犯罪行为有怎样的关联？

一位戒毒专家明确表示，从来都没有迷魂药。那么，我们在影视作品中看到的"迷幻剂"又是什么呢？专家也给出了解答，到目前为止能够让人进入精神制幻效应的只有麻醉药品。那么麻醉药品是怎样达到制幻效应的呢？麻醉药品是一种医学制剂，对人的中枢神经有抑制作用，常用于外科手术或临床医学中，而麻醉药品最大的副作用就是有催眠的效果，有制幻的效应。

麻醉药品有非常悠久的历史，麻醉剂在东汉时期由神医华佗发明，是我国古代外科的成就之一，中药麻醉剂"麻沸散"问世，对外科学发展起了极大的推动作用，对后世的影响是相当大的。而西方的麻醉针剂也在现代医学中得到广泛的应用。麻醉药品对中枢神经有麻醉作用，连续使用后易产生生理依赖性形成瘾癖。因此滥用或使用不合理都会对身体造成危害。

在我国，麻醉药品是国家专管专营的药品，不能随意供应。根据《中华人民共和国广告法》第十六条的规定，制作麻醉药品、精神药品的广告要受到法律制裁。因为麻醉药品的特殊性，一旦被犯罪分子利用就会造成不可估量的危害。

近几年来,"麻醉犯罪"已经成为一种新型的作案手段,各地均有出现利用麻醉药品进行的抢劫、强奸的案件。那么非法提供麻醉药品罪的犯罪构成是什么,怎样判断是不是构成了犯罪行为呢?

首先,非法提供麻醉药品罪,就是指依法从事生产、运输、管理、使用国家管制的麻醉药品的单位和个人违反国家有关规定,向吸食、注射毒品的人提供国家管制的麻醉药品的行为。因此在非法提供麻醉药品罪中,违反的是国家对麻醉药品的管理制度。

其次,从客观方面来看,构成非法提供麻醉药品罪必须满足三个方面:一是违反了国家的相关规定;二是提供的对象必须是吸食、注射毒品的人;三是提供的药品必须是受国家管制、可以作为毒品使用的麻醉药品。

再次,非法提供麻醉药品罪的犯罪主体是特殊的,也就是依法从事生产、运输、管理、使用国家管制的麻醉药品的人员或单位。

最后,构成非法提供麻醉药品罪的最主要一点是行为人是主观行为,即明知提供麻醉药品的违法性,明知提供的是国家管制的麻醉药品,明知接收方是吸食、注射毒品的人,且主观上不具备牟利的目的。

非法提供麻醉药品是违法行为,而非法使用麻醉药品则是更加严重的犯罪行为。"麻醉剂",这个本该在医学上发挥巨大作用的药品,却被有心人利用成为犯罪的工具,这样的案件数不胜数。

【案例分析】

2012年3月20日,吉林省长春市客运站的公安巡警在一辆客运车上将一名企图用"麻醉剂"麻醉乘客,抢夺乘客财物的犯罪嫌疑人当场抓获。这个嫌疑人被警方及时制止了。

3月20日晚,在长春开往哈尔滨的客车上,被害人杜某在客运站的超市购买了部分食品和饮用水之后就在座位上睡了起来。这个时候客车还没有开,犯罪嫌疑人李某上车后就坐在了杜某的座位旁边,李某偷偷地将杜某的饮用水拿出来并迅速地从衣兜中拿出了一支针剂注射器,并将制剂注射进饮用水瓶中,然后要将饮用水放回杜某的旁边。

第十章 酒精与药物滥用——名副其实的犯罪帮凶

但就在这时，杜某却因为口渴醒了过来，杜某开始找水喝，却发现自己的水不翼而飞了。杜某非常疑惑便询问周围的人，人们都没有理会杜某，而其中一名男子，也就是李某，迅速地将自己的饮料放在怀中，并用衣襟盖上。杜某发现了这名男子的反常，这时杜某想到了在客运站看到的警方提示，于是就假装去卫生间然后向警方报了案。

警方迅速赶到，并对杜某怀疑的李某和周围的人进行了询问，李某否认自己动过杜某的饮用水，但是警方却在李某的座位底下发现了杜某的饮用水瓶。随后，警方又从李某的身上搜出6支麻醉制剂和一个已经用过的麻醉针剂以及去往长春、吉林、沈阳等地的车票。警方当场将李某逮捕。

据李某供认，李某曾经在部队当过卫生员，知道药物麻醉的相关知识，而且为了保证作案时不出意外，李某还亲身实验过多次，而这次犯案已经是第5次了，李某抢夺他人财物涉及金额达10万元，犯罪行为相当恶劣。而李某的麻醉制剂则是从长春市的一家药店内购买的兽用麻醉制剂。

案发当晚，李某在客运站的超市附近寻找作案目标，而杜先生，衣着光鲜而且买东西大手大脚，李某就一直尾随着杜某上了车，并在杜某熟睡时下手作案，岂料被害人杜某突然醒来不仅打乱了李某的计划，还让警方逮个正着。

事后，警方嘱咐杜某，一定要提高警惕，尤其是在人员复杂的客运车站。而杜某也认为自己只是运气好，不然真的就被抢了。

杜某遭遇的这起案件只是众多麻醉抢劫案件中的一起，虽然杜某并没有遭受经济损失，但是这也提示我们做好防范举措，警惕此类案件的发生。

目前，麻醉犯罪所占的比例越来越高，犯罪分子常用的麻醉药品有乙醚、杜冷丁等。麻醉药品摄入过多会使人出现昏迷甚至死亡，那么我们应该如何提防犯罪分子用麻醉药品犯罪呢？

1. 提高自我防范意识。现在人们由于各种原因，出门的机会很多，但是很多人没有防范意识，容易上当，犯罪分子的目标常常是外乡人，因为这类人防范意识不够。

2. 在与陌生人交流时，不要轻易相信对方。在火车站和客运站这样人流量大的地方一定要注意和陌生人接触时千万不能轻易接受对方送的水、食物、香烟等。当发现有头晕、神志不清的症状时，带好自己的财物找到能够信任的人（比如警察或是当地工作人员等）及时送医院治疗。

3. 完善麻醉药品的管理和监督。在案例中李某从药店就可以轻易买到麻醉药品，这就说明麻醉药品管理有漏洞，国家要强化相关法规，政府更要完善药品的监督机制。

【犯罪解密】

麻醉犯罪造成的危害已经扩大到我们生活的各个方面，我们一定要对其投入更多的关注，加强国家的管理和社会的监督，提高自身的警惕意识，在复杂的人际关系中保持清醒，不要让犯罪分子有机可乘。

药物刺激会引起失常行为

近年来，食品药品犯罪已经成为威胁社会安定的主要因素之一。人们能够从网络、报纸以及电视节目中看到食品药品正面临着安全的考验，警方也破获一起又一起因药品刺激而犯罪的案件。而最令人触目惊心的是，这些因药品滥用而犯罪的案件中，有40％的犯案主角是青少年。这不得不让我们深思：药品的刺激究竟会带来多大的危害？

根据国家食品药品监督管理局发布的《2011年国家药物滥用检测年度报告》，在监测人群中，4成左右为新发生、新发现的药物滥用者。而这之中冰毒、摇头丸、止咳水等兴奋剂的药品滥用呈现上升趋势，这些过量使用药品的人大部分是青少年。与此同时，青少年作为药物滥用监测的敏感人群，首次被写入国家级的机构报告中："滥用药物的青少年数量增加趋势明显。"

药品的使用是为了治疗以及预防疾病，而过量的使用必然会带来负面作用。目前在临床医学中，某些药品的使用确实会对人造成刺激，但这些药品都属于国家管制药品，大部分用于治疗癌症、HIV感染等其他顽固且不易治愈的疾病。

人在服用药品后会经过人体的血液循环到达患病部位然后达到药物的效果。但是有些药品的过量使用仍然存在极大的危害。比如，安眠药、兴奋剂等。长期服用此类药品会像酗酒、吸毒般上瘾，难以自拔。

其原因是在人的大脑中存在一种叫作多巴胺的物质，这种物质是一种传递兴奋的化学成分，会让人产生兴奋情绪，比如在人听到赞美时，大脑中的多巴胺成分就会升高。而安眠药、镇静剂，甚至某些治疗感冒的药物都会刺激多巴胺的分泌，如果人长期的服用这样的药物就会持续不断地产生这样的兴奋效应，因而会不断地需要通过药物的刺激来产生这种愉快的情绪，久而久之就会进入一个恶性循环中，需要不断加大剂量来增加刺激，这也就是为什么最初安眠药只需要一两片而后来几十片也没效果的原因所在。

根据医院的检查，几乎有3成的精神病人都曾有过滥用药物的经历，起初可能只是小小的失眠、感冒、咳嗽，但是因为药物使用的更不合理导致精神崩溃。这些人享受着药品带来的刺激感和兴奋感，然后大脑形成一种条件反射，而人的身体对药品产生抗体，最后只能不断增加剂量，导致精神更加萎靡，在受到外界环境的刺激时精神疾病就产生了。

而更加严峻的事实是除了安眠药、止咳药水外，临床上治疗疼痛症的盐酸曲马朵及美沙酮、含有麻黄碱的感冒药、镇咳复方甘草片等药物如果使用过量，都会使人上瘾，一些戒断反应甚至与海洛因相似。而这些药物除了会带来上瘾这样的精神控制外还会影响正常的行为，甚至出现犯罪行为。其中青少年因药物刺激而导致的犯罪行为更是让人们投入了极大的关注。

【案例分析】

2007年5月2日，北京市大兴区的精神病医院接治了一位年仅17岁的精神分裂症患者，郑轩。郑轩是北京市某高中的高二学生，但是却因为过量使用药品而导致了精神问题。

郑轩出生在大兴区一个很平凡的家庭中，父母都是某企业的职工，虽然工资不是很高，但是一家人的生活还是过得不错。郑轩自小学习成绩优异，但是因为长得不高，加上性格内向，因而总是受到同学的排挤，因此在他上高中以前并没有什么要好的朋友，直到上高中之后，他认识了同桌李旭，李旭很健谈对郑轩很好，两个人迅速成为好朋友。

李旭经常带着郑轩去学校不远的网吧里玩儿游戏，起初郑轩并不喜欢，但是在李旭的不断鼓动下，第一次玩儿起了网游，而这一下就不能收拾了，他们开始经常翘课去玩游戏，郑轩也渐渐地迷上了游戏。

有一次，郑轩在玩儿游戏时，李旭突然拿出了一瓶止咳水并说："尝尝吧，喝了之后会打得更带劲儿。"郑轩好奇就喝了，然后只要他一玩儿游戏就会向李旭要一瓶止咳水，放假在家的时候郑轩就自己买着喝，仅仅一年他就喝掉了近80瓶止咳水，而郑轩的父母并不知道，直到儿子出事。

4月30日，郑轩再次去购买止咳水，但是正赶上公安部门检查药品的时期，药店并没有卖给他，这时候的郑轩不知为何突然情绪激动起来，拿起柜台上的电话就向售货员砸去，售货员当场被打得昏过去。然后郑轩就要冲过去拿药品，被附近的民警赶到并控制住。郑轩的情绪一直很激动，民警将他带到派出所之后，还没有安静下来，甚至当他的父母赶到时也没有停止攻击，民警认为郑轩可能有精神问题，就送到医院，医生给他打了镇静剂之后才安静下来。

民警向郑轩的父母说明情况之后，他们才知道，原来儿子竟然喝止咳水上瘾了而且还打了人。郑轩的母亲回忆说，郑轩在案发当天情绪很急躁，而且在服用止咳水的这一年中迅速的消瘦，父母只以为是身体的原因，家中还常常丢失钱财，但是因为工作繁忙，父母都没有深究过。

郑轩因为未成年对于打伤他人的行为，不用承担责任，只由父母承担民事责任即可，但是郑轩被强制送往医院进行精神治疗和药物戒断。

原本的花季少年，就因为一瓶止咳水走向了万劫不复的深渊。而父母的忽视加剧了郑轩的精神失常。那么药品的刺激会造成什么失常行为呢？

1. 情绪持续兴奋或持续压抑。因为药物本身成分的原因，在治疗疾病时会有副作用，即使病患情绪上表现兴奋或低落。这时一定要注意区分是哪些药物成分会让人上瘾。

2. 攻击行为。大部分的青少年服用兴奋药物都是伴随着网络游戏的，药物产生的兴奋感会加剧玩游戏的刺激感，因此很容易将游戏中的攻击行为用到现实中。

3. 精神问题。上面的案例中郑轩就出现了精神问题，这是长期的药物依赖造成的，比如长期服用安眠药物的人会出现幻觉、行为紊乱等症状。

4. 改变人格。因为长期处于兴奋、紧张、空虚、狂躁或对自身的羞耻感等情况，人很容易对事物产生敌对性和攻击性，思维混乱破坏原本的完整人格，变得偏激或者抑郁。

药物的刺激带来的危害是很严重的，尤其是对青少年这种对药品并不了解的人群。因此国家要加强药物的管控，开发新型卫生的药品，社会和家庭也要加强药物知识的教育。

【犯罪解密】

随着社会的发展和进步，人们对于各类疾病的治疗和防控都有了更新的认识，但是在注意身体健康的同时，也要注意药品的安全，不要让药品在治疗疾病的同时还带来不可预知的隐患。

滥用药物加剧犯罪风险

滥用药物是什么？为什么说滥用药物会加剧犯罪风险呢？在生活中我们可能见过或听说过药物滥用导致的案件，我们也在影视作品中看到过吸毒者和其他"瘾君子"生活的惨状，因而我们对药物滥用深恶痛绝。但事实上我们对药物滥用的了解并不深刻，药物滥用不仅会给自身的身体健康和社会、家庭带来负担还有可能增加犯罪的风险。滥用药物和犯罪之间存在某种或然性的联系。

药物滥用本身就是一种不正当行为，指不以正当医疗用途为目的，而且在未经医师处方或指示的情况下，擅自过量使用特定的药物。滥用药物的行为通常很容易上瘾而无法自拔，对个人健康和社会安定造成危害。

药物滥用者在某些方面和忧郁症患者很像，具备先天上心理的不足，再借由外在环境或刺激引发出来。天生就有滥用药物性格的人，只要长期使用某种药物就会形成依赖。比如，倾向于滥用古柯碱的人通常会在第一次发作后经历长达七年的滥用。

美国从20世纪初开始至少有上百万的青少年（大多是未成年人）滥用药物

或者经常服用止咳水、安定剂等。药物滥用俨然已经成为一个世界问题。

目前世界各国对食品药品的监管主要是针对强制戒毒机构、自愿的戒毒机构以及社区设立的药物治疗机构等收治的药物滥用人员，但是没有接受戒毒戒瘾的药物滥用者却仍然有很多，数量之大超乎想象。而且很多年轻人还没有意识到自身已经产生药物依赖，还有人即使上瘾也没有选择戒断治疗而是继续走向深渊。

据调查，滥用药物的种类主要是甲基安非他命。但是随着医学和科技的发展，滥用药物的种类趋向多元化，比如，强力胶、海洛因、摇头丸等。而药物滥用者的药物来源大多是朋友或者是同学提供的，或者是专门提供药物的场所，比如，KTV、俱乐部等。

而据美国芝加哥的一项研究揭露，药物滥用可能会增加暴力犯罪的风险。据分析，精神分裂症患者的暴力行为危险性增加可能和药品滥用存在某种关系。事实上，由于药物滥用而导致的精神病患暴力犯罪早已不是新鲜事。

【案例分析】

2009年9月18日，在美国芝加哥市的监狱精神康复医院中，22岁的史蒂芬·努克将自己反锁在房间里，不顾外面母亲和亲友的哀求，他拿出剪刀，对准了自己的手腕。闻讯赶到的医生用钥匙打开了门，但是还是晚了一步，努克已经割腕了。经过医生抢救，才摆脱了危险。

努克在20岁的时候患上了双相情感障碍，而导致努克患病的原因却是吸食违禁药品。努克从小就饱受父亲的家庭暴力，在努克8岁的时候，母亲和丈夫离婚并得到了努克的抚养权，从此努克才摆脱了悲惨的童年，但是之后安静的生活并没有驱散努克内心的恐惧和阴影。

18岁时，努克接触了一群地下乐团的人，因为努克本身也非常爱好音乐，因此总是会去那家俱乐部跟乐团一起演出，通过这种方式，努克发泄着他对父亲的不满并获得了安全感。在俱乐部中贩卖的一种饮料是青年人的最爱。努克喝了这种饮料之后，演出时非常兴奋，总有一种飘在云端的感觉，而俱乐部的气氛也让努克沉迷，努克就开始逃课，天天都到俱乐部要一杯这样的饮料，但是这样的饮料价格并不便宜，努克平时打工的钱并不足以支付他每天一杯。

努克就开始偷取家中的钱、值钱的东西等。但是很快就被母亲发现并禁止努克再去俱乐部。这样持续一周，努克的情绪非常低迷，只想着去喝那种饮料，于是努克抢劫了一个16岁的小孩子，并如愿喝到了饮料。这样的事情越演越烈，而这时一杯饮料已经不能满足努克了，努克有时需要喝到3杯才有"舒服"的感觉。

在努克20岁的时候，努克的父亲找上了努克索要钱财，努克表现得非常激动，跟父亲发生了激烈的冲突，然后在争执中将父亲的头打破，造成了父亲的死亡。警方在调查时发现了努克的反常。经过诊断努克有药物依赖而且已经出现躁狂症和轻度抑郁。警方还调查出努克涉嫌多起抢劫案件。

由于努克有精神问题，因此法院判处努克10年的监禁，并将其送到了监狱的精神病医院。但是长期的药物依赖让努克生活得非常困难，他甚至无法准确地拿起杯子，而每天对药物的渴望都让努克的精神崩溃，最后努克决定用自杀解脱。

努克就是因为滥用药物才使精神崩溃，甚至出现了暴力行为将其父亲杀害了。而为了获得钱财购买"药物"，努克偷盗、抢劫，最后药物依赖的折磨将努克推向了死亡。但是为什么青少年容易成为药物滥用者呢？这是各个方面的原因综合造成的。

1. 自身因素。随着社会的发展，文化的多样化冲击对青少年的影响非常大，加之网络的透明化更让青少年接触了一些不适宜的东西，而当下青少年要面对越来越繁重的学习任务和家人的殷切希望，压力大导致他们寻求各种方式来释放不安情绪；而青少年在成长过程中对事物都存在普遍的好奇心，大部分人第一次使用药物都是因为好奇心的驱使，而再犯却是用来释放压力，以此开始逐渐上瘾。

2. 家庭因素。随着社会竞争的加剧，家长们因为殷切地盼望自己的子女有一个美好的未来，因此各种补习班、培训班、辅导班就成为少年们的噩梦。他们无法反抗父母，又被学习的压力桎梏，因此他们喜欢各种能带来刺激的东西，如网络游戏、毒品等。而有的家庭中父母可能就有药物滥用的行为，这也潜移默化地影响着青少年的成长。

3. 社会以及教育机构监管不力。社会对药品的监督作用太小，从而造成药品流入到犯罪分子的手中，而犯罪分子的下手目标就是学生，学生在学校时有学校负责，但是学生出了学校之后就是犯罪分子下手的时机。

就这样青少年逐渐步入滥用药品的行列中，而且可能会走上吸食、出售有害药品的不归路。药物滥用是应该坚决抵制的行为，而药物滥用常常伴随的是暴力犯罪案件，因此我们要高度关注药物滥用事件以及滥用药物者的戒断治疗。

【犯罪解密】

滥用药物在一定程度上和犯罪行为存在关联，这是已经被验证的事实。面对药物滥用行为，我们首先要端正态度，不要将滥用药物者排除于社会之外；其次要积极地关注滥用药物者给予他们帮助，让他们早日戒掉"毒瘾"。

第十一章 犯罪防护手段
——避免走上犯罪的不归路

> 人们之所以研究犯罪心理学,其根本目的在于阻止犯罪行为的发生。实际上,犯罪并非不能避免,只要我们远离犯罪危险区,做足犯罪防护,那么,就一定能够避免走上犯罪的不归路。

矫正心理学帮犯人走向新生

今天,犯罪心理学成为一个热门学科,越来越受到人们的重视。通过对罪犯进行心理学研究,可以借助心理上的疏通和教育,引导罪犯迷途知返,带领他们走向新的人生。在犯罪心理学领域有一个重要分支叫作矫正心理学,更是对罪犯心理健康发挥着不可替代的作用。

说到矫正,我们自然会联想到矫正牙齿、矫正视力、矫正坐姿等情形。总之,它是将错误的方面矫正过来。同样,矫正心理学也是如此,只是针对的是有心理问题的人。通过一些药物和心理疏导的综合治疗,来改变当事人的犯罪思想、心理和动机。不过,要达到这样的效果是需要很多准备工作的。首先必须要了解罪犯犯罪的心理动机,然后还要知道合适的方法手段来针对他们进行治疗。同时,在进行中要不断依据罪犯的心理行为变化来调整思路和方法,从而真正达到心理上的矫正。

矫正心理学是本着人性本善的理念的,可是并非生活中的每一个人都能够被感化和疏导的。否则刑法上也不会有那些犯罪的死刑、死缓、终身监禁等判决了。所以,矫正心理学针对的是那些不太严重的犯罪,或者是未成年的犯罪矫正。

从心理学的角度分析，矫正心理学的方法有很多。比如精神分析、现实分析、认知分析和行为分析等方法。这些方法的出发角度不同，可是目的都是一个，就是帮助犯人解开心结，重新做人。

实际生活中会遇到很多人都有或多或少的心理问题，有的人只是会影响自己的生活，而有的人则会导致犯罪。而犯罪的这些人也并非是坏人，只是他们被某一种情绪或者想法误导，困在一个怪圈里面出不来，久而久之就会造成严重的心理疾病，直至引发犯罪。

【案例分析】

杰斐逊是大学毕业就带着女朋友来到纽约打拼的年轻人，平时工作努力也很优秀，只是经常疑神疑鬼。杰斐逊的女朋友很多次都因为他的疑神疑鬼而与其争吵，甚至提出分手。可是事后杰斐逊并没有意识到是自己的问题，而是因为要挽留女友而假装认错。在一次很大的矛盾中，女友坚决提出和杰斐逊分手了。尽管杰斐逊几次挽留也于事无补，后来过了一段时间听说前女友有了男朋友。杰斐逊认为一定是这个男人的存在导致女友和自己分手的。所以他非常接受不了，决定去找前女友问个清楚。

找到前女友，杰斐逊并没有听女孩的解释，一口咬定是这个男人出现在前，任凭女孩怎么解释也没有用。后来杰斐逊决定直接去找那个男人。见面以后杰斐逊和那个男人没说几句就大打出手，把男人打成重伤。治疗无效造成男人终身残疾。事情发展到这个时候，杰斐逊依然认为是他罪有应得，毫无悔改的念头。

后来杰斐逊执意不悔改，也坚持认为是那个男人破坏了他和前女友的感情，所以他是"罪有应得"。于是警方只能对杰斐逊进行心理矫正。

如果一开始杰斐逊就明白感情就是会有分分合合，那么就不会固执地认为是别人插足导致他和女朋友的分开。如果他明白这些道理，就不会误以为是女友错在先，因为本来就是女友分手以后才找的别人。可是杰斐逊之所以会犯罪，就是他心理上面没有转过来。所以并不是杰斐逊的前女友找了新的男朋友而导致他犯罪，而是他没有用正确的观念看待这件事情。

所以像杰斐逊这样的案例，就需要做进一步的心理矫正才能让他彻底走出自我造就的心理阴影。如果从杰斐逊的角度来看，似乎真的是女朋友被别人抢走了，为什么自己付出很多感情的女孩会提出分手呢？是自己能力不够吗？可是客观上面，杰斐逊并没有意识到一直以来都是自己的想法有问题，他的疑神疑鬼甚至很多次引发和女友的矛盾。这些问题出来以后，故步自封的杰斐逊并没有意识到自己的问题。反而直到另一个人出现的时候就崩溃了。由最开始的疑神疑鬼，到后来的屡次争吵，到演变成犯罪。杰斐逊由此心里产生了很大的问题。如果不及时进行心理矫正，后果恐怕不堪设想。

心理学家说过，认识自己是一个人心理健康和幸福生活的起点，如果你想让自己拥有快乐、幸福的人生，就要正确地认识自己，这样你才能扮演好自己的角色，活出自己的使命与价值。很多人和杰斐逊一样，不能正确认识自己和别人，从而错误观念导致错误行为，这是一种心理上的自我暗示。必须要进行心理疏导和矫正才能走回正确的人生轨道。

那么在心理矫正上面究竟应该怎么对当事人进行合理有效的矫正呢？

1. 解说。就是说要告诉当事人，错的不是事情本身，而是自己的想法和观念不一样。这是心理矫正最基本的一步，必须要在心理上让当事人明白自己的问题。如果第一步的疏导没有做好，那么就会导致当事人的不配合和排斥心理，那么后面的步骤都会无法进行。

2. 证明。就是要分析事件的发生过程，找出不合理之处，让当事人明白自己的错误在哪里。证明一个人心理意识的错误很难，因为没有实质的证据来说服，这时候就需要心理医生准确把握当事人的心理，并且拿出行之有效的方案来证明。这时候当事人是会拒绝承认自己的错误的，所以要有力的快速证明当事人的错误，为接下来的疏导做准备。

3. 放弃。当当事人明白自己的意识和想法是错误的时候，加以证明和施加压力，让他放弃自己原有的错误观念。做到这一步已经有很大成效了，当事人愿意承认自己的问题，那么就说明他的心理开始松动并且正常思考，这时候再有力地给以侧面打击，告诉他放弃原有错误观念，就是心理矫正成功的开始了。

4. 重建。用心理辅导引导当事人走出错误观念，重新树立正确的想法和立场。一旦当事人放弃自己的想法，那么在心理上就会很脆弱，也最容易被说服。

及时地重建他的价值观和人生观就是非常合理且必要的了。

【犯罪解密】

一个人认识自己很难,正确看待事物的发展更难,尤其在遇到挫折的时候。这就需要强大的内心承受力和良好的心理疏导来度过这种特殊情绪转折期。这样才能避免错误的发生。正确认识自己,正确看待别人,不仅是一种态度,也是一种对能力的考验。

强化法律意识远离犯罪

从刑法学的角度来看,犯罪是指严重危害社会的违反刑事法律的应当受到刑法处罚的行为,将其行为具有社会危害性、刑事违法性和应受刑罚处罚的才视为犯罪。犯罪行为是对触犯了法律而言的,往往是犯罪主体法律意识淡薄造成的,他们由于欠缺法律知识,对自己的行为无法定性,也不会提前去想其行为的后果,最终导致无可挽回的局面。

我们处在一个法制不断完善的时代。法律是把保护伞,保障我们的各种权益,所以有必要增强自己的法制观念,增强法律意识。在生活中,既要遵守法律,又要学会运用法律维护自己的正当利益,保护自己的合法权利。要知道,法律面前人人平等,谁都不可以触犯法律,不可以因为自己不懂法而祈求减轻罪行。

今天的法律观念,决定明天的社会局面。因为法律观念淡薄造成的犯罪不在少数,这里面也包括未成年人。未成年人犯罪是以主体的年龄特征为尺度规划出来的一种犯罪类型。在我国,未成年人犯罪通常是指已满14周岁而不满18周岁的未成年人实施了刑法和有关刑事法律所规定的犯罪行为。未成年人因为缺乏法律观念犯罪,不但给自身带来了严重的消极影响,对社会也造成了极大的危害。因此说,增强法律意识,就要从小孩抓起。

知法犯法罪孽深重,观念上缺乏意识也难逃脱,法律是神圣的,一个人只有在意识上具备相应的法律观念，才能在行为上远离犯罪。小的时候没有一点法律意识，就会增加长大后犯罪的概率。很多人犯罪都和自己的生活环境有关，因为在受教育阶段就没有接受良好的教育，没有基本的法律意识。

法律的实现靠强制力，社会法律意识的提高要靠我们自身培养法律观念。否则，就会自食恶果。

【案例分析】

2012年，辽宁省某高校发生了一起校园伤害案。胡宇（化名）为甘肃省嘉峪关市人，远离家乡来到辽宁读书。2012年的某一天，胡宇与舍友李阳（化名）发生争执并用水果刀将其扎伤，身负重伤的李阳即刻被好心的同学送往医院，经医院鉴定，李阳为重伤。这时候胡宇才感觉到了事情的严重性，行凶后一直在宿舍等待公安机关人员的到来，于次日下午被公安机关人员带往看守所。一审判决定胡宇为故意伤害罪，判处有期徒刑两年，缓刑两年。从表面上看这个案子十分平常，然而隐藏在此案背后的是当今人们法律观念的缺乏以及心理上的不健康。

室友本应该是亲密无间的朋友，然而却造成反目成仇的结果，这是为什么呢？原来胡宇与李阳经常会因为琐事发生争执，某日晚的一次吵架直接成为矛盾导火索。李阳因为手机未设置静音影响了胡宇的正常休息，胡宇当晚刚刚做兼职回来，由于劳累于是让李阳注意自己的手机，李阳不但不予理睬，反而用语言讽刺胡宇，这是导致惨剧发生的根本原因。

胡宇出生在一个普通的农民家庭，父亲在胡宇读高中时去世，由其母亲一人抚养。胡宇进入大学以来一直勤工俭学，常常在外面做兼职来维持生计。据胡宇的母亲描述，自从胡宇的父亲去世后，胡宇的精神状况就不是很正常，他的话变得很少，有时候甚至还会用头撞墙。据胡宇的同学描述胡宇平时除了学习就是打工，很少参加班级的集体活动，在班级也没有几个朋友。然而，胡宇的母亲说从前的胡宇不是这种状态，而是一个非常阳光的男孩，喜欢与人交往，也乐于助人，性格豪爽，和现在的胡宇相比判若两人。而这些变化胡宇的母亲认为是由于家庭发生变故带来的。

不难看出，胡宇的变化反映出其人生观和价值观发生了巨大的变化。由于此次审判是在高校内进行的,当时胡宇在法庭上的表现正常,是一个乖巧懂事的男孩,而不像是能向同学下毒手的被告。

这样的事情本来是可以避免的,然而因为这两个孩子缺乏法律知识,在思想上还不成熟,结果双方都得不到好处。如果他们都看到了法律的威严,都明白违法必究的道理,这样的事情可能会发生吗?这两个孩子在学业上虽说已经取得了一定成绩,他们精力旺盛却缺少理性思维,双方都有一定的责任,说到底还是法律观念不足。

目前,还有一些人虽然已经成年,却没有走出未成年人的心理,认为打架斗殴是不会受到惩罚的,反而认为是一件光彩的事情。对于这样的事情,周边的人不能说没有责任,家长应该从小就给他们灌输法律思想,让他们意识到法律的严厉性和惩罚性。可以带领他们参观少管所、监狱,让他们切身感受到失去自由的痛苦,身临其境的教育会起到更好的效果。最后,家庭和社会应当共同配合,共同营造一个知法的大环境,在源头上阻止犯罪。

目前绝大多数的犯罪是普通刑事案件,即以危害公共安全、破坏社会主义经济秩序、侵犯公共财产和公民合法财产为主要内容的犯罪案件。犯罪种类之多、侵害主体之广泛、犯罪手段之狡猾、犯罪后果之严重都是前所未有的,犯罪的方式不断更新升级。犯罪方式逐渐由传统方式向现代方式转化,流动作案、结伙作案和利用科学技术作案剧增,日趋智能化,网络犯罪日益增多,有的形成了黑帮组织或犯罪集团。这么多的犯罪行为,一旦落入法网,可是要付出几倍甚至几十倍的代价的,为什么这些犯罪人还要以身试法呢?

1. 随着经济的发展,金钱在社会生活中发挥着越来越重要的作用。人们常说:"金钱不是万能的,但没有金钱是万万不能的。"商品经济的刺激,物欲的引诱,导致人们对金钱盲目崇拜。金钱所带来的物质享受极大地刺激着人们的神经,使他们丧失基本的理性和判断力。只要能获取金钱,不论采取什么卑鄙手段,不论是怎样的违法犯罪都乐意去试一试。可以说,金钱是诱惑人犯罪的撒旦。金钱的诱惑是导致犯罪的外界因素。

2. 人文素养的滑坡。随着科技的发展,人类越来越步入机械的信息工业时代。人们的生活方式围绕着时代文明改变,似乎一切都在围绕着金钱运作。金钱的驱使,社会运转的压力,生存的残酷竞争,致使越来越多的人在金钱与社会熔炉的面前迷失了方向，丧失了根本的道德理念，甚至斗胆去破坏法律秩序，走上犯罪的道路。

3. 人口过多，就业压力大。我国人口基数庞大是众所周知的。尽管国家实行了计划生育政策，然而，人口还是很多。这主要是受中国几千年的封建文化的制约，"以人为宝""儿孙满堂"的传统观念的影响，人口众多所造成的就业压力是引发犯罪的一个重要原因。

从犯罪的成因来看，既有社会根源，又有环境影响，还有其主观因素。对于新形势下出现的各种有关犯罪的新状况、新特点，我们需要对其进行深入的分析和研究，把握其深层次的社会原因。

【犯罪解密】

商品经济的发展促进了社会文化领域的多元发展的同时，也带来了一些消极的观念，促使不良行为滋长。这种情况下，人们犯罪的概率就会增加。要想避免这类事的发生，就要明确自己应享受的权利和应履行的义务，学法、用法、护法，逐步树立较强的法律观念，有效预防违法犯罪。

用道德约束行为

法与道德属于上层建筑的不同范畴，法律属于制度的范畴，而道德则属于社会意识形态的范畴，二者有着很大的区别。法律规范的内容主要是权利与义务，强调两者的衡态；道德强调对他人、对社会集体履行义务，承担责任。法律规范的结构是假定、处理和制裁；而道德规范并没有具体的制裁措施或者法律后果。法由国家的强制力保证实施；而道德主要凭借社会舆论、人们的内心观念、宣传教育以及公共谴责等诸手段。

古往今来，法是按照特定的程序制定的，主要表现为有关国家机关制定的各种规范性文件，或者是特殊判例；而道德通常是潜移默化的。法必然要经历一个从产生到消亡的过程，它最终将被道德所取代，人们将凭借自我道德观念来实施自我行为。

法律与道德犹如车之两轮、鸟之两翼不可分离,二者的关系是一个历史与现实中永恒的话题,可谓历久弥新。人类的法律发展史告诉我们,从法律的产生到法治的实现就是一个道德法律化和法律道德化交互演进的过程。道德法律化强调人类的道德理念铸化为法律,即善法之形成过程;法律道德化强调法律内化为人们的品质、道德。由此可见道德对犯罪预防有着内在的控制作用,道德是犯罪预防的内在控制因素,犯罪预防需要以道德内在控制为本、其他措施为辅。

中国古代礼法结合、德主刑辅的思想为我们今天采用德法并治之治国模式提供了一种可行性的历史考证。道德对犯罪预防的内在控制作用,早在我国古代的儒家思想中就体现出来了。

"德",在西周时是一个融道德、政治、信仰、策略为一体的综合概念,它要求统治者敬天孝亲、对己严格、与人为善,只能在不得已时才使用刑罚。春秋战国时期,儒家对"德"加以继承和发展,突出了"德"的政治意义,主要包括宽惠便民和实行仁政。而在中国古代儒家思想里,"法"被认定为"刑",刑法作为惩罚性的规范体系与道德有着一种天然的亲近关系。道德与法律的关系是"德"与"刑"的关系,但儒家却把它们归结为"体"与"用"的关系,即以道德作为根本的"体",以法律作为辅助的"用",于是法律便成了实施道德的手段。

总之,先秦儒家着重从道德人格高度根除犯罪意识,同时配合其他具体措施来改善民生、教以人伦、出礼入刑以预防犯罪。他们的犯罪预防思想中突出的特点,即是将道德作为犯罪预防的内在控制因素,以德去刑、以刑辅德,但又不放弃刑罚。

今天,很多犯罪行为的发生都是因为犯罪主体缺乏基本的道德观念,没有受到这种内在控制因素的约束,最终导致无可挽回的局面。

【案例分析】

张某和66岁的妻子住处门前摆放着废弃铁丝、报纸等拾荒品,是什么原因让他们不能安享晚年,只能住这种月租50元的客家老屋呢?从床上缓慢起身的张某回忆起那晚在二儿子家中的情景,不禁眼中流出了泪水,回想起二儿子不让他吃饭,更是泪流满面。他说,上个月二儿子只给了他1000元赡养费,本月再到二儿子住处讨要赡养费,没想到却惹恼了二儿子。这下不仅不让他吃饭,甚至还用脚踢他腿部、裆部、背部等。

最后,他忍痛爬回家。老伴拿出张某当晚穿的上衣和裤子,指着两处开缝的地方,可以明显看出是撕扯而造成的。两老人已经没有工作能力,又缺乏基本的生活费用,只得靠拾荒维持生活。老人的三儿子和二儿子来到深圳已有4年,去年两人商量,因大姐已嫁人,让二儿子负责养爸爸,三儿子负责养老妈,方法是每月出2000元赡养费或让老人到自己家里吃饭。随后两兄弟把父母从老家接过来。三儿子从老妈口中听说爸爸被二哥打了,之后马上报了案,请民警来进行协调。

民警来到二儿子住处,看到大门紧闭,听周边居民说他是做扫把生意的。对于张某称前几日晚被二儿子殴打,周边居民说未留意。"我哪里打过他。"二儿子在电话中先说爸爸"吵得我生意都做不好,随便动了他一下",但随后改口说是自己的脚无意和爸爸的脚"挂"在一起。爸爸衣服怎么裂开缝了?二儿子称是让爸爸出去而扯坏的。二儿子说,本来要给爸爸2000元赡养费的,已给1000元,另1000元让舅舅的儿子拿去了。最后,二儿子并不愿意承认对待爸爸的方式有错,只是希望他能早点回老家,减少房租等生活负担,为此他愿意提前支付明年的赡养费。此后当地警方称如果张某指认儿子打人并要求处理,会根据其证据及伤情介入调查。

在道德上,赡养老人是子女应尽的义务,案例中的儿子在经济上并没有困难,而老人却要靠拾荒和讨要生活费来维持生活,本是应该颐养天年,却还要艰苦维持生计。儿子的冷漠与偏执让人心寒,老人的眼泪让人心酸。不论是从道德的意义上,还是法律的意义上,这些不赡养老人的不孝子女都应受到谴责和惩罚。社会上的道德滑坡不仅出现在赡养老人这方面,除此之外还有很多。

许多人都熟知2011年的小悦悦事件,2岁的小悦悦在佛山南海黄岐广佛五金城相继被两车碾压,7分钟内,共有18名路人路过但都视而不见,有的装作若无其事地路过,有的只是停下来看一眼就绕道而走,最后一名拾荒阿姨陈贤妹上前施以援手,将小悦悦抱到路边并找到她的妈妈。2011年10月21日,小悦悦经医院全力抢救无效而离世。

这也只是其中一个方面，此外，婚姻背叛、制假售假、以权压人等现象屡见不鲜。为此，相关人员也受到了相应的制裁。可见，我们要高筑道德的城墙，防止道德滑坡，用道德约束行为。

良好的社会道德状况会减少犯罪行为的产生，反之则促进犯罪行为的发生。良好的社会道德环境中，人更容易通过观察学习到真善美。良好的道德行为被社会成员广泛尊重和模仿，被尊重和认可的社会态度就会反过来强化道德行为，形成良性循环，也就会形成好的社会道德环境和成员的道德行为，减少犯罪行为的发生。

【犯罪解密】

商品经济、市场经济的负面效应也导致了个体犯罪欲念的不断扩张。人们的道德观念和价值取向发生了深刻的变化，道德出现滑坡。法律预防是外在的强制力，是道德预防重要的保障。道德预防则是一种内在约束力，是一种无形的信仰，它通过良心起作用，道德能够从各方面减少犯罪条件与诱因，从而净化社会风气，遏止犯罪产生的根源。

怎样释放压力最安全

随着社会经济的高速发展，难免会出现不平衡。社会压力巨大，人们就是被压在这座山下的一支庞大队伍。因心理压力大而引发的犯罪逐年增多，已引起社会的广泛关注。因此，要采取各种措施缓解大众的心理压力，以达到预防和减少犯罪的目的。

生活在这种条件下的人，在受到强烈刺激下，意识水平很低，甚至无意识，从而容易失去理智，造成严重后果。这种行为是强烈的、短暂的、爆发式的，过后往往后悔，甚至痛不欲生。

研究证明，犯罪绝大多数都是由心理压力引发的。由心理压力发展为犯罪的过程大体是这样的：有的人产生心理压力后会焦虑不安、心烦意乱、情绪激动、愤恨难平，于是便寻求发泄对象。在寻求发泄对象过程中主动选择负面的解决方法，当这种行为没有得到及时足够的正向引导时，就会逐渐萌发犯罪意向。然后注意选择或主动创造有利于犯罪的情境，产生犯罪动机和犯罪目的，实施行凶报复、毁人物品或者制造破坏事件的犯罪行为。

2011年，在社会上闹得沸沸扬扬的北大法学系毕业生，因男孩无意中撞了他一下，就将其骗入自己的公寓内将其勒死的连勇案，就是一个典型的案例。

【案例分析】

身为北大高才生，连勇本应该成为担当社会责任的一分子。然而他在生活中并不开心，例如因没钱被女友抛弃，工作不顺而辞职，创业艰辛而失败，甚至连自己租来的房子都付不起租金。种种不顺长期郁结在他的心中，使他感觉到了深深的压力，让其产生了一种憎恶社会，憎恶社会上的人的这种极端思想。

他仅仅是因为乐乐玩球时不小心撞到了他，让他觉得"连小孩子都欺负我！"于是心存杀机。作案后，他还抱着"必死"的决心向乐乐的家属敲诈15万元赎"人"，终于在取钱时被抓捕归案。连勇因故意杀人罪被判处了死刑，并且要对被害者家人赔偿60万元的精神损失费。得知这一判决结果之后，被害者乐乐的家人"顿时痛哭了起来"。

乐乐家人的哭固然是自然的，因为里面包含了两层含义。他们的哭泣一方面是因为残忍杀害了他们的独子的凶手终于受到了法律的制裁；而另一方面也是他们哀痛小乐乐无法再回来的悲伤心情的倾诉。是啊，小乐乐的确是无法再回来了，即使连勇已经为此赔上了自己的性命，这背后的教训是异常惨痛的。

上面的案件给我们敲了一个警钟，那就是要警惕所谓的"压力犯罪"，特别是在现如今这个"压力大爆炸"的时代。"压力犯罪"已经由普通民众开始向高级知识分子转移，这不得不让人深思！

由心理压力引发的犯罪主要表现在经济压力、人际关系压力、情感压力以及就业压力引发犯罪。那么，什么原因形成了这样的心理状况？心理压力或者说心理问题是人从小就开始逐步产生的，拿一个孩子来说，产生压力大致受以下条件影响：

1. 生理影响。孩子父亲酗酒,爱打人,这是一种冲动型的人格障碍,并可能遗传。父亲用暴力惩罚家人,从而在生理上影响到了孩子。

2. 家庭影响。从小失爱,父亲过于粗暴的教育方式,无时无刻不在冲击着孩子的心理,家庭暴力,家庭不和睦会影响到孩子。孩子从小受到虐待,心理素质差,长期紧张,产生不安全感,敏感,容易冲动。

3. 社会因素。长期的家庭暴力没有及时化解,社会公义没有在他身上得到伸张,以致出现目前这个局面。如果及早对孩子父亲的行为进行约束,也许是另一种结果。

4. 心理因素。在长期的家庭暴力氛围中,孩子形成了一种不健康心理状态,承受着巨大的心理压力,如同一个大坝蓄水太多崩溃一样,孩子通过这种极端方式,让心理压力得到释放,但产生的后果却是严重的。

孩子的心理压力是一个社会性的问题,需要通过自身、家庭、学校和社会的共同努力来解决,做到防患于未然。

对大众来说,释放心理压力,一是要正确评价自我,认识自我,发展自我,对自己不能要求太高,当某些期望不能实现时,要善于劝慰和说服自己,时刻保持良好的心态。二是要正确认识压力事件并勇敢地面对压力,人在生活、工作中,压力、困难、挫折是不可避免的;压力对人既是威胁,又是挑战。当一个人正视压力时,压力可以使人发现自身潜力、看到生命价值、充满自信。积极地面对压力,遇到压力,不退缩、不逃避,退缩和逃避不能解决压力。三是要增强心理健康意识,掌握自我调适的方法,以各种健康的方式来宣泄情绪,保持心理的平衡。四是要增进与他人的沟通,提高人际交往能力。五是在面对心理压力时,要主动寻求亲人、朋友和专家的帮助。

繁重的工作,繁杂的家务,让很多人感到压力巨大,严重影响正常工作,这让我们不得不想尽办法释放压力。释放压力,我们还不妨这样来做。

将"忍受"变为"享受"。很多时候,工作生活中的不如意,让我们生不如死,职场上甚至将办公室堪称地狱,其实转念一想,地狱和天堂只是一念之间的事情,我们的消极对待并没有给我们带来半点好处,反而更加疲惫。这个时候,不妨将自我感觉的忍受变成享受,将挑战看成对自己能力的肯定,这样就会感到惬意并满足。

第一，热爱麻烦。我们永远都无法预知工作生活中令我们头疼的麻烦有多少。所以，要学会控制情绪，要相信，办法总是比困难多。当我们遇到困难麻烦的时候，用逆水行舟的勇气去面对，这样时间长了之后，就会激发我们的潜能，相信困难过后，我们会有更多更大的满足感。

第二，改善环境。我们知道，境随心转。但是我们也不得不承认，环境对心的影响实在太大。不妨隔一段时间就给自己的办公桌换个装扮，新鲜好奇，这样也能提高我们的兴趣，还能激发我们的斗志。

第三，适当开个玩笑。幽默的办公环境总能给人注入热情，消除紧张。适当开个玩笑，说个笑话，会给我们的工作增色不少。就像幽默大师哈维·明迪斯博士所说，我们有选择悲剧或喜剧的自由。

所以，找个时间将自己放空，用更加宽容、更加积极的心态来面对工作、面对生活。其实，生活很美好。其实，工作很不错。

【犯罪解密】

压力是这个社会上的共性，人自出生起到死亡为止，都会承受着来自各方的不同程度的压力。特别是在这个高速发展的社会中，层出不穷的新事物与新问题给现在的人造成了更大的压力。因此，摆脱过去那种不科学的不健康的认识，变"被动"为主动，防止心理压力过大引发犯罪。如果人们真的能够做到合理的释放压力，"压力犯罪"的问题也会迎刃而解。

不可不学的行为自制

什么是自制力？为什么自制力至关重要？自制力是指人们能够自觉地控制自己的情绪和行动。既善于激励自己勇敢地去执行采取的决定，又善于抑制那些不符合既定目的的愿望、动机、行为和情绪。与之相反是任性。对自己持放纵态度，对自己的言行不加约束。任意胡为，不考虑行为及后果。当行为缺乏自制时，就有可能误入歧途，造成犯罪。

据格斯米·埃特·爱尔的阐述，自制力差有6种表现：第一，自制力差的人易冲动，他们想要立即得到满足，而自制力强的人更倾向于通过长时间的努力获得满足；第二，自制力差的人缺乏勤奋努力、顽强向上和坚持不懈的精神，他们喜欢简单的任务，喜欢"不劳而获，无爱而得性乐，不经法院审判而报复"；第三，寻求冒险刺激，自制力差的人喜欢冒险和易激动的行为；第四，自制力差的人喜欢身体的运动而不喜欢沉思和谈话；第五，自制力差的人对别人的需要不关心也不敏感，他们是以自我为中心的人；第六，自制力差是指经不起挫折，不经反抗就向困难低头。

自制力主要表现在两个方面：一方面使自己在实际工作、学习中努力克服不利于自己的恐惧、犹豫、懒惰等；另一方面应善于在实际行动中抑制冲动行为。控制自己需要意志。自制力强的人，往往意志比较坚强，在意志行动中善于控制自己的情绪，约束自己的言行。

说得通俗一点，自制力就是尽管你不想做某些事情，但还是尽力去做，这样你就能做成你想做的事。罗伊·L.史密斯说过："自制力宛若受到控制的火焰，正是它造就了天才。"一个没有自制力的人，就像被关在铁栅栏中的囚犯。

从2010年3月23日福建南平杀童惨案，到5月12日陕西南郑砍杀幼儿血案，在差不多50天之内，至少发生了六起针对幼儿园儿童和小学低龄学生的屠杀事件，平均每天有数名学生死或伤于这样的暴力犯罪。从犯罪心理学和社会心理学等角度来看，如此高密度发生的类似犯罪手段的案件，基本符合"犯罪模仿"理论。

"犯罪模仿"理论揭示了特定犯罪手段和行为因被其他潜在犯罪分子所知悉而会被效仿的可能性，也就是说，不是所有的犯罪行为都必然会引发"犯罪模仿"，只是从连环杀童案的发生来看，基本可以断定，南平案的犯罪手段正被模仿和扩散。

心理学家塔尔德于1890年提出了以下模仿法则：距离法则，人与人的距离越近，模仿性越强。想要避免受到这种"犯罪模仿"的影响，就要提高自制力，抵制不良习气的传染。

【案例分析】

心理学家把一些 4 岁左右的孩子带到一间陈设简陋的房子,然后给他们每人一颗非常好吃的软糖,同时告诉他们,如果马上吃软糖只能吃 1 颗;如果 20 分钟后再吃,将奖励 1 颗软糖,也就是说,总共可以吃到两颗软糖。

有些孩子急不可待,马上把软糖吃掉。有些孩子则能耐心等待,暂时不吃软糖。他们为了使自己耐住性子,或闭上眼睛不看软糖,或头枕双臂自言自语……结果,这些孩子终于吃到两颗软糖。

心理学家继续跟踪研究参加这个实验的孩子们,一直到他们高中毕业。跟踪研究的结果显示:那些能等待并最后吃到两颗软糖的孩子,在青少年时期,仍能等待机遇而不急于求成,他们具有一种为了更大更远的目标而暂时牺牲眼前利益的能力,即自控能力。而那些急不可待只吃 1 颗软糖的孩子,在青少年时期,则表现得比较固执、虚荣或优柔寡断,当欲望产生的时候,无法控制自己,一定要马上满足欲望,否则就无法静下心来继续做后面的事情。换句话说,能等待的那些孩子的成功率,远远高于那些不能等待的孩子。从某种意义上来说,这些软糖就好比外界的各种不良诱惑,自制力不强的人,面对它们无法控制自己,放纵自己的欲望,从而使自己坠入犯罪的深渊。

由于自制力不强,青少年属于犯罪的高发人群。那么,其中有哪些内在的必然联系呢?一是青少年正处于生理和心理发育成长阶段,辨别是非、区分良莠和抵御外界影响的能力差,自控力弱,行为不稳,模仿力强,好冲动,易被诱惑实施犯罪;二是有的在家庭经济方面与高收入的盲目攀比,产生心理不平衡,甚至萌发不良企图;三是有的青少年对社会上不良风气、各种诱惑,以及一些低级趣味的色情文化,有一种神秘感,想试试的心理,不能有效地控制自己。

自古代百科全书式科学家亚里士多德,到近代的哲学家们都注意到:美好的人生建立在自我控制的基础上。那么人们该如何有效地提高自制力,减少犯罪机会和行为呢?

其一,必须提高认知水平,端正动机。根据国内外心理学家的研究,不少犯罪(尤其是青少年)最显著的心理特征就表现在自制力缺乏。而相反,历史上那些仁人志士却能克己奉公、临危不惧、视死如归，表现出高度的自制性。这说明认知水平、动机水平，会影响一个人的自制力。

那么，认知、动机怎样影响自制力呢？比如，你第一次上讲台，第一次做报告，第一次参加战斗，如果你想到的是"我如果讲话出差错，人们该怎样笑话我呀……"这样接踵而至的消极情绪就会把你击毁，使你失去自控能力。相反，如果你想到的是"我做报告，只不过将大家的经验做一总结，进行交流"，潜伏着的动机是高尚的、积极的、达观的，这样你就会很少受消极情绪的影响。因此，正确地认识自己、正确地认识行动的意义，对培养自制力来说，是很重要的。

其二，培养自制力必须有针对性。就是说要针对自己的某种弱点、某种行动中的消极的心理活动来训练。要培养自制力，应当先对自己作一番解剖，找出自己在那些活动中常犯的毛病，然后选择适当的训练方法，通过训练在实际活动中矫正。

【犯罪解密】

一个想要有所成就的人如果缺乏自制力，就像汽车失去了方向盘和刹车，必然会"越轨"和"出格"，甚至"翻车"。自制力对人走向成功起着十分重要的作用。犯罪的一般原理认为，自制力是在童年时期形成的，不能简单地把自制力差看作犯罪的同义词，应看作有可能产生犯罪行为的个人，自制力差是导致犯罪的重要因素。

第十二章 微表情犯罪心理学
——破解犯罪的秘密武器

> 在不少关于犯罪的作品中,侧写已经成了必不可少的流行元素,不过普通大众对侧写却十分陌生。什么是侧写,侧写和犯罪之间有什么关系,刑侦人员又是如何通过侧写技术来阻止犯罪的呢?

通过面部表情破案

许多国内观众都看过最近很流行的一部美剧《犯罪现场调查》,该剧讲述了一组刑事鉴识科学家通过对犯罪现场细节侦查、对尸体进行专业分析,以及对犯罪嫌疑人或犯罪现场人员询问调查等手段来帮助警方破案的故事。

他们所经常采用的一种手段就是对嫌疑人员"特殊审问",当然这不是指对他们进行肉体或精神上的折磨,而是将嫌疑人安置在特殊的房间内,科学家对其提问,或讲述跟案件相关的信息,通过高速摄像机记录嫌疑人在听到或亲口说出某句话时的面部表情、肢体动作,最终找到嫌疑人异常的表情或动作,以此协助警方对案件的侦破。

心理学家分析过,面部表情如果分析到位就可以直接分析犯罪人的心理,就算他们掩饰得再好,也会在心理疏导之下暴露内心的破绽。生活中也是如此,一个人很难完全掩饰自己的内心。尤其在作案以后,内心的恐惧紧张更会加剧面部表情的微妙变化。心细的人员就会通过这些细微变化来侦破案件。

人们通常说眼睛是心灵的窗户,但是并非只有眼睛能表现出人内心的情绪,鼻子、嘴唇、舌头、眉毛、额头等部位的细微变动都会暴露一个人内心的波动,现在通过高速摄像机都能很精确地捕捉到这些平时难以察觉的细节,更不用说那些肢体上的大动作了。比如人在说假话或者要为自己辩护(通常是狡辩)的时候,往往会将双臂交叉搭在胸前,做出一副保护自己任何人不准侵犯的样子,先把自己的心脏遮起来。关于肢体语言我们在下一节会详细的研究,现在我们还是来关注对嫌疑人面部表情的分析如何能让警方顺利地找到突破口并最终破案。

生活中这样的案例信手拈来,一些犯罪分子最容易忽略自己的面部表情。在审讯或者心理疏导的时候,最后出卖他们的很多时候是他们的面部表情。

【案例分析】

工业革命之后的英国,涌现出了一大批新兴的贵族阶层,有一天某位伯爵在他家中举办了一场相当热闹的晚宴,宴会上,伯爵夫人戴了一条非常耀眼夺目的项链,项链在灯光的照耀下显得异常闪亮,这也引来了赴宴者的羡慕和称赞,整个宴会仿佛都是围绕着她一个人在进行,而她戴着这条价值不菲的项链也正是要达到炫耀的目的。

晚宴十分顺利地进行着,人们随着音乐跳完了一支又一支的舞蹈,突然这时候灯光熄灭了,有位年轻小姐忍不住尖叫起来。经过几秒钟的短暂骚乱,主人大声喊着让各位保持冷静,场面得以控制。结果不出一分钟,灯又亮了,这次轮到伯爵夫人尖叫了,因为她发现自己所佩戴的那条项链已经不见了。

主人马上封锁了房子的出口,并让仆人叫来了私家侦探,侦探赶到之后先对宴会上的人员进行了简单的询问,经过短暂的思考他把其中的三位客人请进了会客室,结果没一会儿他就很轻松地走出来,说已经找到凶手了。

刚才被请进会客室的三个人,分别是伯爵夫人本人、一位高级会计和一个珠宝店商人。伯爵夫人倒是趾高气扬,说自己肯定不会做这种监守自盗的事情。而那位会计则指着自己的小眼睛说,他干会计这么多年早就成了近视眼,刚才在黑暗中肯定不可能迅速地找到伯爵夫人并准确地把项链抢下来。最后是珠宝商人,他很不耐烦地说自己本身就家产丰厚,根本没有必要为了这条项链做这种勾当。

听完每个人的辩护,侦探淡淡地说了一句,说那条项链其实是假的,只是仿真货而已,三个人听到这句话之后都忍不住大叫了出来,夫人和会计嘴唇微张,瞳孔略微放大，显得满脸惊讶，而珠宝商则是嘴角往下一撇，鼻翼张大，在装作惊讶的同时又显出了不屑的神情。

珠宝店的商人肯定就是犯人没错了，他能辨别出珍珠是真是假，也知道项链真正的价值到底是多少，因此刚才对侦探的话表示出了不屑。

随着现代医学技术的发展，人们已经知道了面部肌肉是人身体上最为灵活的一块肌肉群，通过这些小肌肉的高速活动，我们就能表现出成千上百种不同的面部表情。虽然我们擅长用自己的表情来表现内心的情绪，但实际上我们更先学会的却是用表情来试图掩盖自己的情绪。

这在玩杀人游戏的时候表现得就很明显，身为"杀手"的人，在为自己辩护的时候，不管在说话语气上，还是面部表情上，都会多多少少有些不自然，不同于常态。就像是你对自己喜欢的人和自己不喜欢的人微笑时，这两种笑的差别是显而易见的，所以说要辨别表情的真假也不是难事。刚才的例子中，珠宝商人所表现的惊讶便是一种很明显的掩盖，伯爵夫人和会计两人脸上的惊讶，是真真切切的，只要对比一下，便能分辨出真假。

通过观察犯罪嫌疑人面部表情侦破案件的例子还有很多。曾有一次警方抓获了一个犯罪团伙的其中一人，审讯时他拒绝交代自己的同伙，警方这时候找来了一批照片让他辨认。最开始他只是一言不发同时面无表情，但当他看到其中一张照片时瞳孔微缩，眯了一下眼睛，这显然是一种表示抗拒的表情。果不其然照片上的那个人正是他的同伙。

瞳孔放大，嘴角上扬，眉头舒展等这些微小的面部变化都能向别人传达一种积极正面的消息，比如开心、放松、喜悦等。如果能够善于捕捉这些细节，就能分辨谁是表里如一、内心想法和面部表情相一致的无辜人员，谁是真正的罪犯。

众多的表情无时无刻不在表达着我们心里最真实的想法，不论是男女老少，不管是否说着同一种语言居住在哪块大陆，人们都能够用同一种表情来表达自己的开心或者不满。作为神经反射最为敏感最为直接的区域，面部是人类情绪的直接载体，它比语言更为直接，更为准确地表达着我们内心的想法，从另一方面讲这也算是一种全世界通用的特殊语言。

【犯罪解密】

　　罪犯的表情通常都会比常人更加复杂和难以解读，面对警察的审讯时他们往往会尝试着用面无表情来避免内心想法的流露，但与此同时一些短暂的或者瞬间的面部表情变化也会变得十分明显，一旦他们内心产生波折，表情出现异常，我们就能利用这些不自然的表情，判断他的内心想法。

肢体语言泄露罪犯心迹

　　什么是肢体语言呢？第三代心理学的开创者，美国的马斯洛说过，肢体语言是一种比声音语言更有效的沟通方式，其中蕴含着人们的态度、情感、想法、心理等，同时它也能揭示人的许多信息。美国联邦调查局的资深身体语言专家乔·纳瓦罗认为，如果能充分地认识并利用人的肢体语言，我们就完全可以了解一个人内心的真实情感和想法，也就窥得了别人内心的密码。更进一步，如果可以合理地运用自己的肢体语言，更能够使你影响、引导以至于控制其他人，让你在各种场合下都能处于优势地位。

　　由于肢体语言能比声音语言表达出更多的信息，所以在破案过程中充分的理解嫌疑人的身体语言也是至关重要的。

　　一个合格的演员都可以根据剧情的需要，通过自己表情的变化来表现其扮演角色的情感变化。大部分人可能没有这样的能力，但他们至少可以用面无表情来掩饰自己的内心。平时在跟人说话的时候，我们通常只习惯于关注对方的上半身，当然这也是出于对对方的尊重，不过有时候人的腿脚动作往往会比他们的面部表情更加真实可靠。当一个人脚步灵动轻快，微微将脚尖翘起的时候，通常他是处于心情愉快极度放松的状态。而当一个人把自己双脚岔开站着的时候往往说明他此时有一定的警觉和防范。

　　警方掌握了一个犯罪嫌疑人充足的犯罪证据，嫌疑人却从不开口始终不承认自己犯罪的事实，相反他一直在用充满嘲讽的表情来对警方做出回应。但最终警方还是从他的肢体语言上找到了突破，恰恰是他的双脚暴露了他的破绽。警方刚开始审讯时先刻意地把一些犯罪细节进行错误的描述，让他放松警惕，此时他的双腿正在桌子下面不自觉地愉快地摆动着。后来警方又相当准确地叙述了一遍后面的犯罪经过，这时候嫌疑人一下子变得紧张起来，双腿也下意识地停止了晃动。

为什么腿和脚就可以如此准确地反映出我们的情绪呢？这可以追溯到上百万年前，甚至人类还不会说话的那段时期，那时候人们已经可以用腿脚来迅速对周围的威胁做出反应，一种完全不需要理性思考的反应。我们的大脑可以在自己毫无意识的情况下就对腿和脚下达准确的指令：逃走、停下来或者向敌人踢过去。这其实就是一种从我们的祖先那里遗传下来的最原始的生存机制，即便是现在人们在遇到紧急情况的时候，或者遇到我们感到强烈反对的事情的时候，腿和脚总会做出我们祖先在几百万年前的那种反应。

除了腿脚之外，人们的其他部位也会在不经意间暴露出自己内心的想法。我们经常看到国外政要在接受媒体采访时的画面，当他们在充满信心地向公众宣传自己最新的一项提案，自己对某件要闻的看法，或者其他已经胸有成竹的消息时，通常是双臂自然的伸展开，并带着很多肯定性的手势。而当有记者提出一些尖锐的、毫无准备的问题时，政客们往往首先做的就是把双臂交叉搭在自己胸前，挡住自己的胸口，然后再做出自己的回答。比方说尼克松在被问及水门事件的许多事情时，都是抱着这副架势来面对媒体和大众的盘问。

【案例分析】

人们通常会在自己情绪激动的时候挥动手臂，比如在跟朋友交谈到兴奋之处时或者顺利完成一件事情时的一个击掌动作。而自己要表现强烈的反对和不满时往往会不停地左右挥手。如果你在谈话时遇到了对方的威胁或者挑衅，则通常会伸出食指指向对方以表示自己的反击。

在一个犯罪现场，警方找到了几名有嫌疑的人并跟他们一一交谈。有一个人告诉警察说自己是无辜的，因为事发的时候他并不在现场，他承认自己曾经路过了犯罪现场，但自己随后就朝马路右边走了。而就当他说这些话的时候警察已经差不多认定他有犯罪嫌疑了,理由正是在他说自己朝右边走的时候,他的手却情不自禁地指向了左边,这一个无意识的手势恰恰出卖了他,因为案发现场就在盘查地点的左边。像是这类的动作并不像我们的语言那样能够通过大脑来控制,当你说出一些违心的或者虚假的话时,你的大脑却总会做出真实的反应。

　　除了头、颈、四肢之外,人体的躯干也会很真实地反映我们的情绪。我们在跟亲密的友人交谈时,自己的身体会下意识地朝对方前倾靠近,这种很自然的距离上的亲近会让双方都感受到温暖。同样面对自己所不喜欢的人时,我们会情不自禁地往后仰,与对方保持一定距离。这样我们就可以通过一个人的躯干姿态来看出他在交谈时是否真正地有诚意。

　　当犯罪嫌疑人身体倾斜向警官为自己洗脱罪名时,他的诚意应该是比较大的。相反如果他深深地躺在椅子上身体经常微微摇晃的时候,他所提出的供词通常都很值得怀疑。如果直接是双手搭在胸前,那就明显是一种拒绝合作,任你们怎么审问我也不会张口的姿态了。

　　如今越来越多的警察已经懂得了从罪犯的肢体动作来捕捉犯罪心理,发现以前难以察觉的真相。身体动作是大家都会看见的,至于能否利用这些动作发现其背后的东西,则是一门学问。以下是几点建议:

　　1. 学会掌握基本的肢体心理知识,最常见的肢体语言艺术学科的理论知识很重要。不仅在犯罪心理学,在平时生活中也有助于人际交往。

　　2. 掌握每一个肢体动作背后的意义,所反映的身体状态或者情绪。这样就能从某个肢体语言明白犯罪分子的内心。

　　这些都不是迅速就入门的,需要在平时细心观察,反复验证。但是一旦掌握这些知识,就对侦破案件有很重要的帮助。

【犯罪解密】

　　"察言观色"不仅应用在人际交往中,在犯罪分子身上同样适用。很多时候罪犯在紧张和心虚的情况下会不自觉地做出一些肢体动作或者暗示,这是他们自己不察觉的。可是好的侦查人员是可以第一时间发现这些细微之处的。很多大案要案都有体现出罪犯肢体语言解读的重要性。如果要早些破案,那么就应该学会细心，学会观察那些常人看不出来的肢体语言。

证人的记忆未必可靠

在大家的认识里，证人往往都是提供一些客观证据的人，也就是把他们亲眼看到、亲耳听到的东西如实地讲述出来。然而，越来越多的心理学研究都表明相当多的证人所提供的证词并不是那么准确，或是有一定的个人倾向性，带有很强的个人意识和观点。这个现象被称为证人的记忆效应。

记忆效应就是一种心理的反应和表示。心理学家珀费可特和豪林斯曾经对这一结论进行了更深入的研究。为了考察证人的证词是否有特别的东西，他们将证人的记忆与对一般知识的记忆进行了比较。结果发现，就证人回忆的准确性来讲，对自己的回答信心十足的人实际上并不比那些没信心的人更高明，但对于一般的内容来说，情况就不是这样，信心高的人回忆成绩比信心不足的人好得多。这就能够给我们一个判断，来表明证人也不一定就不会说谎。

很多案例说明，在一些紧要时刻和关键阶段，证人往往会跟着紧张或者记忆出错。所以，别太轻易相信关键时刻证人的证词。

【案例分析】

1984 年的夏天，年仅 21 岁的莉娜在自己家中遇到了一场灾难，罪犯闯入她的家中将她强奸。之后她趁罪犯不注意悄悄地逃离了住所。她跑到了警局并向警方描述罪犯的外形特征，她特意强调说因为自己被侵犯所以对对方的相貌记得清清楚楚。

没过多久警方就锁定了嫌疑人，根据莉娜的指证，警方认定在她家附近工作的一位名叫布朗的男子就是嫌犯。在后来的审讯中，布朗尽管极力证明自己跟此案毫无关系，但他毕竟缺乏充足的证据来为自己开脱，以至于最后他被判了 50 年监禁。

后来布朗在监狱中发现了另一名罪犯布莱恩，他的长相竟然跟自己有几分相似，而且这布莱恩也亲口承认当初是他侵犯了莉娜。因此布朗要求法院重新审判此案，不过后来莉娜依然很坚定的认定布朗就是罪犯，她对自己的记忆非常自信。又过去了几年，布朗一直在寻找各种为自己洗清罪名的方法，后来他申请了最新的DNA检测技术，最终检测结果令所有人都很震惊，一切证据都表明布莱恩确实是犯人，而布朗是清白的。

心理学的研究表明，证人的信心并不一定能保证他所回忆的一切就是真实精确的。这跟记忆在学校所学的知识不一样，专心的人通常能对书本上的知识有准确的记忆，但在犯罪现场，人的记忆却无法完全将当时发生的一切重现，这些记忆会随着证人情感的差异或者注意力的不同而产生一定偏差。有时候证人会觉得自己的记忆一定没有错，自己的眼睛和大脑不会欺骗自己，但往往这些回忆的准确度并不会太高。

比如，让证人指认罪犯时，他不能在这么多的嫌疑人中一眼就认出谁是凶手，那么他能准确找出罪犯的概率就会变得很小，而且随着辨认时间的延长，这种可能性会变得越来越小。经过很长时间之后，证人往往只能凭感觉找出谁是他印象中"最像"犯人的那个。

我们平时也经常会有这种经历，如果盯着几个字看几十秒，这些原来看着很熟悉很普通的文字会突然变得很陌生，甚至无法想起它的读音和意义。

对这一现象，心理学家珀费克特和豪林斯专门做了一项深入的研究，他们是为了探查证人的证词中是不是真的有些特别的东西，因此将证人的记忆与对一般常识的记忆进行了比较。

他们给来参加测试的人放了一段录像，是关于一个女孩被绑架的案件。到了第二天，他们给被测者发了一张关于此案件的问卷表，并让他们写下对自己回答的信心程度，然后做再认记忆测验。接下来用同样的方法，问题的内容是从百科全书和大众读物中选出的一般知识问题。

跟他们预期的一样，两位博士发现，在证人回忆的精确程度上，那些对自己的回答信心十足的人实际上并不比那些没信心的人更高明，但对于一般知识来说，情况就不是这样，信心高的人回忆成绩比信心不足的人好得多。

人们对于自己在一般知识上的优势与弱势有自知之明。因此，倾向于修改他们对于信心量表的测验结果。一般知识是一个数据库，在个体之间是共享的，它有公认的正确答案，被试者可以自己去衡量。例如，人们会知道自己在体育问题上是否比别人更好或更差一点。但是，目击的事件不受这种自知之明的影响。例如，从总体上讲，他们不大可能知道自己比别人在记忆事件中的参与者头发颜色方面更好或更差。

那么，是不是真的不能很精确地将一件事情记下来？在日常生活中，有数不清的信息都在涌入我们的大脑，尽管我们大多数时候并不会专门记下平时所遇到的一切，但是这些过往的印象都在潜移默化地对我们的大脑进行着影响。仔细地去回忆那些你认为在脑海中印象特别深刻的事情，你是不是真的能够很完整、很准确地将这件事描述出来呢？是否能还原每一个细节呢？

随着年龄的增长，人们会越来越难回忆起那些曾经印象深刻的事情。有时候自己会发现对当初一件事情的印象，跟以前写在日记本上所记录的内容不是那么的吻合。通常在犯罪现场的目击证人会第一时间向警方描述自己看到的犯罪过程，不过抓到罪犯却是一个漫长的过程，这段时间越长，关于犯罪现场的记忆就会变得越模糊，这是一种自然的生理现象，也是人们对记忆自然遗忘的一个过程，证人对犯罪嫌疑人的印象会变得越来越不清晰。我们的大脑就像是一个信息的存储中心，它会按照人的主观意愿把一些相类似的事情联系在一起。比如你身在异地，某天突然吃到了自己的家乡菜，就会想起自己的家乡、亲人等。这些相类似的事情会在我们的大脑中反复的融合补充，最终变得脱离了原有的事实，成为经过加工的新"事实"。

而即便是对同一件事情或者同一个人，大家也会因为自己感兴趣的点不一样而产生不一样的记忆重点。面对同一个光头男子，有人可能记住了他的光头，有人可能记住他不和善的眼神。对于自己记忆不深刻的部分，人的大脑会根据那些模糊的记忆片段自动进行补充，而这些补充的真实性就很难得到保证。

【犯罪解密】

对于证人的记忆，其中包含的真实与虚假，即使再高超的刑侦专家也无法分辨，因为存在太多的外界和人自身的干扰，所以谁也无法保证证词就一定是绝对准确的。所以对于证人的证词和记忆，还是有选择、科学地分析才好。

借助犯罪心理画像破案

什么是借助犯罪心理画像破案？现代犯罪心理画像之父——格罗斯，在《犯罪侦查》一书中提出了几种对犯罪人的犯罪行为进行分析的方法，这些犯罪人包括杀人犯、纵火犯、盗窃犯、假币制造者、谎报强奸案的女性等。这些犯罪人会被心理学家进行一系列的疏导，然后通过他们的心理反应来进行描绘。

几乎在每个案件中，盗窃犯都在犯罪现场遗留下最重要的作案痕迹，可是不是每一次警方都能顺利找到这些证据。也就是说，盗窃犯的作案方式已经遗留在案发现场，可是我们不一定会轻易发现。专家分析过犯罪分子的作案模式，每一个人都不一样。因为每个盗窃犯都有自己的作案特点和管用伎俩。这就给侦破案件带来相当大的困难。所以如何还原犯罪现场有时候异常棘手。

怎么样能够把不同人的作案方式与其他作案人区分开来，是一个难题。就算犯罪分子不能完全隐藏这种特点，可是有时候这种与众不同的特点不是如此明显，这样就要借助一些心理学的原理来从内部剖析犯罪者的心理。这就需要借助犯罪心理画像的技术。

就算科技再发达，也不可能在每一个案发现场都有监控和记录。有时候犯罪现场没有明显证据，就要靠分析来还原犯罪现场。这是心理学的范畴，心理学家研究以后利用心理学原理和犯罪者的心理推测他们犯罪时候的状态，从而破解很多谜团。

20世纪50年代的美国，每年都要发生相当多起怪异的系列杀人案件，被害人高达5000人，联邦调查局的警官们认为在与罪犯打交道的过程中必须研究他们的行为规律和心理规律。于是他们申请了一个十分系统的对在押犯人进行心理、行为问题调查的项目。他们深入地了解罪犯们的成长背景、犯罪现场、犯罪本身以及受害人信息，从中掌握了相当多的犯罪人员心理和行为规律。

在这个基础上心理学家逐渐形成了一种新的侦破案件的思路和方法，也就是在犯罪现场对罪犯的行为进行分析，以此大致推断出罪犯的心理特点，通过这些心理特点来描述作案人员的某些形象特点、个性特征以至于家庭背景等，形成一个"犯罪人员心理画像"。

【案例分析】

霍普·丹尼斯是某家电视台的一名制片人,也是一位25岁的年轻母亲,她赤裸的尸体于1995年7月中旬在她的公寓中被发现。她的身上有13处刀伤,而且喉咙处有一道狭长的切口。

当地警方在1997年1月将嫌疑犯约翰逊抓捕,罪名是涉嫌强奸和谋杀了霍普女士。在DNA数据库中,警方发现他的DNA与案发现场的血液、精液中的DNA相匹配,与凶器、打破的玻璃杯上发现的血迹的DNA也完全匹配。在被捕期间,约翰逊就已经因为强奸另外两名妇女被判刑100年。

在本案中,起诉方请来了联邦调查局的犯罪心理画像专家沙法瑞克。他在听证会上说道:他在对比了霍普女士的案件和另外两起指控约翰逊的强奸案的证据之后,发现了诸多相似之处,他认为这存在着某种联系。这三起案件都强奸了妇女,并且在攻击中都使用了牛排小刀,罪犯和受害人都是熟人,在实施犯罪前他都要了一杯水,都是从妇女的背后实施的攻击,在强奸以前都要求她们脱掉衣服。

而约翰逊的辩护方则认为沙法瑞克的意见并没有任何直接证据的支持,这份证言也是没有根据的推测。原因就是这些心理上的推测不能作为证据直接出示,只是心理学家的主观推测。

暂且不论法官是否接受了沙法瑞克的意见,这起案件起码从侧面说明了犯罪心理画像在国外的普遍应用。虽然很多时候不能当作直接证据被呈上法庭,却也会给侦破人员带来很多帮助。这些心理学上面的分析,基于严密的心理构建和犯罪心理学的理论基础,已经逐渐被世界各国认可。那些拥有借助犯罪心理画像技术的专家,也成为很多警局的求助对象。

约翰·道格拉斯,是世界著名的心理描绘专家。他在美国联邦调查局工作超过20年,凭借多年的工作经验和对不同犯罪分子的心理研究,掌握了很科学可靠的心理描绘方法。这些方法已经成功地帮助了很多警局破解案件。

他曾经这样说过:1970年以前,联邦调查局唯一感兴趣的就是事实,如果你认为仅仅凭借对案犯的人物特征描述就能抓到凶手，那一定是在玩弄巫术。可以理解为那时候还不是普遍大众都能认可这种犯罪描述方法。可是随着约翰·道格拉斯心理描述的成功，如今犯罪心理学和犯罪心理画像技术已经得到了普遍认可和广泛应用。

如何才能掌握这项心理学的技术我们暂且不论，可是作为掌握基础的心理学知识还是很重要的。比如心理描述，不一定要像约翰·道格拉斯那样精通，但是要能够从犯人的面部表情和细微心理来分析观察犯人的内心世界。

1. 察言观色，就是要在和犯人沟通的时候注意观察他们的表情和微小动作。这不仅需要细心，还需要良好的表情观察训练。

2. 循序渐进，在与犯罪分子交流时，如果注意到他们的微小面部表情或者动作变化，不要轻易打断和判断，因为可能后面还有很多的发现。或者顺着这些变化去循序渐进地引导犯罪分子的心理和情绪，从而获得一些意想不到的结果。

【犯罪解密】

犯罪心理画像主要适用于系列案件，比如系列抢劫、杀人、盗窃等，同时也在具有典型特征的案件中有用武之地。这项技术并不是心理学家的主观臆断，而是犯罪心理工作者在大量的刑侦案件工作中，通过系统的总结和理论的创新而开发出来的，因此它是科学而客观的。

犯罪可以被预测吗

什么是犯罪预测？即运用科学方法，依据现有的犯罪数据和资料以及对可能影响犯罪的各种相关因素的分析、研究，对在未来特定时空范围内可能出现的犯罪现象的状况、结构、发展趋势等所做的判断。这是制定犯罪预防战略和战术措施的重要的科学依据。在美国很多城市，警方只需对一大堆数据进行计算机分析，就能知道哪些地方将有案件发生。随着犯罪率的下降，这种技术也因此广为传播。但是，它真的管用吗？

犯罪预测按照预测范围、期限等要素划分为许多类型。按照由预测客体所决定的预测范围可分为犯罪宏观预测和犯罪微观预测；按照预测期限的不同可分为犯罪短期预测、犯罪中期预测和犯罪长期预测。

预测犯罪这一说法和行为当然也引发了争论，依概率定罪公正吗？"预测警务"成功提供犯罪预测的同时也引发争论：我们可以在一个人在接受调查之前判定他有罪吗？曾经犯过罪行的人一定会再次犯罪？这明显有失公正。研究犯罪统计分析的专家布兰廷汉姆表示："这不是预测特定个体的行为，而是在空间和时间上，预测特定犯罪类型的发生概率。"目的不是在自由公民实施犯罪之前就把他们关押起来，而是在那些高危人物出没的地区加强巡逻而已。泛指所有用于犯罪预测的手段和途径。被犯罪学界推崇用于宏观预测的方法主要有专家预测法（又称特尔裴法）、相关因素分析法等。常用的犯罪微观预测的方法主要有伯吉斯再犯预测法、格吕克再犯预测法等。

【案例分析】

在美国孟菲斯市街头，巡警约瑟夫·坎宁安和另一个警察正在搜寻犯罪分子。他们要搜寻的不仅仅是街头恶棍，还有那些入室盗窃的人。当然，他们不必搜遍所有地方：尽管孟菲斯市幅员800多平方千米，但他们要搜寻的仅仅是几个方形街区，这里主要是一些低矮的砖式公寓建筑，是这座城市犯罪最猖獗的地区。搜索时间也有严格限制——周四，下午4点到晚上10点。现在，搜索工作开始了。"今晚我估计不用飙着车去追捕谁，不过真要那样，你可记得系好安全带，"坎宁安说。

坎宁安和另一个警察驾驶着编号为6540的巡逻车来到了他在报告中标注的那片区域，开始四处搜寻那些潜在的盗窃分子。坎宁安说，"我会留意那些看起来似乎漫无目的、四处游荡的人"，还有一位犯罪嫌疑人也需特别注意：近期，这个片区发生了多起盗窃案，一个名叫德文的人，可能就是幕后指使。坎宁安一边说着，一边把德文的照片从汽车仪表盘上的触摸屏上调了出来。

他们驾驶着巡逻车，慢慢地进入了一座建筑的停车场。一名过路的男子注意到了他们，他匆忙地闪入了一个院子。坎宁安一脚踩下油门，他们的车绕过这个复杂建筑，嘎的一声停下来，恰好在这一侧的出口，把那名男子拦住了。坎宁安跳下车，快速跑向该男子。"站住！"他喊道。

任何一名优秀警察都很清楚，在他分管的辖区内，哪些地方最容易发生犯罪事件，最容易逮到罪犯。但今晚不同，坎宁安除了自身的街头经验，还有一帮社会学家、研究人员、数学家以及满满一房间的计算机在为他提供犯罪预报。这个项目叫作"蓝色粉碎"，启动于2006年，由孟菲斯警察局（Memphis Police Department，MPD）与孟菲斯大学（University of Memphis）合作进行。现在，孟菲斯的重大财产和暴力犯罪发生率下降了26%，其中车内盗窃、抢劫、谋杀的发生率更是降低了40%。对于这一成果，人们普遍认为"蓝色粉碎"功不可没。

"预测警务"，听起来就像电影《少数派报告》中，描述的一个未来世界：在罪犯实施犯罪前，就能提前将他们阻截。其实，现实的预测不会告诉你谁最有可能实施犯罪，而是对犯罪事件所有相关情况做出最好的推测：哪类犯罪类型最容易发生，这种犯罪通常会在何时何地发生。

实际上，"预测警务"的过程往往始于经验判断，比如在发工资那天，自动取款机附近就特别容易发生抢劫案。计算机分析可以确定这些经验是否正确，还可以对它们进行补充完善。例如，计算机会分析出，在发工资那天，在哪些自动取款机附近，抢劫案的发生概率将会达到最高，因此警员应该优先考虑在那些地方巡逻。

在孟菲斯，计算机对当地数以万计类似的案件统计计算出"盗窃案件通常发生在有盗窃前科的逃课学生的住处周边"的犯罪模式。于是，一名警方分析员侦破盗窃案时，会打开一幅显示近期盗窃案件的地图。他会列出教育局公布的所有未到校上课的学生的家庭住址、了解哪些逃课学生曾有盗窃前科，然后，对比地图找到近期盗窃案件周边有哪些拥有犯罪前科的逃课学生，对他们展开调查。"通常，去那儿查访，你可能会惊讶地发现，这里到处都堆放着偷盗而来的赃物。"一位警官称。

犯罪预测在生活中的应用，有什么意义？会对社会生活起到什么样的作用呢？

1. 预测是预防的基础。公安工作的中心已从严厉打击与处罚，"关口前移"，移至犯罪预防方面。预防为主是社会进步的体现，也是由公安工作特性所决定的。预防必须建立在对事物发生发展规律认识的基础上，没有对安全方面事故或案件发生规律的认识，安全防范工作无法开展。犯罪预测既是建立在对犯罪案件发生规律认识的基础上，又是对犯罪案件发生规律的描述与展示，是犯罪规律体系的重要组成部分，成为犯罪预防的基础。

2. 犯罪预测是制定防范对策的依据。犯罪预测分为犯罪总量预测和分量预测。如果总量预测结果显示近期犯罪将快速上升，呈高发态势，政府则会投入更多的人力物力财力，加强管理、从严管理，充分调动各种积极因素，把工作重心偏向犯罪预防方面，遏制犯罪上升势头，营造安定的社会环境。如果分量预测显示某地域、时段、领域或方面犯罪呈上升态势，则将有针对性地采取行动。富有经验的民警都有这样的体会：犯罪的形式和手段常常具有地域转换性和手段轮作性。警力总是有限的，不可能全方位彻底防范和严厉打击，应根据发案态势的变化，调整部署。科学运用警力才能事半功倍。而在调整部署应对变化之前，预测起到重要的作用。

3. 犯罪预测是目标管理的依据。安全目标管理是现代安全管理的重要内容，是企事业单位为提高效能而实施的基本管理方法之一，其基本思想是：一切安全活动从确定目标开始，安全活动的进行以安全目标为指针，安全活动的结果以完成目标的程度来评价。目标是目标管理的依据，确定目标值应做到科学性与可行性的正确结合。因此必须把目标值的确定建立在科学分析论证的基础上，才能对未来做出科学的预测。

【犯罪解密】

犯罪预测已被公认为犯罪学理论体系中重要的组成部分，是犯罪预防必不可少的前提条件。犯罪预测的主要功能，已由初期的以特殊预防为宗旨，发展到对犯罪现象的超前性研究和以一般预防为目的的社会犯罪预防战略的制定和实施的研究。目前，世界各国都不同程度地重视犯罪预测工作，有的国家还建立了专门的犯罪预测机构。

指纹 DNA——秘密新武器

DNA 这个词现在已经被大众熟知,早在 20 世纪 90 年代,《植物杂志》就刊登了一篇关于 DNA 技术的文章,上面有这样的描述:除同卵双生儿之外,任意两人 DNA 指纹完全相同的概率大约是一百亿分之一。因而当 DNA 指纹技术问世以后,立刻受到了法律界的认可和广泛研究。

指纹是一个人特有的生理印记,就像世界上没有两片相同的树叶,同样,世界上也没有两个完全相同的指纹。这在犯罪学上面就有极其重要的作用。由于指纹和 DNA 的独一无二性,就算作案者再精明严谨,也难以逃离这独一无二的证据。

早在 1986 年,英国警方就利用这一技术证明了一名抢劫故意杀人嫌疑犯是无辜的,同时通过 DNA 辨别抓住了真凶。同样的例子还有,1994 年 9 月,DNA 指纹技术又在香港立了新功,为一名涉嫌强奸、偷窃的男子翻案。利用 DNA 指纹,还可以识别各种灾难中的遇难者尸体,为儿童抚养权的诉讼提供确定亲子关系等。这都是 DNA 的好处,也是利用生物学和人体基因无法更改的特性来使犯罪分子无法藏身。

随着科技的进步,犯罪分子的手法也在进步,很多新奇的招式出现在犯罪现场。可是还是有很多证据和事实是科技无法改变的,比如 DNA。纵使高科技掩盖很多事实,但是 DNA 是无法更改的。最终真相还是会浮出水面。

事实证明,指纹和 DNA 是无法被篡改的。很多时候犯罪分子由于紧张,知识不够,所以会忽略指纹和 DNA 的作用。本来策划得天衣无缝的犯罪,在指纹和 DNA 的验证下原形毕露。

【案例分析】

2012 年 7 月初,家住佛罗里达市某小区的赛琳娜女士来到了一个菜市场买菜。就在她蹲下身来挑选菜的时候,在她身后一名男子突然抢走了赛琳娜女士的挎包并迅速逃走。赛琳娜女士马上起身追赶该男子，在慌乱当中该男子不慎将自己的帽子掉在了菜市场。

后来赛琳娜女士和菜市场的好心人都没有追到该男子，随后大家拨打了911报警，警察和技术人员赶到现场后，赛琳娜女士向警方描述了该男子的外貌体征并将他遗落的帽子交给了警方。戴着手套的技术人员将这顶帽子放进了物证袋里带回警局。

技术人员立即对这顶帽子进行了技术处理，并成功地提取到了嫌疑人的DNA，他们赶往佛罗里达市警察局，通过全国DNA数据库进行对比，锁定了嫌疑人的信息。

而这时候，作案的嫌疑人杰克还在家中对自己的抢劫成果沾沾自喜。他之前也曾涉及许多起抢劫盗窃案件，他的主要目标就是菜场上的妇女，由于多次作案，杰克也具备了一定的反侦察经验，从不对外人泄露自己的真实信息。

在DNA对比完成后，警方已经确定了杰克就是该案的嫌疑人，警方随即对其展开了抓捕工作，并在不久后就将其抓获归案。

或许放在过去，这类案件的侦破需要较长的周期和较多的人力投入，尤其是面对杰克这样狡猾的惯犯，他们往往流动作案，善于隐蔽自己，也拥有一定的反侦察能力。而现在通过先进的DNA技术，警方已经可以通过犯罪现场的物证，提取到嫌疑人的DNA信息，并迅速地锁定嫌疑人。

DNA分析技术就是指检测分析DNA遗传标记在人群中的分布和遗传规律，确定与人体相关的物证等，是遗传标记一致性和遗传关系的一门技术。利用DNA技术进行"亲子鉴定"和"个体识别"在民事诉讼和刑侦案件中都有相当重要的作用。随着科学技术的进步，DNA技术得到了越来越广泛的应用，对于往日那些发案率高而侦破率低的盗窃案件，现在也可以利用DNA技术来进行侦破。

在作案过程中，罪犯的身体一定会与现场的很多客体发生接触，另外还有他们可能留下的毛发、唾液、烟头、餐具等，这些都可以帮助警方通过DNA检验来查找和认定犯罪分子。

但是，随着科学技术的发展，犯罪分子的反侦察能力也在得到提高，作案手段越来越高明。很多的罪犯已经懂得戴手套、鞋套作案，这都会导致技术人员从犯罪现场空手而归，一时难以提取到有价值的痕迹或者物证。不过毕竟"鸟过留声，人过留痕"，一个偌大的犯罪现场，不可能不留下一点犯罪信息，除了上述常规的痕迹、物证外，另外还有许多的生物物证等值得收集。

生活中，有相当多的民事诉讼案件涉及亲子鉴定，而运用最多的技术还是DNA分析鉴定。可以用于鉴定的包含人的血液、毛发、口腔细胞等。我们人类有23对染色体，同一对染色体同一位置上的一对基因被称为等位基因，通常都是一个来自父亲，另一个来自母亲。检测这对等位基因，若一个与母亲相同，那另一个就应该与父亲相同，否则就存在疑问了。在亲子鉴定中，只要十几个至几十个DNA位点的检测结果全部一样，就可以确定亲子关系，只要有3个以上不同，便可以排除亲子关系。

在现代犯罪现场调查中，DNA对比法已经成为最主要的辅助调查方法，然而科学家们近期的一项测试却表明，DNA对比法依然存在一定的误差。来自英国的一个调查组取得了一处真实的强奸犯罪现场DNA样本，并把样本交给了17个来自全世界的DNA检测组织进行化验，与一名男子的DNA进行对比。结果在17个组织的检测结果中，4个组织认为不能认定是这名男子有罪，12个组织认定这名男子无罪，只有一个组织认定他有罪。事实上此案已经侦破完结，该男子就是罪犯并对自己的强奸事实供认不讳。

【犯罪解密】

DNA技术和指纹在案件侦破上只能作为一项辅助工具，并不能把它作为绝对的证据来下定论。但是随着科技的进步，犯罪分子的犯罪手段也在科技化和复杂化，他们会篡改很多事实依据，比如作案现场，包括一度被认为更改不了的肌肉纹理。即使犯罪手段再高明，DNA和指纹也是他们改变不了的。学会借助DNA的测试和指纹的特性来侦破案件是很有效的手段。

测谎仪真的有效吗

作为一种高科技的断案工具，测谎仪器可以对犯罪嫌疑人造成很大的心理压力。那些初次作案的嫌疑人,在面对审讯时会出现心理紧张的状况,进而在生理上产生相应的反应。而测谎仪能准确地把这些变化记录下来,从而为办案人员提供依据,进一步推断嫌疑人是否在撒谎。

可是我们不禁要问,测谎仪真的有效吗?还是只是心理学家和科学家杜撰出来的一种威慑人心的假招式呢?不管怎样,测谎仪的确在很多时候起到重要的作用。很多心理学家分析过犯罪分子心理,震慑的力量有时候大过法庭质问。

随着科学技术的进步,越来越多的高科技也被应用于刑事案件的侦破当中。测谎仪就是近些年来科技进步为警方带来的一项福音。在许多案件的调查取证当中,原告和嫌疑人通常各执一词,坚持自己的观点不动摇,若此时没有第三方的有力证据,即使是拥有多年破案经验的老探员也很难分辨真假。

测谎仪的英文名称是 Polygraph,意思是"多项记录仪"或"心理测试仪"。科研人员发现人们内心的心理波动会引起条件反射,导致自身的生理变化。比如一个人在说谎的时候除了比较明显的肢体或者表情上的异常外,同时也会伴有不易察觉的生理变化,例如心跳加快、血压升高、瞳孔放大、胃部收缩、汗腺分泌增多等。而这些生理变化,即使是作为经常撒谎经验老到的人也无法控制。

【案例分析】

纽约的史蒂夫和妻子劳拉在生活上经常发生口角。2011年6月21日下午,劳拉下班回家,发现丈夫在家,开口便向他要钱,史蒂夫坚持不给。由于双方在平日生活中就吵架不断情感不合,两人在争执中互相推搡,史蒂夫一气之下跑去储藏间,用绳索将自己的妻子当场勒死。作案后的史蒂夫情绪慌张,一时不知所措。待他稍微缓过神来的时候,决定伪造自己妻子自杀的现场。

将近六点,正在处理现场的他手机突然响了,他尽力稳定住自己的情绪接听了电话,原来是邻居家里有急事要他过去处理。这时候他答应立即前去,而面对自己妻子劳拉的尸体他却心急如焚不知如何处理。他把尸体匆匆忙忙地抱进了储藏间,用杂物简单掩盖了一下,锁上储藏间的门便出去了。

史蒂夫的儿子在七点左右放学归来,回家后却发现父母都不在家,觉得奇怪便四处寻找。这时候他发现平时都开着的储藏间竟然锁了起来,于是他想办法打开了门，然后惊讶地发现自己的母亲竟倒在地上。小孩吓得跑了出去，来到隔壁的叔叔家里并马上报警，同时给自己的父亲打电话。史蒂夫在那边一接到电话，当时就知道事情已经暴露。在回家的路上他设计好了行动的方案，一回家便不顾一切地扑到妻子身上，装出一副悲痛万分的样子。

警方在对现场进行勘察以后，将其带回警局进行审问，虽然警察发现了他的口供中有很多疑点，但一时也找不出充足的证据。后来警局向上级部门求助，第二天纽约市局警察便带着最新引进的测谎仪器抵达。在审讯时，史蒂夫在测谎仪器面前还拒绝承认自己的犯罪事实，但测谎仪当场便用科学准确的数据断定了他在说谎，史蒂夫最终被刑事拘留。

像史蒂夫这样的犯罪分子很多，他们情急之下犯罪，事后后悔不已。所以这类人没有太多作案经验，甚至本来没有想过作案，所以一旦事发，就会紧张。这是普通人都有的反应，这时候如果借助测谎仪，即使不能真的检测出什么，也会在心理上给犯罪分子震慑。

心理学家的研究表明，如果一个人确实犯有罪行，那么犯罪现场的整个过程一定会深深地刻在他的记忆里。在警方向他询问或描述案情时，他一定会不由自主地紧张关注，于是他的生理信息也会产生波动，例如心率和脑电波的巨大起伏。

现代的测谎仪由传感器、主机和微机组成。传感器直接连接在人体的体表上，采集人体生理参数的变化；作为电子部件的主机，作用是将传感器所收集的这些信息经处理变成数字信号；而最终微机将这些数字信号进行统计和分析，得出测谎结果。

由此我们也能看出，测谎仪本身不是一种能直接分辨人的语言是否真假的仪器，它只不过是一部精密的仪器，检测我们人体的一系列生理变化，并用这些变化的数据来帮助我们判断被审讯者话语的真实性。正如前文所说，测谎仪在整个测谎的过程当中，它本身所起到的震慑和刺激作用往往会更显著。

在测谎过程中，测谎人员反复强调和说明测谎仪器的科学性和有效性，充分利用嫌疑人对测谎仪的陌生和神秘感，让其感受到测谎仪是准确无误的，无法被欺骗的，以此来加大嫌疑人的心理负担。有时候一些嫌疑人在测谎刚进行了不久时，心理防线便崩溃，坦白承认了自己犯罪事实。

在使用测谎仪之前，专业的测谎人员与嫌疑人沟通交流的环节十分重要。一方面要稳定住嫌疑人的情绪，使他们进入一个相对平稳的情绪期，使他们在测谎过程中的情绪波动能被更明显地展现出来；另一方面也要引导他们相信测谎仪的准确性，向其施加压力。在测谎过程中，专业人员会提出不同的问题，一部分涉及案情，另一部分则是与案情毫无关系的，这个过程中罪犯越是想掩盖真相，就越容易暴露。

但是毕竟能够影响人内心情绪的事情有很多，不同人的心理素质也不一样，测谎仪本身也会受到测试环境、被测试人员的教育程度、测试人员水平等因素的影响，因此测试本身也多少会有一定的局限性。另外还有一些心理变态的罪犯，他们本身的思维方式就跟常人不同，所以测谎仪器有时候对他们也无可奈何。

【犯罪解密】

可以预见，在相当长的一段时间内，测谎仪器只能作为一种辅助的断案工具，用来帮助警方搜集线索。它不可能全部地取代审讯工作。要想真正地办案，司法工作者仍然需要靠确凿的证据来说话。可是也不能忽略测谎仪在威慑犯罪分子心理上的贡献。